Uwe Hartmann

**Die NATO**

Mächte und Menschen in der transatlantischen Allianz

# Die NATO

## Mächte und Menschen in der transatlantischen Allianz

*Uwe Hartmann*

2021

Carola Hartmann Miles-Verlag

*Bibliografische Information der Deutschen Nationalbibliothek*
Die Deutsche Nationalbibliothek verzeichnet diese Publikation in der Deutschen Nationalbibliografie; detaillierte bibliografische Daten sind im Internet über www.dnb.de abrufbar.

© 2021 Carola Hartmann Miles-Verlag, Berlin
www.miles-verlag.jimdo.com
email: miles-verlag@t-online.de

Herstellung: Books on Demand, Norderstedt

Bildnachweis: NATO

Printed in Germany

ISBN 978-3-96776-031-6

„We must understand that consultation is more than merely listening to what one's fellow members have to say. We must be willing not only to discuss matters thoroughly in advance, but also to adjust our position in order to achieve a unified alliance position. If we do this, we will remove an important cause of the strains that now beset the alliance."
(Cyrus R. Vance 1983)

„I will also propose ways to increase political coordination between Allies. With more consultations on more issues, including economic matters related to security. We have the procedures in place to do this today. But what we need is more political will to use them."
(Jens Stoltenberg 2021)

# Inhalt

# Eine Welt aus den Fugen

Die Welt ist in Unordnung. Die geopolitischen Kräfteverhältnisse verschieben sich. Europa verliert an Bedeutung, Asien gewinnt, und die USA sind nicht mehr die dominierende Ordnungsmacht. Vor allem der Aufstieg Chinas zu einer Weltmacht sorgt für Unsicherheiten. Seit Thukydides' Geschichtsschreibung über den Peloponnesischen Krieg zwischen Athen und Sparta vor rund 2500 Jahren[1] wissen wir, dass der Auf- und Abstieg von Großmächten mit Ängsten von Staatsmännern und ganzen Völkern einhergeht. Diese Ängste können Kriege auslösen. Heute halten nicht wenige Analysten einen Krieg zwischen den USA und China für unvermeidbar.[2] Zumindest lässt sich feststellen, dass es kein stabiles Gleichgewicht der Großmächte gibt.

Die regelbasierte internationale Ordnung verliert an Autorität. Die Russische Föderation unter Putin ist bereit, mit Waffengewalt territoriale Grenzen zu verschieben und völkerrechtlich geächtete Diktatoren militärisch zu unterstützen. Sie beansprucht Einflusszonen in ihrer Nachbarschaft und mischt sich manipulierend in das Kernstück des Westens, die demokratischen Wahlen von Regierungschefs und Parlamenten, ein.[3] China dagegen nutzt die globale Wirtschaftsordnung geschickt für seine politischen Ziele, ignoriert jedoch völkerrechtliche

---

[1] Thukydides, Der Peloponnesische Krieg, herausgegeben und übersetzt von Helmuth Vretska und Werner Rinner, Leipzig 2000.

[2] Siehe vor allem John F. Mearsheimer, The Tragedy of Great Power Politics, New York/London 2014, S. 360-411. Zur Debatte in den USA über die „Thucydides Trap" siehe Graham Allison, Destined for War: Can America and China escape Thucydides' Trap", Boston/New York 2017; Joseph S. Nye jun.; Was könnte einen Krieg zwischen den USA und China verursachen. In: Project Syndicate. The World' Opinion Page, 2. März 2021 https://www.project-syndicate.org/commentary/what-could-cause-us-china-war-by-joseph-s-nye-2021-03/german

[3] Zur Außen- und Sicherheitspolitik der Russischen Föderation siehe Deutscher Bundestag (Wissenschaftliche Dienste), Entwicklung der russischen Sicherheitspolitik seit der Amtseinführung Wladimir Putins als Präsident der Russischen Föderation im Jahr 2000, Berlin 2016. https://www.bundestag.de/resource/blob/414776/0bab9664 2a9626ff21caa1fd344cd5b1/WD-2-078-14-pdf-data.pdf. Zum Ende der Phase der Annäherung Russlands an den Westen 1999 siehe Philipp Ther, Das andere Ende der Geschichte. Über die Große Transformation, Berlin ²2019, S. 149-164. Siehe auch Robert Kagan, Die Demokratie und ihre Feinde, München 2008, S. 17-30, 70-80;

Vorgaben bei den Menschenrechten sowie Schiedssprüche internationaler Gerichte wie beispielsweise zur Regelung von Territorialkonflikten, wenn diese nationalen Interessen zuwiderlaufen.[4] Beide Großmächte vertreten ein Modell uneingeschränkter staatlicher Souveränität, während das post-nationale Europa versucht, die traditionelle Machtpolitik hinter sich zu lassen. Sie kooperieren mit dem Westen, nicht, um sich diesem anzunähern, sondern um den Konkurrenzkampf mit ihnen erfolgreicher führen zu können.[5] Dabei streben sie eine neue Weltordnung an, ohne selbst Verantwortung für die Lösung globaler Herausforderungen zu übernehmen.[6] Ob die USA ihre globale Führungsrolle fortsetzen wollen, mehr aus der zweiten Reihe führen (*„leading from behind"*), sich ganz auf nationale Interessen konzentrieren oder sogar zu dem Isolationismus aus der Zeit vor 1945 zurückkehren, ist nicht ausgemacht. Gerade unter der Präsidentschaft von Donald Trump ist viel Vertrauen in Führungswillen und -stärke der USA verloren gegangen. Die jüngsten Ereignisse bei der Evakuierung von Personal aus Kabul haben das Vertrauen weiter untergraben, auch wenn die Allianz mit den USA für die Sicherheit Europas alternativlos ist.[7]

In den Strategien von Großmächten spielen Atomwaffen eine wichtige Rolle, weil sie deren politische Handlungsspielräume vergrößern. Diese Waffen dienen ihnen nicht mehr als ein Instrument zur Kriegsverhinderung. Vielmehr betreiben sie unter ihrem Schutz eine aggressivere Außenpolitik, wie die Beispiele Russlands in der Ukraine sowie Chinas

---

Wolfgang Ischinger, Welt in Gefahr. Deutschland und Europa in unsicheren Zeiten, Berlin ³2018, S. 99-139. Zur Einmischung in Wahlen und Volksentscheide wie den Brexit siehe Andreas Rüesch, Trump und die Akte Russland – alle Vorwürfe im Überblick. In: Neue Züricher Zeitung vom 25.01.2021.
https://www.nzz.ch/international/donald-trump-und-russland-vorwuerfe-ueber-blick-ld.152113?reduced=true.

[4] Zu Chinas Weltmachtambitionen siehe Theo Sommer, China first. Die Welt auf dem Weg in das chinesische Jahrhundert, München 2020; Clive Hamilton, Mareike Ohlberg, Die lautlose Eroberung. Wie China westliche Demokratien unterwandert und die Welt neu ordnet, München 2020.

[5] Siehe Robert Kagan, Die Demokratie und ihre Feinde, S. 30; Joseph S. Nye Jr., The Future of Power, New York 2011, S. 215.

[6] Carlo Masala, Weltunordnung. Die globalen Krisen und das Versagen des Westens, München ²2018, S. 149.

[7] Wolfgang Ischinger, Welt in Gefahr, S. 92-98.

im ost- und südchinesischen Meer zeigen. Auch der Westen rüstet atomar auf. Die USA betreiben eine breitangelegte Modernisierung ihres Nuklearpotenzials.[8] Großbritannien legt mehr Gewicht auf seine nukleare Bewaffnung für eine von den Fesseln der EU befreite Außenpolitik.[9] Selbst in Deutschland fand eine „Geisterdebatte" über eine atomare Aufrüstung statt.[10] Es ist kein Wunder, dass auch in anderen Regionen aufsteigende, nach Vorherrschaft strebende Staaten Atomwaffen besitzen wollen – nicht nur als Rückversicherung gegenüber einem „militärischen Interventionalismus"[11] des Westens, sondern auch, um eigene Handlungsspielräume in ihrer regionalen Außen- und Sicherheitspolitik zu vergrößern. Dahinter steckt folgende Rationalität: Bei bewaffneten Auseinandersetzungen mit gegnerischen Streitkräften sorgt die Drohung mit dem Einsatz von Atomwaffen dafür, dass selbst empfindliche militärische Niederlagen die Existenz des eigenen Staates

---

[8] Center for Strategic and International Studies (CSIS), U.S. Nuclear Warhead Modernization and "New" Nuclear Weapons, 10 December 2020. https://www.csis.org/analysis/us-nuclear-warhead-modernization-and-new-nuclear-weapons.

[9] Zur Erhöhung der Anzahl der atomaren Gefechtsköpfe auf 260 siehe Max Colchester, Britain to Boost Nuclear Weapons Stockpile in Defense-Policy Shift. In: The Wall Street Journal, 16. März 2021. https://www.wsj.com/articles/britain-to-boost-nuclear-weapons-stockpile-in-defense-policy-shift-11615919479; Hans Christensen, British Defense Review Ends Nuclear Reduction Era. In: Federation of American Scientists, 17. März 2021 https://fas.org/blogs/security/2021/03/british-defense-review-2021.

[10] Wolfgang Ischinger, Welt in Gefahr, S. 97, 134-136. Siehe auch Carlo Masala, Weltunordnung, S. 170-173. Angestoßen wurde die Debatte vom Politikwissenschaftler Christian Hacke, Falsches Hoffen auf die Zeit nach Trump. In: Cicero. Magazin für politische Kultur, 28. Juli 2018. https://www.cicero.de/aussenpolitik/donald-trump-deutschland-usa-atommacht-nato-verteidigung-christian-hacke; siehe auch Oliver Meier, "Germany and the Role of nuclear Weapons. Between Prohibition and Revival", *SWP Comments 2*, January 2016. https://www.swp-berlin.org/fileadmin/contents/products/comments/2016 C02_mro.pdf.

[11] Zum militärischen Interventionalismus bzw. zur externen Demokratieförderung und zur Kritik daran siehe Carlo Masala, Weltunordnung, S. 32-46. Seine Kernthese lautet, dass der Versuch, die Welt zu verwestlichen, gescheitert" sei (S. 11) Siehe auch Robert Kagan, Die Demokratie und ihre Feinde, S. 56: „Zwischen 1989 und 2001 griffen die USA weitaus mehr als jede andere Macht im selben Zeitraum und häufiger als zu jedem anderen Zeitpunkt in ihrer Geschichte mit ihren Streitkräften im Ausland ein: Im Schnitt erfolgte alle 16 Monate eine bedeutsame Militäraktion."

nicht gefährden.[12] Damit steigt die Risikobereitschaft eines atomar bewaffneten Aggressors; man kann es einfach mal versuchen. Für Abrüstungsinitiativen lässt diese gestiegene Nützlichkeit von Atomwaffen kaum Platz. Damit kommt ein Schreckensgespenst aus der Zeit des Kalten Krieges in unsere Gegenwart zurück: bei einem Versagen der nuklearen Abschreckung oder auch nur aufgrund von Missverständnissen kann es in nur dreißig Minuten zum großen Krieg kommen[13].

Der Eindruck von Unordnung entsteht weiterhin dadurch, dass zahlreiche Gefahren für die Sicherheit von Staaten und deren Bürger aus Phänomenen wie dem Klimawandel, zerfallenden Staaten und weltweiter Migration erwachsen. Auch wenn weitsichtige Analysten wie Carl Friedrich von Weizsäcker oder Paul Kennedy schon vor vielen Jahren darauf hinwiesen, dass diese Phänomene die Sicherheit auch in den reichen westlichen Nationen beeinträchtigen werden[14], und obwohl seitdem der vernetzte Sicherheitsbegriff die politische und politikwissenschaftliche Debatte in der westlichen Welt bestimmt, so scheint die Bereitschaft der Politik, sich damit ernsthaft auseinanderzusetzen, erst seit Kurzem gegeben zu sein.[15]

Paradox ist allerdings, dass trotz dieser „Welt in Gefahr" (Wolfgang Ischinger) selbst demokratische Staaten dazu neigen, nationale Interessen mit mehr Nachdruck und weniger Rücksicht auf die berechtigten Interessen von Verbündeten und Partnern zu vertreten. Darunter leidet

---

[12] Siehe Andrew F. Krepinevich Jr., "Protracted Great-Power War. A Preliminary Assessment," *America Competes 2020*, February 2020.
https://s3.amazonaws.com/files.cnas.org/documents/CNAS-Report_Defense-Great-Power-War-DoS-Proof-B.pdf?mtime=20200204133208
Zum "limited war" im Kalten Krieg siehe Bernd Lemke, Die Allied Mobile Force 1961 bis 2002, Berlin/Boston 2015, S. 55.
[13] Wolfgang Ischinger, Welt in Gefahr, S. 18. Die NATO wird eine nukleare Alliance bleiben, solange Atomwaffen existieren. Siehe dazu Heinrich Brauss, Christian Mölling, Germany' Role in NATO' Nuclear Sharing. The Purchasing Decision for the Tornado's Successor Aircraft, DGAP Policy Brief, No. 04, February 2020, S. 4.
[14] Siehe Franz H. Borkenhagen, Uwe Hartmann, Offiziersbibliothek II: Internationale Beziehungen und Sicherheitspolitik, Berlin 2021, dabei besonders Kapitel II.
[15] Auch die NATO setzt sich intensiv mit dem Zusammenhang von Sicherheit und Klimawandel auseinander. Siehe dazu die Rede des NATO-Generalsekretärs Jens Stoltenberg "NATO and the Security Implications of Climate Change" vom 29. September 2020. https://www.nato.int/cps/en/natohq/opinions_178355. htm.

die Zusammenarbeit in internationalen Organisationen. Diese werden zu einem weiteren Austragungsort für den alle Lebensbereiche umfassenden Konkurrenzkampf von Großmächten (*Great-Power Competition oder Strategic Competition*[16]). Die Suche nach *Win-win*-Situationen oder einem übergreifenden Allgemeininteresse erscheint wie eine idealistische Reminiszenz an längst vergangene Zeiten.

Die NATO als die erfolgreichste Militärallianz in der Menschheitsgeschichte ist von diesem Wandel direkt betroffen. Ihr grundlegendes Problem, wie demokratische Staaten mit unterschiedlichen nationalen Interessen und verschiedenen strategischen Kulturen gemeinsam politische und militärische Entscheidungen treffen, die sie ihren Bevölkerungen vermitteln können, spitzt sich zu. Kann die NATO, deren „Zentrum der Kraftentfaltung"[17] in der politischen Einheit, Kohäsion und Solidarität liegt, in einer solchen Welt noch funktionieren? Verfügt sie über geeignete Organisationsstrukturen und -kulturen für komplexe und dabei überaus dynamische sicherheitspolitische Herausforderungen? Welche Rolle spielen dabei die Menschen, die in der und für die NATO arbeiten? Besitzen sie angesichts der geopolitischen Verschiebungen und des Vorrangs nationaler Interessen noch Denk- und Handlungsfreiheiten, um *Win-win*-Situationen oder ein Allgemeininteresse der Allianz zu erkennen und darauf hinzuarbeiten?

Die Suche nach Antworten auf diese Fragen steht im Mittelpunkt dieses Buches. Konkret geht es um die Analyse der Rolle, welche die NATO als internationale Organisation und die darin arbeitenden Menschen in der Gestaltung einer global ausgerichteten Sicherheitspolitik heute spielen. Damit begebe ich mich auf das Gebiet der politikwissenschaftlichen Theorien internationaler Beziehungen. Grob lassen sich

---

[16] Zur Great-Power Competiton aus US-amerikanischer Sicht siehe Congressional Research Service, Renewed Great Power Competition. Implications for Defense – Issues for Congress, updated 4 March 2021.
https://fas.org/sgp/crs/natsec/R43838.pdf.

[17] Der Begriff „Zentrum der Kraftentfaltung" stammt von Carl von Clausewitz. Darunter versteht er den Schwerpunkt, von dem „das Ganze abhängt". Der Verteidiger muss dafür Sorge tragen, dass dieses Zentrum nicht beschädigt wird. Ein Angreifer wird versuchen, es zu zerstören oder zumindest zu beschädigen. Siehe dazu Carl von Clausewitz, Vom Kriege, Bonn 1991, S. 976f., 809ff. sowie S. 1009, 1012. In der NATO wird „Zentrum der Kraftentfaltung" mit *Centre of Gravity* übersetzt. Dieser Begriff dominiert ihre Militärstrategien.

drei unterschiedliche Gruppierungen unterscheiden: Realisten, Liberale und Idealisten.[18]

Realisten halten die Frage, welche Rolle die handelnden Personen in der Sicherheitspolitik spielen, für müßig. Sie sehen die Welt als ein anarchisches System, in dem Staaten um Macht ringen, weil diese Währung ihre Lebensversicherung ist. Um ihre Macht zu vergrößern, vertreten sie nationale Interessen auf Kosten anderer Staaten. Die Verschiebungen im internationalen System verstehen Realpolitiker daher als ein Nullsummenspiel. Was der eine Staat gewinnt, verliert der andere. Es sind also die Machtbeziehungen zwischen Staaten und dabei vor allem die Wahrung ihrer territorialen Integrität sowie ihres Rechts auf Eigenentwicklung, die das Verhalten von Politikern bestimmen. Deren Persönlichkeit sei dafür genauso wenig relevant wie die Art und Weise, wie Sicherheitspolitik in Staaten oder Bündnissen organisiert ist.

Liberale sehen dies ganz anders. Sie gehen davon aus, dass Demokratisierung die Bereitschaft von Staaten fördert, miteinander zu kooperieren. Dabei lernten sie, ihr Handeln an einem Allgemeininteresse auszurichten. Sie versprächen sich davon *Win-win*-Situationen, wovon alle beteiligten Staaten profitierten. Ein wichtiger Ort für das Aushandeln des Allgemeininteresses seien internationale Organisationen wie beispielsweise die NATO. Verhandlungen fänden auf der Grundlage des internationalen Rechts statt. Es helfe nicht nur, Konflikte friedlich zu lösen, sondern fördere Verlässlichkeit und Vertrauen. Diese Sichtweise der internationalen Beziehungen legt also viel mehr Wert auf die Art und Weise, wie Sicherheitspolitik im Wechselspiel zwischen internationalen Organisationen und Nationalstaaten gestaltet wird und wie Menschen Einfluss auf die Entscheidungsprozesse nehmen.

Idealisten nehmen vor allem das Verhalten der Menschen in der internationalen Zusammenarbeit in den Blick. Sie glauben, dass „herrschaftsfreie Gesprächssituationen" Diskurse ermöglichen, in denen es

---

[18] Eine Übersicht über die Theorien internationaler Beziehungen liefert Günther Auth, Theorien der internationalen Beziehungen kompakt. Die wichtigsten Theorien auf einen Blick, Berlin/München/Bosten 2015. Einen Versuch, verschiedene konkurrierende Theorien zu versöhnen, bietet Joseph S. Nye Jr, The Future of Power, New York 2011, S. 213. Er bezeichnet seinen Ansatz als *„liberal realism"*.

nicht um die Durchsetzung nationaler Interessen oder eigener Sichtweisen geht, sondern um die gemeinsame Suche nach der Wahrheit, auf die sich alle einigen können. Ihr Grundsatz lautet: *Let's argue!*[19] Hier steht der Mensch als freie, vernunftbegabte Person im Vordergrund. Er ist von organisatorischen Prozessen und nationalen Zwängen emanzipiert. Der Clou dabei ist: Auch die Vertreter kleinerer Staaten können mit besseren Argumenten die Entscheidungen größerer, mächtigerer Staaten bzw. die Konsensbildung in internationalen Organisationen beeinflussen. Die Kraft des Argumentes schlägt also die Macht des Staates. Nationale Interessen sind nicht in Stein gemeißelt, sondern offen für neue Sichtweisen und Veränderungen.

Wie sehe ich mich selbst angesichts dieser fundamental unterschiedlichen Sichtweisen über die Rolle von Mächten und Menschen in der Gestaltung von Sicherheitspolitik? Meine Grundannahme lautet: Trotz einer deutlich erkennbaren, aus verschiedenen Quellen gespeisten Re-Nationalisierung[20] bleiben Handlungsspielräume. Menschen in den Ministerien der Staaten oder in internationalen Organisationen können diese kreativ nutzen. Ich tendiere also zu den liberal-idealistischen Theorien, werde jedoch darauf achten, die größer gewordenen realpolitischen Zwänge mit in den Blick zu nehmen. Insgesamt glaube ich: Die grundlegende Dialektik zwischen Mächten und Menschen ist unaufhebbar, und es kommt auf die Menschen an, wie weit das Allgemeininteresse in internationalen Organisationen vor nationalen Interessen zum Zuge kommt.

Die NATO ist besonders geeignet, um die Dialektik von Mächten und Menschen in der Praxis von Sicherheitspolitik zu veranschaulichen. Dem Leser, der in oder mit der NATO arbeitet, kann dieses Buch helfen, seine eigene Rolle innerhalb dieser Dialektik zu reflektieren. Für ihn stellen sich folgende Fragen: Ist es meine Aufgabe, Entscheidungen in der NATO zu verhindern, die den nationalen Interessen meines Landes widersprechen? Geht es sogar darum, diese gegenüber Verbündeten durchzusetzen? Oder ist es meine Aufgabe, nationale Interessen

---

[19] Thomas Risse, 'Let's argue!': Communicative Action in World Politics. In: International Organization 54, 1, Winter 2000, S. 7-39.

[20] Zum Trend zur Re-Nationalisierung siehe Wilfried von Bredow, Arme ohne Auftrag, S. 28, 39; Gregor Schöllgen, Gerhard Schröder, Letzte Chance, S. 228-229. Zu den damit gegebenen Gefahren siehe auch Carlo Masala, Weltunordnung, S. 108-120.

bereits im Vorfeld so zu definieren, dass für möglichst viele Mitgliedstaaten *Win-win*-Situationen entstehen und, wo immer möglich, das Allgemeininteresse der NATO mit ihren derzeit dreißig Verbündeten darin zum Ausdruck kommt? Oder muss ich von nationalen Interessen
ganz Abstand nehmen und meinen Blick von vornherein auf das Bündnisinteresse richten, das mehr ist als die Summe der Einzelinteressen
oder ein Kompromiss? Dies sind keine leichten Fragen; denn deren
Beantwortung führt in ein Loyalitätsdilemma. Wer besitzt das Primat?
Eigene politisch-weltanschauliche Überzeugungen, die Nation, der
man angehört, oder das Bündnis, in dem man arbeitet?

Für deutsche Offiziere und Beamte, die im NATO-Hauptquartier in
Brüssel oder in den militärischen Hauptquartieren der NATO-Kommandostruktur arbeiten, sind solche Fragen von besonderer Relevanz.
Dies hängt mit der Führungsrolle zusammen, in die Deutschland durch
die globalen Machtverschiebungen hineingestellt wurde. Deutschland
als Macht in der Mitte Europas muss führen, will es seine nationalen
Interessen nicht verletzen. Es stellt sich indessen die Frage, wie diese
Führung aussehen soll. Hierüber besteht unter Experten kein Einvernehmen. Der Münchner Politikwissenschaftler Carlo Masala beispielsweise betont die nationalen Interessen, die Deutschland durchsetzen
soll[21], während sein Berliner Kollege Herfried Münkler von Deutschland fordert, „… in einer umsichtigen, auf möglichst breite und nachhaltige Unterstützung bedachten Art und Weise …" zu führen.[22] Als

---

[21] Carlo Masala, Weltunordnung, S. 16.
[22] Herfried Münkler, Macht in der Mitte. Die neuen Aufgaben Deutschlands in Europa, Hamburg 2015, S. 163. Dieser Ansatz ist im Einklang mit dem Führungsverständnis „Führen aus der Mitte", das die damalige Bundesverteidigungsministerin
von der Leyen auf der 51. Münchner Sicherheitskonferenz am 6. Februar 2015 vor-
stellte. Sie sagte plakativ: „Verstehen wir unter Führung das Führen mit der Pickel-
haube? Nein! Führen in der Form, dass Deutschland das Lenkrad an sich reißt und
die Richtung vorgibt? Nein! Führung, indem Deutschland voranstürmt, weil es
glaubt, Nummer eins unter Europäern sein zu müssen? Nein! Das alles entspricht
nicht der politischen Kultur Deutschlands im 21. Jahrhundert. Ich möchte sagen, zu
welcher Art Führung Deutschland sehr wohl bereit ist: Es ist die Führung aus der
Mitte. Dies ist der Anspruch, den unsere Partner an uns haben – und dies sollte auch
unser eigener Anspruch an uns selbst sein. Führen aus der Mitte bedeutet, selbst das
Beste an Ressourcen und Fähigkeiten in die Bündnisse und Partnerschaften einzubringen. Mehr als für andere gilt das für Deutschland. (…) Führen aus der Mitte heißt:

„Mittler- und Vermittler"[23] solle Deutschland seine politische Macht für die Durchsetzung eines europäischen Gesamtinteresses nutzen. Um dieses zu definieren, müsse die deutsche Politik das Erarbeiten von gemeinsamen europäischen Leitlinien fördern.

Dieser kurze Einblick in die politikwissenschaftliche Debatte bestätigt, dass der Einzelne, der zur NATO versetzt wird, sich im Vorfeld über seine Positionierung Gedanken machen sollte. Wie verortet er sich selbst zwischen den Interessen seiner Nation und dem Bündnisinteresse? Zwar bestehen Unterschiede, ob ein Soldat oder Diplomat im internationalen Bereich der NATO wie beispielsweise dem Internationalen Stab (IS), in den nationalen Delegationen der NATO-Hauptquartiere oder in den Ministerien seines Landes arbeitet. Sie ändern allerdings nichts an der grundsätzlichen Frage, die sich jeder stellen sollte: Wie positioniere ich mich selbst zwischen National- und Bündnisinteresse?

Die Analyse dieser Dialektik zwischen Mächten und Menschen am Beispiel der NATO ist sinnvoll, sofern diese Organisation „Überlebenschancen" in der neuen Weltunordnung hat. „Wenn Du entdeckst, dass Du ein totes Pferd reitest", so rät eine Weisheit der Dakota-Indianer, „steig ab." Für Realisten war es schon immer ein Rätsel, wieso die transatlantische Allianz die Zeitenwende von 1989 mit dem kurz darauf erfolgten Zusammenbruch der UdSSR überstehen konnte. Erst Russlands aggressiver Revisionismus habe die Fortdauer der NATO gesichert, weshalb sie dem russischen Präsidenten Putin zu Dank verpflichtet sei, meint der Realist Stephen M. Ward.[24] Gleichwohl zeigt uns ein

---

die unbedingte Bereitschaft, gemeinsam zu analysieren und gemeinsam zu entscheiden. Keine Nation allein – nicht mal die größte – hat die Mittel, Konflikte auf Dauer erfolgreich zu lösen. Auch wenn Entscheidungsfindungen in Partnerschaften zwischen gleichberechtigten Staaten oftmals nur recht mühsam und langsam erscheinen mögen – diese Entscheidungen beruhen auf einer breiteren Legitimationsbasis und sie erweisen sich im Nachhinein meist als klüger." https://securityconference.org/assets/user_upload/Redemanuskript_BMin_von_der_Leyen_MSC_2015.pdf.

[23] Herfried Münkler, Macht in der Mitte, S. 146.

[24] Stephen M. Walt, NATO Owes Putin a Big Thank-You. In: Foreign Affairs, 4. September 2014 http://foreignpolicy.com/2014/09/04/nato-owes-putin-a-big-thank-you/. Durch die weithin verbreitete Bewertung des Abzugs der NATO aus Afghanistan als eines „strategischen Desasters", wodurch die Zukunft des Internati-

Blick in die Geschichte von Bündnissen, dass diese häufig an veränderten Interessen der Bündnispartner und zunehmenden Konflikten zwischen ihnen scheiterten.[25] Selbst mit einem so offensichtlichen Gegner wie Russland ist die Fortexistenz der NATO nicht garantiert, wenn die Verbündeten keine Einigung über den politischen Umgang mit ihm erzielen.

Liberale Analysten dagegen sehen in der NATO eine „*enduring Alliance*"[26]. Für sie war die Kritik des französischen Staatspräsidenten Emmanuel Macron in einem Interview im November 2019, das Bündnis wäre hirntot (*braindead*), sicherlich ein Schock. Heute können wir sagen, dass dieser Schock äußerst heilsame Wirkungen hatte. Er war ein Weckruf, und die NATO hat ihn gehört. Die politische Rhetorik vor allem nach der Präsidentschaftswahl in den USA überschlägt sich seitdem mit Verpflichtungen, die transatlantischen Beziehungen zu „reparieren" und die NATO „fit für die Zukunft" zu machen.

Bei dem Weckruf Macrons stand nicht die militärische Leistungsfähigkeit der NATO im Vordergrund. Diese ist, trotz Mängel in der Einsatzbereitschaft der Streitkräfte einzelner Mitgliedstaaten, imposant. Zwar verfügt die Allianz kaum über eigene militärische Mittel, mit ihrer Kommandostruktur gewährleistet sie jedoch die effektive Nutzung der von ihren Mitgliedstaaten bereitgestellten Kräfte. Ein anschauliches Beispiel dafür ist die *Operation Unified Protector* (OUP) im Jahr 2011. Damals ging es darum, mit Hilfe von Luftschlägen die Zivilbevölkerung in Libyen vor Massakern durch Gaddafis Regierungstruppen zu schüt-

---

onalen Krisenmanagements in Frage gestellt ist, gewinnt dieses Argument von Stephen M. Walt an Überzeugungskraft. Welche Aufgabe hätte die NATO noch, wenn sich Russland dem Westen erfolgreich angenähert hätte und das Internationale Krisenmanagement als Aufgabe wegfiele oder zumindest deutlich in seiner Relevanz reduziert wäre?

[25] Siehe Wallace J. Thies, Why NATO endures, Cambridge 2009; Dieter Krüger, Am Abgrund? Das Zeitalter der Bündnisse: Nordatlantische Allianz und Warschauer Pakt 1947 bis 1991, Fulda 2013, S. 9.

[26] Julian Lindley-French, The North Atlantic Treaty Organization. The Enduring Alliance, London und New York 2015. Zur Erklärung, wie es der NATO gelang, trotz zahlreicher Krisen weiter zu existieren, siehe Wallace J. Thies, Why NATO endures, S. 287-307.

zen. Diese Operation sei, so der damals verantwortliche SACEUR, Admiral James Stavridis, eine militärische Glanzleistung gewesen.[27] Die NATO verhinderte einen Genozid, wobei die Anzahl getöteter Zivilisten niedrig blieb und keine eigenen Verluste während des mehrwöchigen Luftkrieges zu beklagen waren.

Düster sieht die Bilanz aus, wenn wir uns die politischen Folgewirkungen dieses militärischen Einsatzes anschauen. Libyen versank danach im Chaos. Erst heute, zehn Jahre später, gibt es Anzeichen für ein Ende dieses blutigen Bürgerkrieges. An diesem Unterschied zwischen militärischem Erfolg und politischem Debakel offenbart sich das die Existenz der NATO bedrohende Übel: Ihre Mitgliedstaaten sehen die NATO nicht mehr als die wichtigste Plattform für außen- und sicherheitspolitische Konsultationen, Koordinierungen und Kooperationen. *NATO first* gilt nicht mehr politisch, höchstens noch militärisch. Werfen wir auch in dieser Hinsicht einen Blick auf die OUP.

Großbritannien unter Premierminister David Cameron und Frankreich unter Präsident Nicolas Sarkozy waren die maßgeblichen Treiber für eine militärische Intervention, die sich zunächst auf die Errichtung einer Flugverbotszone beschränken sollte. Frankreichs ursprüngliche Absicht war es, die Operation außerhalb der NATO in einer Koalition der Willigen durchzuführen. Die NATO übernahm erst, nachdem die ersten Luftangriffe in rein nationaler Zuständigkeit geflogen worden waren. US-Präsident Barak Obama zögerte lange, dem französischen und britischen Drängen nach einer Beteiligung der US-Streitkräfte nachzugeben. Als er sich durchgerungen hatte, war ihm klar, dass eine Flugverbotszone nicht hilfreich war, wenn der libysche Diktator die Aufständischen durch seine Bodentruppen töten ließ. Seine Entscheidung, eine aktive Rolle in der zweiten Reihe zu übernehmen, ging daher

---

[27] Siehe dazu James Stavridis, The Accidental Admiral. A Sailor Takes Command at NATO, Annapolis 2014, S. 50-65. Siehe auch Ivo Daalder and James Stavridis, NATO's Victory in Libya. The Right Way to Run an Intervention. In: Foreign Affairs, Mar/April 2012, S. 2-7. Kritisch dazu: Chollet, Derek, Fishman, Ben, Who Lost Libya?: Obama's Intervention in Retrospect. In: Foreign Affairs, Vol. 94, May/Jun 2015, S. 154-159. Siehe auch die Sichtweisen von Barack Obama, Ein verheißenes Land, München 2020, S. 907-914, 926-928, und von Robert Gates, Duty. Memoirs of a Secretary at War, New York 2014, S. 521-524.

einher mit der Ausweitung des Mandats: Ziel sollte der Schutz der Zivilbevölkerung sein.[28] Manche Analysten vermuten, dass US-Präsident Barak Obama sogar einen Sturz der Regierung (*„regime change"*) anstrebte. Andererseits war ihm Libyen nicht wichtig. Die USA hatten kein nationales Interesse an diesem Land. Zudem gab es heftigen Widerstand innerhalb der US-Administration, insbesondere im Pentagon. Wie schon bei der Erarbeitung der Afghanistan-Strategie zwei Jahre zuvor, gab es auch diesmal *„a house divided".[29]*

In seinen Memoiren bewertet Barak Obama Libyen als „europäischen Hinterhof".[30] Er wollte militärisch nur eingreifen, wenn die Hauptlast durch die europäischen Verbündeten getragen würde – auch für den Wiederaufbau des nordafrikanischen Landes nach Abschluss der Kriegshandlungen. Ein solches politisches Einverständnis hatte es jedoch nie gegeben. Wie es nach der Bombardierung mit Libyen weitergehen sollte, darüber gab es unter den Verbündeten weder gemeinsam vereinbarte Ziele noch ausgearbeitete Strategien.[31]

Deutschland hatte sich bei der Abstimmung im VN-Sicherheitsrat enthalten und gesellte sich damit an die Seite von Russland und China.[32] Dies wurde international und auch in den deutschen Medien heftig kritisiert. Analysten wiesen im Nachhinein darauf hin, dass das deutsche Votum auf einem Koordinierungsproblem beruht haben könnte. Der damalige deutsche Außenminister, Guido Westerwelle, ging fest davon aus, dass die USA nicht für einen solchen Einsatz stimmen würden. Als Präsident Barak Obama seine Skepsis überwand und sich ohne weitere

---

[28] Barack Obama, Ein verheißenes Land, S. 913.

[29] Siehe dazu Robert Gates, Duty, S. 335-386.

[30] Barack Obama, Ein verheißenes Land, S. 916: „Da Nordafrika nicht in unserem, sondern in Europas Hinterhof lag, würden wir die Europäer auch auffordern, nach dem Ende der bewaffneten Auseinandersetzung für die Hilfsleistungen aufzukommen, die nötig wären, um Libyen wiederaufzubauen und dem Land nach Gaddafis Sturz beim Übergang zur Demokratie zu helfen". Das Ziel, Druck auf die europäischen Partner auszuüben, damit diese mehr Eigenverantwortung übernehmen, war wichtiger als die Erarbeitung einer Strategie für die Stabilisierung Libyens.

[31] Zu den Strategiedefiziten der USA und der NATO in Libyen, Syrien und Irak siehe Wolfgang Ischinger, Welt in Gefahr, S. 141-165. Zum Versagen der EU siehe S. 189.

[32] Siehe dazu Wolfgang Ischinger, Welt in Gefahr, S. 163; Carlo Masala, Weltunordnung, S. 42-43; Judy Dempsey, Das Phänomen Merkel, S. 57-62.

Konsultationen mit Berlin für eine Beteiligung entschied, war kurz zuvor die Entscheidung im Deutschen Bundestag gefallen.[33] Eine erneute Befassung mit einem gegenteiligen Ergebnis hätte für den Außenminister und die gesamte Bundesregierung einen enormen innenpolitischen Gesichtsverlust bedeutet. Aber auch so war die deutsche Enthaltung ohne nähere strategische Begründung oder das Angebot einer strategischen Alternative ein „diplomatisches Desaster" (Judy Dempsey).

Kurzum: die Operation war ein militärischer Erfolg, aber ein politisches Debakel für den Westen, auch für die NATO selbst. Die NATO-Verbündeten waren weder in der Lage, sich untereinander abzustimmen und gemeinsame politische Ziele zu formulieren, noch eine kohärente Strategie für die Zeit nach dem Ende des Einsatzes militärischer Gewaltmittel zu erarbeiten. Dem Einsatz fehlte eine verbindliche politische Direktive. Er war ein „Einsatz ohne Ziel".[34]

Mehrfach trafen NATO-Verbündete außen- und sicherheitspolitische Entscheidungen, die darauf hindeuteten, dass sie die NATO nicht mehr als die vorrangige außen- und sicherheitspolitische Plattform nutzen wollten. Der ansonsten sehr NATO-freundliche US-Präsident Barak Obama entwickelte 2009 seine Afghanistan-Weisung weitgehend ohne Konsultationen mit der NATO.[35] Die USA unter Präsident Do-

---

[33] Während Analysten in Deutschland sich vor allem auf die negativen Auswirkungen des Votums in den VN fokussierten, versuchten ihre Kollegen im englischsprachigen Raum, die Beweggründe dafür zu ermitteln. Siehe Sarah Brockmeier, Germany and the Intervention in Libya. In: Survival 55 (2013), Nr. 6, S. 64. Karl P. Mueller (ed.), Precision and Purpose: Airpower in the Libyan Civil War, Santa Monica, RAND Corporation 2015, S. 20 https://www.rand.org/pubs/research_reports/ RR676. html. Richard Rousseau, Why Germany Abstained on UN Resolution 1973 on Libya. In: Foreign Policy Journal, June 22, 2011 https://www.foreignpolicyjournal.com/2011/06 /22/why-germany-abstained-on-un-resolution-1973-on-libya/

[34] Dieser Begriff stammt vom Historiker Klaus Naumann. Siehe dazu sein Buch Einsatz ohne Ziel? Die Politikbedürftigkeit des Militärischen, Hamburg 2008.

[35] Siehe dazu im Detail: Bob Woodward, Obama's Wars, New York 2010. Siehe auch das Interview mit Gerhard Schröder und Gregor Schölgen „Die größte Bedrohung für Deutschland geht nicht von ausländischen Mächten aus", geführt von Florian Harms und Marc von Lüpke am 27.1.2021. Gerhard Schröder im Interview: Trump ging es „allein um Selbstdarstellung" (t-online.de).

nald Trump verhandelten mit den Taliban in Afghanistan und vereinbarten mit ihnen, ihre Truppen sowie die aller Verbündeten und Partner aus Afghanistan abzuziehen, ohne Zeitpunkt und Ablauf mit Verbündeten zu koordinieren, geschweige denn sie in der Entscheidungsfindung zu konsultieren.[36] Die Türkei marschierte unabgestimmt in den Norden Syriens ein, was massive Proteste unter NATO-Verbündeten auslöste. Einzelne Mitgliedstaaten unterstützten unterschiedliche Gruppierungen im Bürgerkrieg in Libyen und behinderten nicht nur Initiativen für dessen friedliche Beilegung, sondern provozierten sogar militärische Zusammenstöße ihrer Kriegsschiffe im Mittelmeer.[37]

Diese Beispiele aus den letzten 15 Jahren verdeutlichen, dass die NATO schon seit längerer Zeit keine politische Handlungseinheit mehr ist. Erste Risse im politischen Überbau waren sogar noch früher erkennbar. Dazu trug der NATO-Einsatz auf dem Balkan in den 1990er Jahren sowie die Auseinandersetzungen über den Irakkrieg 2003 bei. Koalitionen der Willigen erschienen als die deutlich attraktivere Alternative zur Kriegführung mit einer NATO, in der Verbündete unterschiedliche nationale Interessen verfolgten und schnelle Entscheidungsprozesse sowie konsistente Strategien be- oder sogar verhinderten. Diese zunehmende politische Desintegration hätte bereits damals zum Zerbrechen der Allianz führen können. Zumindest war die Gefahr

---

[36] Die Vereinbarung vom 29. Februar 2020 ist nachzulesen unter
https://www.state.gov/wp-content/uploads/2020/02/Agreement-For-Bringing-Peace-to-Afghanistan-02.29.20.pdf.

[37] Zum Verhalten der Türkei siehe den Artikel in der Süddeutschen Zeitung vom 1. Juli 2020: Frankreich wirft Türkei „extrem aggressives" Verhalten vor. https://www.sueddeutsche.de/politik/mittelmeer-tuerkei-frankreich-radar-1.495365. Siehe auch Niklas Masur, Die Türkei verfolgt ihre Interessen ohne Rücksicht auf die NATO – und macht sich dabei von Russland abhängig. In: Neue Züricher Zeitung vom 23.5.2021: „Die NATO, die Türkei und Russland befinden sich in einem komplexen Beziehungsverhältnis. Ankara folgt oft ausschließlich nationalen Interessen ohne Rücksicht auf die möglichen Konsequenzen für die Nato. Das macht für Russland eine punktuelle Zusammenarbeit interessant, da es so Konflikte innerhalb der Allianz verstärken kann. Gleichzeitig kann sich die Türkei aber einen Bruch mit der Nato nicht leisten, denn sonst hätte Russland weit weniger Anreize, die gegen seine Interessen verstoßenden türkischen Aktivitäten zu tolerieren.". Siehe auch Mehmet Yegin, Turkey between NATO and Russia: The Failed Balance. Turkey's S-400 Purchase and Implications for Turkish Relations with NATO, SWP Comment, No. 30, Berlin Juni 2019.

akut, dass die größeren Mächte die NATO nur noch als einen Service-provider für den Einsatz bewaffneter Gewalt sehen, aus dem sie das an Fähigkeiten herauspicken, was sie für eine effektive Operationsführung benötigen. Die Allianz wäre dann ein reines Militärbündnis mit einer kaum ausgeprägten politischen Dimension geworden. Entscheidungen liefen über die Hauptstädte in bi- oder multilateralen Kooperationen je nach Wunsch derjenigen Mächte, welche die Führung übernehmen wollen.

Präsident Macrons Weckruf kam gerade noch rechtzeitig. Die Außen-minister der Mitgliedstaaten erkannten die Gefahr der selbstzerstöri-schen politischen Erosion und entschieden, eine Arbeitsgruppe von Experten einzusetzen. Sie bekam den Auftrag, einen *forward looking re-flection process* durchzuführen, um die NATO als politisches Bündnis zu stärken *(„strengthen the political dimension of the NATO Alliance")*.[38]

Die Einrichtung einer Arbeitsgruppe ist ein probates Instrument, das schon mehrfach in der Geschichte der NATO erfolgreich genutzt wurde, um sie an neue sicherheitspolitische Herausforderungen anzu-passen, ihre interne Geschlossenheit zu stärken oder Mechanismen für Konsultationen zu verbessern. Der rund ein Jahr später vorgelegte Ab-schlussbericht[39] der o.a. Arbeitsgruppe zeigt schonungslos die Prob-leme der NATO in ihrem politischen Überbau auf. Dazu gehören nicht nur unabgestimmte außen- und sicherheitspolitische Maßnahmen, son-dern auch der Missbrauch des Veto-Rechts in internen Entscheidungs-prozessen. Werden diese Probleme nicht angegangen und gelöst, schwächen sie das „Zentrum der Kraftentfaltung" der NATO und bie-ten Gegnern und Konkurrenten vielfältige Angriffsflächen. Im Vorder-grund steht also nicht die Anpassung (*Adaptation*) von Strukturen und

---

[38] Die einberufene Arbeitsgruppe bestand aus 10 Personen (5 Männer und 5 Frauen). Geführt wurde die Gruppe durch den US-Amerikaner Wess Mitchel und den Deut-schen Thomas de Maiziere. Wess Mitchel legte seine Positionen in dem hier bereits angeführten, mit Elbridge A. Colby verfassten Artikel „The Age of Great-Power Competition. How the Trump Administration Refashioned American Strategy" dar. Zur Arbeit und den Ergebnissen dieses Prozesses siehe den auf einem Interview mit Thomas de Maiziere beruhenden Artikel von André Uzulis, Wiederbelebung eines Hirntoten. In: .loyal. Das Magazin für Sicherheitspolitik, Nr. 3 (2021), S. 8-17.
[39] NATO 2030: United for a new Era. Analysis and Recommendations of the Reflec-tion Group appointed by the NATO Secretary General, 25 November 2020.

Prozessen oder mehr Geld für die Verteidigung, sondern das Verhalten der NATO-Verbündeten. Sind sie bereit, die NATO als das vorrangige Forum für politische Konsultationen, Koordinationen und Kooperationen zu nutzen oder setzen sie weiter und vermehrt auf bi- und multilaterale Formen der Zusammenarbeit mit ausgewählten Verbündeten und Partnern oder sogar auf nationale Alleingänge? Werden sie sich an einem „Allgemeininteresse" („*the good of all allies*"[40]) orientieren oder letztlich doch vorrangig oder sogar ausschließlich nationale Interessen verfolgen?

Der Bericht der Arbeitsgruppe leistet Überzeugungsarbeit für den Grundsatz „*NATO first*" in der Außen- und Sicherheitspolitik aller Verbündeten. Im Abschnitt mit der Überschrift „*Vision*" sind zwei klare Verhaltensregeln aufgenommen:

- "Strengthen its role as the unique and essential forum to which Allies turn on all major national security challenges, *proactively* (hervorgehoben; U.H.) seeking to forge consensus and build common strategies for dealing with common threats; (…)
- Ensure their actions do not undermine the utility and cohesion of the Alliance for unrelated ends or narrow national goals without prejudice to their sovereign rights and core national security interests…".[41]


Offensichtlich nehmen sich die USA unter der neuen Administration von Präsident Joe Biden vor, als Vorbild für diese Regeln zu dienen. In seiner Rede auf der Münchner Sicherheitskonferenz am 19. Februar 2021 sagte er: „Ich sende eine klare Botschaft an die Welt: Amerika ist wieder da. Das transatlantische Bündnis ist wieder da. Und wir schauen nicht zurück, wir schauen nach vorne – gemeinsam. Letzen Endes läuft alles darauf hinaus, dass das transatlantische Bündnis das starke Fundament ist, auf dem unsere kollektive Sicherheit und unser gemeinsamer Wohlstand gründen. Die Partnerschaft zwischen Europa und den

---

[40] NATO 2030, S. 10.
[41] NATO 2030, S. 11.

Vereinigten Staaten ist – und das muss sie meines Erachtens auch bleiben – der Stützpfeiler für alles, was wir im 21. Jahrhundert zu erreichen hoffen, ebenso wie wir es auch im 20. Jahrhundert getan haben."[42]

Wenige Wochen später, bei seinem ersten Besuch im NATO-Hauptquartier, betonte der US-amerikanische Außenminister Antony Blinken die Bereitschaft seines Landes, die NATO zu revitalisieren und als politische Plattform zu nutzen. Man werde auf die Verbündeten hören, wenn es beispielsweise um den Truppenabzug aus Afghanistan geht. Die Kooperation werde auch Fragen des Klimawandels und der Migration umfassen.[43] In gemeinsamen Stellungnahmen mit dem NATO-Generalsekretär Jens Stoltenberg betonte er den Zwang zur Zusammenarbeit aufgrund der vielfältigen Herausforderungen für die Sicherheit und die Werte des Westens, die kein Staat, selbst die USA nicht, allein lösen könnte. Dabei würde die NATO auf ihrem Status als das erfolgreichste Militärbündnis aller Zeiten und ihre Fähigkeit, aus internen Krisen gestärkt hervorzugehen, aufbauen. Tatsächlich versuchten alle Außenminister der NATO bei ihrem Treffen in Brüssel im April 2021 den Eindruck zu vermitteln, das Abzugsdatum für die Truppen in Afghanistan bis zum 11. September 2021 sei untereinander koordiniert und einvernehmlich entschieden worden.[44]

Es gibt also Aufbruchstimmung in der NATO. Manche Entwicklungen sollten tatsächlich hoffnungsvoll stimmen: Der Abschlussbericht der Arbeitsgruppe „NATO 2030" dürfte viele Ideen und Anregungen von Gesprächspartnern aus den Hauptstädten der NATO-Mitgliedstaaten enthalten. Sie lassen erkennen, dass deren Interesse an einer gestärkten politischen NATO tatsächlich vorhanden ist. Dass während des Gipfels im Juni 2021 die dringliche Arbeit am neuen Strategischen Konzept aus der Warteschleife herausgeholt wurde und diese bis Ende 2022 abgeschlossen werden soll, weckt ebenfalls Zuversicht. Zudem läuft der

---

[42] Virtuelle Münchner Sicherheitskonferenz 2021 - Rede von US-Präsident Joe Biden https://de.usembassy.gov/de/virtuelle-muenchner-sicherheitskonferenz-2021-rede-von-us-praesident-joe-biden. Siehe hierzu auch die neue Interim National Security Strategic Guidance vom Januar 2021.

[43] Secretary Blinken and Secretary General Stoltenberg on U.S.-NATO Relations | C-SPAN.org (c-span.org).

[44] Die von den USA wenig später bekanntgegebene Vorverlegung des Abzugsdatums erfolgte dann wiederum unilateral.

„Maschinenraum" der NATO weiterhin rund. Der *NATO-spirit* hat bisher den Streitereien im politischen Überbau und den nationalen Alleingängen gerade auch der Führungsmacht USA standgehalten. Beleg dafür ist die erst kürzlich beschlossene NATO-Militärstrategie (*NATO Military Strategy*, NMS). Deren Bedeutung darf nicht unterschätzt werden, da ihre Implementierung weitreichende Konsequenzen beispielsweise für die Streitkräfteplanungen der Mitgliedstaaten hat.

In Zukunft soll die NATO also wieder eine deutlich stärkere *politische* Rolle spielen. Grund dafür sind nicht allein die komplexen sicherheitspolitischen Herausforderungen des Westens. Die Trump-Administration kam hinsichtlich der geopolitischen Kräfteverschiebungen zu ähnlichen Analysen wie die Obama- und nun die Biden-Administration, brachte jedoch mit ihrer Bevorzugung unilateraler Politik die NATO an den Rand des Scheiterns. Entscheidend ist der Wille der handelnden Akteure zu einer bündnisgemeinsamen Außen- und Sicherheitspolitik.[45] 1956, nach der Analyse der Suez-Krise, und 2020, am Ende des *forward looking reflection processes,* ist die Diagnose dieselbe: Die NATO als Wertegemeinschaft demokratischer Staaten verfügt über die geeigneten Prozesse, um ein politisches Bündnis zu sein; es kommt darauf an, diese zu nutzen.[46]

Ob die neue Bereitschaft zu Konsultationen, Koordinierungen und Kooperationen in der NATO zu Beschlüssen führt, die anschließend tatsächlich umgesetzt werden, bleibt allerdings abzuwarten. Realisten

---

[45] Zur Bedeutung des Willens in der Strategie siehe den Sammelband von Wolfgang Peischel (Hrsg.), Strategiekonferenz 2019, Berlin 2020. Siehe auch Wilfried Heinemann, Vom Zusammenwachsen des Bündnisses, S. 270. Wie sich unterschiedliche politische Überzeugungen und dahinterstehende Biografien sowie der Wille zur Wahrung und Mehrung persönlicher Macht auf die nationale Politik in NATO und EU auswirken, zeigt der Vergleich von Bundeskanzler Schröder und Bundeskanzlerin Merkel in Judy Dempsey, Das Phänomen Merkel, S. 16-19, 27, 30.

[46] Wilfried Heinemann, Vom Zusammenwachsen des Bündnisses, S. 259. „Die NATO hatte ein geeignetes Instrumentarium entwickelt, es lag jetzt an den Mitgliedern, auf der Klaviatur mehr oder weniger virtuos zu spielen." NATO-Generalsekretär Jens Stoltenberg sagte kürzlich: „We have the procedures in place, … but what we need is the political will to use them." Siehe auch Heather A. Conley, The strategic argument for a political NATO, NDC Policy Brief No. 05, March 2021, S. 2.

würden bei Absichtserklärungen für eine im Bündnis abgestimmte Politik zur Vorsicht mahnen. Die Machtinteressen der Staaten werden politisches Handeln immer mitbestimmen; sie begrenzen die Kompromiss- und Konsenswilligkeit sowie die nationale Umsetzung gemeinsam getroffener Beschlüsse.

Was darf der Leser von diesem Buch erwarten? Im ersten Kapitel bietet es ihm einen Blick auf das sicherheitspolitische Umfeld. Es geht um die neue Ära der *Great-Power* bzw. *Strategic Competition*, insbesondere um die Außen- und Sicherheitspolitik der USA als Führungsmacht des Westens. Wie kann die NATO trotz zunehmender Gegensätze unter den Verbündeten und Partnern die so wichtige politische Einheit, Kohäsion und Solidarität und damit ihr „Zentrum der Kraftentfaltung" stärken?

Aufgrund ihres politischen Gewichts, ihrer geographischen Lage, ihrer wirtschaftlichen Macht sowie ihrer militärischen Fähigkeiten werden die USA die Zukunft der NATO auch weiterhin entscheidend mitbestimmen. Deutschland befindet sich als Zentralmacht Europas in einer geopolitischen Lage, in der es mehr Verantwortung übernehmen sollte. Die USA als „wohlwollender Hegemon", der mit gutem Beispiel vorangeht und überproportionale Lasten auf sich nimmt, und Deutschland als Mittler- und Vermittler einer gemeinsamen europäischen Position verfügen über das Potenzial, die NATO als eine politische Allianz wieder in Schwung zu bringen. Ob dieses Potenzial genutzt wird, ist allerdings nicht sicher.

Das zweite Kapitel analysiert die NATO als eine Organisation, in der die Nationen das Sagen haben. Es ist kein Wunder, dass die Allianz für Re-Nationalisierungstendenzen unter ihren Mitgliedern und daraus erwachsenen Konfrontationskursen anfällig ist. Die NATO ist eine Allianz *souveräner* Staaten. Dies gilt es jederzeit zu respektieren. Andererseits ist die NATO kein Bündnis, wie es die Geschichte vor 1945 immer wieder hervorgebracht hat. Die NATO-Verbündeten sollten nicht nur militärisch, sondern auch politisch und wirtschaftlich miteinander kooperieren. Das war die Absicht der Gründungsväter der transatlantischen Allianz. So steht es auch im Washingtoner Gründungsdokument von 1949.

Handlungsfähigkeit zeigte die NATO vor allem aufgrund ihrer außergewöhnlich hohen militärstrategischen Flexibilität. Sie erlaubt Nationen Freiräume und sogar Sonderrechte (Einsatzvorbehalte bzw. *caveats*), was deren Bereitschaft zum Kompromiss und einem darauf beruhenden Konsens fördert. Die Möglichkeit, Sonderrechte für den Einsatz ihrer Kontingente in Auslandseinsätzen in Anspruch zu nehmen, ermöglicht ihnen, überhaupt daran teilzunehmen. Es kommt darauf an, diese Freiräume trotz ihrer bisweilen schädlichen Auswirkungen auf die Operationsführung positiv zu sehen und für die politischen Konsensbildungsprozesse kreativ und antizipativ zu nutzen. An dieser Stelle zeigt sich sehr anschaulich, welche Rolle die Menschen und ihre geschickte Handhabung der Arbeitsprozesse in der NATO spielen. Die NATO als Organisation bietet sowohl für das realpolitische Durchsetzen nationaler Interessen als auch für das liberale oder idealistische Erarbeiten eines Allgemeininteresses vielfältige Möglichkeiten.

Die Organisationskultur innerhalb der NATO wird im dritten Kapitel näher beleuchtet. Im Mittelpunkt steht dabei der Begriff der „Kompromissmaschine". Welche Verfahren und Prozesse stehen für die Konsensbildung zur Verfügung? Wie fördert die implizite „Pflicht zum Konsens" die Zusammenarbeit? Wäre die neuerdings diskutierte Aufgabe der NATO, Koalitionen der Willigen unter ihren Mitgliedstaaten zu erleichtern, ein notwendiger Schritt zu noch mehr militärstrategischer Flexibilität – oder der nächste Schritt auf dem Weg in ihre politische Bedeutungslosigkeit?

Im vierten Kapitel geht es um die Rolle der Menschen in der NATO. Auch wenn darin die Nationen das Sagen haben – die Menschen auf allen Ebenen und in allen Bereichen können einen Unterschied machen: indem sie nationale Interessen in ein „Allgemeininteresse" aufgehen lassen, das die Mitarbeiter in den Ministerien der Mitgliedstaaten selbst gar nicht erkannt haben, oder indem sie politische Initiativen und neues Denken in Gang setzen, wodurch die Nationen unter Handlungszwang geraten. Dies wird anhand von Fallbeispielen veranschaulicht.

Entscheidend dürfte sein, Menschen in die NATO zu entsenden, die über die richtigen Einstellungen und Kompetenzen verfügen und diesen auch seitens der Hauptstädte Denk- und Handlungsfreiheit zu gewähren. Angesichts der Re-Nationalisierung in NATO-Mitgliedstaaten und einer Organisationsstruktur, in der die Nationen das Sagen haben, erinnert vieles an den ungleichen Kampf zwischen David und Goliath. Wir wissen, wie dieser Kampf ausgegangen ist. Das sollte Mut machen.

Alle Kapitel zeichnen sich durch gemeinsame Kernthemen aus. Immer geht es um die Möglichkeit von Konsultationen, Koordinierungen und Kooperationen in der NATO, um Fragen von Führung und Strategie, um die Rolle der Bevölkerungen und um mögliche Alternativen wie die Koalitionen der Willigen.

# Die NATO – Außen- und sicherheitspolitische Herausforderungen

## „Strategic Competition"

Der „unipolare Moment" nach dem Ende des Kalten Krieges, als die USA alleinige Weltmacht waren und die Werte des Westens auch mit militärischen Mitteln durchzusetzen versuchten, ist vorüber.[47] Ein neues sicherheitspolitisches Paradigma bestimmt das US-amerikanische strategische Denken: der „Großmachtnationalismus" mit widerstreitenden Interessen der Großmächte und unterschiedlichen Vorstellungen über die neue Weltordnung. Dieser soll „... die Welt des 21. Jahrhunderts bestimmen."[48] Die Idee einer internationalen Gemeinschaft mit völkerrechtlichen Verpflichtungen und Verhaltenskodexen scheint dagegen keine Akzeptanz mehr zu finden[49]. Die US-amerikanische Debatte prägte für diese neue Welt den Begriff der *Great-Power Competition* oder, wie es in neueren Dokumenten heißt, der *Strategic Competiton*.[50] Bereits die Obama-Administration leitete dieses neue Denken ein.[51] Die unter der Präsidentschaft von Donald Trump 2017 erlassene Nationale Sicherheitsstrategie (*National Security Strategy*) stellte den Machtkampf mit Russland und China in ihren Mittelpunkt. Sie war allerdings auch die legitimatorische Grundlage dafür, in einen Wettbewerb mit Verbündeten und Partnern zu treten, wenn diese aus US-amerikanischer Sicht unfaire Wirtschaftspraktiken anwandten. Die un-

---

[47] Thomas Jäger, Das Ende des amerikanischen Zeitalters. Deutschland und die neue Weltordnung, Zürich 2019, S. 47. Der Politologe Carlo Masala spricht hierbei von einem Versagen des Westens, insbesondere seiner Führungsmacht USA. Siehe dazu Carlo Masala, Weltunordnung, S. 21.

[48] Robert Kagan, Die Demokratie und ihre Feinde. Wer gestaltet die neue Weltordnung?, München 2008, S. 80. Der US-Politikwissenschaftler nahm in diesem Buch viele außen- und sicherheitspolitische Entwicklungen vorweg.

[49] Robert Kagan, Die Demokratie und ihre Feinde. S. 15-17, 83.

[50] National Security Strategy of the United States, December 2017. https://www.whitehouse.gov/wp-content/uploads/2017/12/NSS-Final-12-18-2017-0905.pdf. Siehe auch die von Präsident Biden im Februar 2021 erlassene Interim National Security Strategic Guidance, S. 19.

[51] Congressional Research Service, Renewed Great Power Competition. Implications for Defense – Issues for Congress, S. 1.

mittelbar nach dem Amtsantritt von Joe Biden als US-Präsident erstellte *Interim National Security Strategic Guidance* beschreibt die *Strategic Competition* als einen global und auf allen Politikfeldern ausgetragenen Systemwettbewerb zwischen Demokratien und autoritären Staaten. Einen Konkurrenzkampf innerhalb des Westens soll es also nicht mehr geben. Ganz im Gegenteil: Die *Guidance* betont in ungewöhnlich emphatischer Weise die Notwendigkeit einer multilateralen Zusammenarbeit mit Alliierten und Partnern. Es scheint fast so, als sehe die neue US-amerikanische Administration darin den erfolgversprechendsten Weg, den globalen Systemwettbewerb für sich und damit für den Westen zu entscheiden. Dabei hebt sie auch den grenzüberschreitenden, alle Politikbereiche umfassenden Charakter neuer sicherheitspolitischer Bedrohungen wie den Klimawandel und Pandemien hervor. Wie im Kalten Krieg geht es wieder um die Frage, wer besser darin ist, die Probleme der Menschheit insgesamt und der Bürger in den jeweiligen Ländern zu lösen.[52]

Das Paradigma der *Great-Power Competition / Strategic Competition* beruht auf einer Analyse, wonach die USA mit militärisch und ökonomisch

---

[52] Zur Frage, ob der neue Systemwettbewerb eine „Neuauflage des Kalten Krieges" ist, siehe Robert Kagan, Die Demokratie und ihre Feinde, S. 79. Kagan sieht darin „… eher eine Wiederbelebung des neunzehnten Jahrhunderts". Auch der Wiener Historiker Philipp Ther sieht Parallelen zum späten 19. Jahrhundert (Philipp Ther, Das andere Ende der Geschichte, S. 31) Andere Analysten betonen die politisch-ideologische Dimension der Konfrontation zwischen dem Westen und China als auffällige Gemeinsamkeit mit dem Kalten Krieg. Sie stellen daher den Weltmachtanspruch sowie die Einschüchterungs- und Subversionsversuche Chinas in den Vordergrund ihrer Analysen. Ein Beispiel dafür ist das Buch Clive Hamilton, Mareike Ohlberg, Die lautlose Eroberung. Tatsächlich besteht ein für jegliche Strategiebildung entscheidender Unterschied zum Kalten Krieg: die im Vergleich zur Sowjetunion weitaus größere ökonomische Macht Chinas und die Verflechtung der chinesischen Nationalökonomie mit den westlichen Industriestaaten. Theo Sommer bringt es auf den Punkt: „Die Sowjetunion war militärisch und politisch eine Großmacht, doch ökonomisch war sie für den Westen ohne Bedeutung; es tat ihm nicht weh, die UdSSR mit Embargos, Boykotten oder Sanktionen zu belegen. Ganz anders China, dessen Wirtschaft mit den Nationalökonomien der übrigen Welt so eng verflochten ist, dass schon ein Handelskrieg und erst recht ein Kalter Krieg viele im Westen in den Ruin stürzen würde." (Theo Sommer, China first, S. 20). Siehe auch Uwe Hartmann, Hybrider Krieg als neue Bedrohung von Freiheit und Frieden, Berlin 2015, S. 78-88.

starken Rivalen konfrontiert sind. Vor allem China könnte so mächtig werden, dass es zu einem gleichwertigen Gegner (*peer competitor*) aufsteigt. Gemeint ist damit, dass China – ähnlich wie es die USA für den amerikanischen Kontinent sind – ein Hegemon in Asien werden könnte. China wäre dann in der Lage, von dort aus Macht in die gesamte Welt zu projizieren.[53] Damit stünden nicht nur US-amerikanische Verbündete und Partner in Asien unter Druck; auch die Rolle der USA als Hegemon in der westlichen Welt geriete, so sehen es realpolitisch denkende Analysten, zunehmend in Gefahr.[54]

Der strategische Konkurrenzkampf habe auch eine innenpolitische Dimension: Wenn autoritäre Staaten wie China oder Russland erfolgreicher politische Probleme lösen könnten oder dies zumindest so in der Weltöffentlichkeit wahrgenommen würde, untergrübe dies die Festigkeit der Demokratie in den USA und der gesamten westlichen Welt, zu der auch Australien, Neuseeland, Japan und Südkorea zählen. Damit besteht die Bedrohung durch eine neue Version des „Dominoeffekts". Besonders Präsident Biden, und dies macht wohl den größten Unterschied zu seinem Vorgänger aus, betont den *politischen* Systemwettbewerb: Es ginge nicht nur um Macht und Hegemonie, sondern um die künftige Ausrichtung der Welt zwischen Demokratien und Autokratien.[55] Dabei setzt er vor allem auf die Erneuerung der Demokratie zuhause, die Zusammenarbeit aller demokratischen Staaten in der Welt sowie eine Diplomatie, die wirtschaftliche und militärische Stärke nutzt.

In dieser Welt des Systemwettbewerbs müsse auch Russland in seine Schranken gewiesen werden. Zwar verfüge es nicht über das Potential eines *peer competitors*. Gleichwohl strebe Russland an, als Großmacht auf

---

[53] See dazu Elbridge A. Colby, Wess A. Mitchell, The Age of Great-Power Competition, S. 118-130.

[54] Besonders klar bei John F. Mearsheimer, The Tragedy of Great Power Politics, New York/London 2014, S. 360-411.

[55] Siehe das Vorwort des US-Präsidenten Biden in der Interim National Security Strategy: „I believe we are in the midst of an historic and fundamental debate about the future direction of our world. There are those who argue that, given all the challenges we face, autocracy is the best way forward. And there are those who understand that democracy is essential to meeting all the challenges of our changing world. I firmly believe that democracy holds the key to freedom, prosperity, peace, and dignity."

Augenhöhe mit den USA anerkannt zu werden und eine dominante Stellung in Zentralasien und auch in Osteuropa einzunehmen. Besonders gefährlich seien dabei Russlands Fähigkeiten, den Westen strategisch mit einem *fait accompli* zu überraschen, d.h. Territorien von NATO-Mitgliedstaaten mit Truppen zu besetzen und als Faustpfand für Friedensverhandlungen einzusetzen. Dabei diente die Drohung mit dem Ersteinsatz nuklearer Waffen zur Absicherung des *fait accompli*. Ein derartiges Vorgehen entspräche der russischen Militärstrategie präemptiver Überraschung mit sofortiger Übernahme der Initiative[56]. Das Gefährliche darin ist, dass damit eines der obersten Ziele russischer Außen- und Sicherheitspolitik erreichbar scheint: Die Glaubwürdigkeit der kollektiven Verteidigung und die weitere Existenz der transatlantischen Allianz wären in Frage gestellt, wenn diese einen derartigen Angriff nicht abschrecken oder, falls die Abschreckung versagt, die territoriale Integrität des Bündnisgebietes nicht wiederherstellen könnte. Überhaupt dürfte die aggressive, auf militärische Macht setzende Außenpolitik Russlands Krisen in Europa und seiner Peripherie hervorrufen, die den Westen schwächen (wegen fehlender politischer Einigkeit, wie Krisen zu lösen sind und der langfristigen Bindung von militärischen und nicht-militärischen Ressourcen) und Machtvorteile auch für China bringen (wegen der notwendigen Unterstützung der europäischen Verbündeten durch die USA wie beispielsweise im Libyenkrieg 2011 oder die Verstärkung US-amerikanischer Verteidigungsanstrengungen in Europa[57]). Eine besonders ernstzunehmende Gefahr für den Westen ist die strategische Abstimmung der aggressiven Außen- und Sicherheitspolitik Russlands und Chinas.[58]

---

[56] Zur russischen Strategie siehe Stephen R. Covington, The Culture of Strategic Thought Behind Russia's Modern Approaches to Warfare, Harvard Kennedy School/Belfer Center for Science and International Affairs, Paper October 2016. https://www.belfercenter.org/sites/default/files/legacy/files/Culture%20of%20Strategic %20Thought%203.pdf.

[57] Dazu gehört beispielsweise die *European Deterrence Initiative* (EDI). Siehe dazu das Fact Sheet des US European Command fy-2020-european-deterrence-initiative-facts (eucom.mil).

[58] Siehe dazu Joachim Krause, Die Doppelkrise, die keiner wahrhaben will – dass China und Russland gleichzeitig militärisch eskalieren, ist kein Zufall. In: Neue Züricher Zeitung vom 21.4.2021 https://www.nzz.ch/meinung/ukraine-und-taiwan-die-doppelkrise-die-keiner-wahrhaben-will-ld.1612388?reduced=true; zu den Folgen für

Die neue Strategie der *Great-Power Competition / Strategic Competition* führt zu zahlreichen signifikanten Veränderungen in der US-amerikanischen Außen- und Sicherheitspolitik. Dazu gehören: (1) Klare Schwerpunktsetzung auf China und dann, deutlich dahinter, auf Russland. Dies auf Kosten von Regionen wie beispielsweise Nordafrika und den Nahen Osten, die für den globalen Systemwettbewerb zwischen Demokratien und Autokratien weniger relevant sind. (2) Nutzen von Verbündeten und Partnern als größten komparativen Vorteil. Dazu werden die USA wieder eine globale Führungsrolle, auch in internationalen Organisationen, einnehmen. Auf Verbündete und Partner wird ggf. Druck ausgeübt, damit sie dem neuen strategischen Denken der USA folgen.[59] (3) Ein weites Verständnis von Sicherheit mit Vernetzung aller Instrumente von Staatsmacht, insbesondere der diplomatischen, ökonomischen und militärischen. (4) Umbau des US-amerikanischen Militärs in eine hoch einsatzbereite, agile und flexible Streitmacht. (5) Festigung der Demokratie zuhause, um gesellschaftliche Geschlossenheit als Voraussetzung für eine aktive globale Rolle zu erhöhen.[60] (6) Dies alles als eine Aufgabe für mehrere Generationen von Politikern, Diplomaten

---

die NATO siehe Bruno Tertrais, NATO is doing fine, but the Atlantic Alliance is in trouble, NDC Policy Brief, No. 8, Rome April 2019, S. 4. Im Falle eines größeren Konfliktes in Asien würden die USA nicht nur Unterstützung von den europäischen Verbündeten fordern, sondern auch die Übernahme der Abschreckung gegenüber Russland, das versuchen könnte, diese günstige Gelegenheit für das Erreichen eigener außenpolitischer Ziele zu nutzen. Zu der Frage, ob der Westen Russland in die Arme Chinas treibt, siehe Maximilian Terhalle, Berlin will Moskau gar nicht drängen. In: Frankfurter Allgemeine Zeitung vom 12.2.2021 https://www.faz.net/aktuell/politik/ausland/berlin-will-moskau-gar-nicht-draengen-17194874.html#voig. Siehe auch Stefanie Pabst, Wenn alles zusammenkommt. In: Die Welt, 15. Juni 2021, S. 2.

[59] Elbridge A. Colby, Wess A. Mitchell, The Age of Great-Power Competition, S. 126, 130. Siehe auch US Congress, Assessing NATO's Value. In: Congressional Research Service Report, updated March 28, 2019.

[60] Interim National Security Strategic Guidance, S. 17-18: "our strength abroad requires us to build back better at home. (…) Building back better requires us to commit ourselves to revitalizing our own democracy." Kritisch zu dem Versuch, die Bedrohung durch China für innenpolitische Reformen und gesellschaftliche Geschlossenheit in den USA zu nutzen, äußert sich Ryan Haas, China is not Ten Feet tall. In: Foreign Affairs, 3. März 2021. https://www.foreignaffairs.com/articles/china/2021-03-03/china-not-ten-feet-tall.

und Soldaten.[61] Oberstes Ziel bleibt weiterhin, das amerikanische Volk zu schützen. Dies schließe den Einsatz des Militärs als *ultima ratio* ein.[62] Was bedeutet diese neue strategische Ausrichtung der USA für die NATO? Welches Konfliktpotenzial ist damit verbunden, wenn die USA versuchen, dieses strategische Denken in der NATO durchzusetzen?

### Die USA als Führungsnation

Das Paradigma der *Great-Power Competition/Strategic Competition* ist die gedankliche Grundlage für eine stärkere Hinwendung der USA zur transatlantischen Allianz. Was bei Präsident Trump noch eine in sich widersprüchliche Politik war, wird unter Präsident Biden zu einer kohärenten Strategie, in der die NATO ein wesentliches Instrument und Multilateralität ein zentraler Weg sind, um den globalen Systemwettbewerb zwischen Demokratien und autoritären Staaten zu gewinnen.

Wenn die NATO künftig stärker als das vorrangige Forum für Konsultationen, Koordinierungen und Kooperationen in allen außen- und sicherheitspolitischen Fragen genutzt werden soll, die Nordamerika und Europa betreffen, dann kommt es bei der Umsetzung vor allem auf die USA an. Präsident Biden verkündete, dass sein Land mit Beispiel führen werde (*„leading by example"*). Konkret würde dies bedeuten, dass die USA von allen Versuchungen einer imperialen Führung Abstand nehmen müssten. Unabhängig davon, ob es sich dabei um eine neue Form des Imperiums handelt (*„informal empire"* oder *„empire lite"*[63]), entscheidend wird sein, ob sich die USA in die NATO als einer Allianz formal

---

[61] Elbridge A. Colby, Wess A. Mitchell, The Age of Great-Power Competition, S. 119, 126.

[62] Siehe dazu auch die Rede von US-Präsident Biden anlässlich des beschlossenen Abzugs aus Afghanistan vom 14.4.2021. https://www.whitehouse.gov/briefingroom/speeches-remarks/ 2021/04/14/remarks-by-president-biden-on-the-way-forward-in-afghanistan

[63] Gregory Barton und Brett Bennett definieren *informal empire* als "a willing and successful attempt by commercial and political elites to control a foreign region, resource, or people. The means of control included the enforcement of extra-territorial privileges and the threat of economic and political sanctions, often coupled with the attempt to keep other would-be imperial powers at bay. For the term 'informal empire' to be applicable, we argue, historians have to show that one nation's elite or government exerted extraterritorial legal control, de facto economic domination, and

gleichberechtigter Staaten einfügen können, obwohl sie militärisch haushoch überlegen sind und dem Militär einen deutlich höheren Stellenwert in der Gestaltung von Außen- und Sicherheitspolitik einräumen.[64] Eine Rückkehr zu einem imperialen Führungsstil wäre dann zu befürchten, wenn die USA ein weiteres Mal versuchten, Europa im Sinne der klassischen imperialen Politik des *„divide et impera"* zu spalten und vor die Entscheidung zu stellen, „für oder gegen die USA" (*„Who's not for us is against us"*) zu sein. Ein Indiz dafür wäre auch, wenn die USA darauf drängten, ohne Abstimmung mit den europäischen Verbündeten die Sicherung der NATO-Peripherie im Osten zu verstärken. Zu Recht weist der Politikwissenschaftler Herfried Münkler darauf hin, dass die Logik von Imperien (Schöpfer und Garanten von Ordnung, Sonderrechte, Einmischung in innere Angelegenheiten anderer Länder, *„divide et impera";* Sicherung der Peripherie*)* die Entscheidungs- und Handlungsfreiräume von Politikern einschränken kann. Allerdings wäre in demokratisch verfassten Staaten entscheidend, ob deren Bevölkerungen die Lasten imperialer Führung tragen wollen. Auch die Auswahl des künftigen Spitzenpersonals für NATO-Verwendungen und die Vorbereitung ihrer Mitarbeiter gibt Hinweise darauf, wie die USA in der NATO führen werden.

Wenn US-Präsident Joe Biden ankündigt: *„America is back. Diplomacy is back. Alliances are back"* und sein Land würde von nun an mit Beispiel

---

was able to strongly influence policies in a foreign country critical to the more powerful country's interests." (Gregory A. Barton, Brett M. Bennett, Forestry as foreign policy Anglo-Siamese relations and the origins of Britain's informal empire in the teak forests of Northern Siam, 1883-1925, Cambridge 2010) Der Begriff ‚*empire lite'* stammt von Michael Ignatieff, Empire Lite: Nation-Building in Bosnia, Kosovo, and Afghanistan, London 2003. Die USA als *empire lite* waren aus seiner Sicht ein Imperium, das über humanitären Interventionalismus die Demokratisierung der Welt auch unter Nutzung militärischer Mittel vorantreibt. Siehe dazu auch Herfried Münkler, Imperien, S. 229. Für Michael Lüders gehört Imperialismus zur DNA der USA. Siehe Michael Lüders, Die scheinheilige Supermacht. Warum wir aus dem Schatten der USA heraustreten müssen, München 2021, S. 98: „Aus imperialer Sicht sind militärische Interventionen, Regimewechsel oder Subversion mit Hilfe der Geheimdienste legitime Mittel zum Zweck, nämlich der Sicherung oder Ausdehnung des eigenen Machtbereichs."

[64] Zur politikwissenschaftlichen Debatte über Imperien siehe Herfried Münkler, Imperien. Die Logik der Weltherrschaft – vom Alten Rom bis zu den Vereinigten Staaten, Hamburg [5]2019. Zu den USA siehe insbesondere die S. 224-245.

führen, dann deutet dies auf sein liberales oder vielleicht sogar idealistisches Politikverständnis hin. Gleichwohl sollte mitbedacht werden, dass die USA aufgrund ihrer Macht ständig der Versuchung ausgesetzt sind, sich ohne Rücksicht auf die berechtigten Interessen von Verbündeten durchzusetzen – ganz einfach, weil sie es können und weil Führung nicht nur über das bessere Argument, sondern auch über schiere Macht funktioniert. Gerade Imperien folgen diesem Impetus, ganz wie Thukydides es in seinem berühmten Melier-Dialog formulierte: "Der Starke tut, was er kann, der Schwache erleidet, was er muss."[65] Wenn US-amerikanische Analysten den unipolaren Moment der USA als *„new American militarism"*,*„hybris"* oder *„strategic narcissism"* brandmarken und Rechenschaft von den militärischen Befehlshabern der letzten Kriege verlangen[66], dann sollte dies Warnung vor einem Rückfall, aber zugleich auch Hoffnung auf ein Lernen aus Fehlern sein.

Klar ist zumindest: Die USA beabsichtigen, auch in Zukunft die Führungsnation in der NATO sein, wie es in den letzten siebzig Jahren der Fall war. Sie haben die Macht dazu, auch wenn der Rückhalt für ein globales Engagement in der US-amerikanischen Bevölkerung deutlich zurückgegangen ist und das Chaos während des Abzuges der Truppen aus Afghanistan im August 2021 erneut Zweifel an ihrer Führungsstärke und Glaubwürdigkeit geschürt haben. Die Vereinigten Staaten sind und bleiben bis auf weiteres der wichtigste strategische Akteur im internationalen System und damit auch in der NATO. *„A superpower, like it or not"*, wie der Politikwissenschaftler Robert Kagan in einem programmatischen Beitrag schrieb, weshalb die amerikanischen Bürger eine globale Rolle ihres Landes akzeptieren und den Wünschen nach einer Selbstisolierung widerstehen müssten.[67]

---

[65] Zum Melier-Dialog in Thukydides' „Der Peloponnesische Krieg" siehe Herfried Münkler, Imperien, S. 30-34. Dieser Dialog bringt besonders deutlich skrupellose Machtpolitik, aber auch die Handlungslogiken von Imperien zum Ausdruck.

[66] Siehe Thomas E. Ricks, The Generals. American Military Command from World War II to Today, New York 2012; Andrew J. Bacevich, The New American Militarism. How Americans are deduced by war, Oxford 2013; H.R. McMaster, Battlegrounds. The Fight to Defend the Free World, New York 2020.

[67] Robert Kagan, A Superpower, Like it or not. Why Americans must accept their global Role. In: Foreign Affairs, March/April 2021, S. 28-38.

Diese Prognose beruht allerdings auf der Annahme, dass die Existenz der transatlantischen Allianz weiterhin im nationalen Interesse der USA liegt. Die Rhetorik und das Verhalten von Präsident Trump weckten Zweifel daran. Nur mit Mühe konnte er davon abgehalten werden, den Austritt seines Landes aus der NATO zu erklären, was die Schilderungen seines damaligen Sicherheitsberaters, John Bolton, über den Londoner NATO-Gipfel im Jahr 2019 bestätigen.[68] Dies weckte bei einigen Verbündeten Erinnerungen an eine Nahtoderfahrung der NATO, die noch nicht lange zurückliegt: US-Präsident George W. Bush und sein Verteidigungsminister Donald Rumsfeld untergruben die Kohäsion der Allianz nicht nur durch ihre Teilung Europas in ein „altes" und „neues", sondern auch durch ihre klare Präferenz für Koalitionen der Willigen (*„coalitions of the willing"*). Der Historiker Heinrich August Winkler, ein wahrer Kenner der Geschichte des Westens, sah darin „… den bisherigen Tiefpunkt in der Geschichte der transatlantischen Beziehungen".[69] Zumindest im Kongress sowie in Denkfabriken gibt es allerdings seit dem Ende des Kalten Krieges Einvernehmen darüber, dass die NATO ein wichtiger Baustein in der US-amerikanischen Außen- und Sicherheitspolitik bleibt.[70]

Warum ist die NATO wichtig für die Supermacht USA? Die historische Tatsache, dass die USA die treibende Kraft hinter der Gründung der transatlantischen Allianz wenige Jahre nach dem Ende des Zweiten Weltkriegs waren, dürfte dabei eher eine untergeordnete Rolle spielen. Zu radikal hat sich die Welt seitdem verändert. Die von den US-Streitkräften auch in Europa unterhaltenen Stützpunkte sind für deren globale Machtprojektion unverzichtbar und daher ein wichtiger operativer Faktor. Manche sehen darin sogar die Grundlage für das US-amerika-

---

[68] John Bolton, The Room where it happened, New York 2020, S. 140-152, 433, 477-478.

[69] Heinrich August Winkler, Zerbricht der Westen? Über die gegenwärtige Krise in Europa und Amerika, München ²2017, S. 82. Siehe auch seine anschauliche Darstellung der Spannungen innerhalb des transatlantischen Bündnisses auf den Seiten 82-92.

[70] Dies schließt eine öffentliche Kritik an Alliierten bis hin zum Verhängen von extraterritorialen Sanktionen nicht aus, wie der Umgang mit Deutschland im Fall Nord Stream II zeigte.

nische Imperium. Immerhin ist die gesamte Welt in Regionalkommandos (*„Combatant Commands"*) aufgeteilt.[71] Die US-amerikanischen Streitkräfte unterhielten Anfang der 2000er Jahre rund 700 Militärbasen in 150 Ländern.[72] Seitdem hat sich deren Anzahl weiter erhöht. Die Vorteile liegen auf der Hand: Die Möglichkeit, Einfluss auf die Politik in den Stationierungsländern zu nehmen, die Nähe zu Krisengebieten und die kulturelle Eingewöhnung des militärischen Personals. Die enge Zusammenarbeit mit den einheimischen Streitkräften ermöglicht es den USA, diese rasch und ohne größeren Aufwand in eigene militärische Operationen einzubinden (*force multiplier*). Die *politische* Dimension der Nützlichkeit der NATO wird damit allerdings noch nicht in Gänze erfasst. Entscheidend für die Revitalisierung der transatlantischen Beziehungen dürften andere Gründe sein:

Zum einen haben die USA ein vitales Interesse an Frieden in Europa. Dazu tragen nicht nur wirtschaftliche oder historisch-kulturelle Gründe bei. In Europa haben die USA ihre zuverlässigsten und militärisch leistungsstärksten Partner. Zudem müssten sie bei innereuropäischen Kriegen, die wahrscheinlich wie vor 1945 mit der Revision von Landesgrenzen, ethnischen Säuberungen und großen Fluchtbewegungen einhergingen[73], militärisch eingreifen. Denn Westeuropa bildet die atlantische „Gegenküste" der USA. Deren Kontrolle ist für ihren Welt- und Hegemonialmachtstatus unverzichtbar. Zudem hängen Krieg und Frieden in Europa immer auch mit Krisen und Konflikten in Asien zusammen. Die beiden „Kriegstheater" dürfen nicht getrennt voneinander betrachtet werden. Der 1950 ausgebrochene Koreakrieg, der die NATO-Verbündeten veranlasste, die NATO-Kommandostruktur aufzubauen, ist dafür ein anschauliches Beispiel.[74]

---

[71] Zu den Problemen der Zusammenarbeit unterschiedlicher Combatant Commands mit der NATO und den Auswirkungen auf die Rolle des SACEUR siehe Seth Johnson, How NATO Adapts Strategy and Organization in the Transatlantic Alliance since 1950, Baltimore 2017, S. 172.

[72] Siehe Herfried Münkler, Imperien, S. 229-230.

[73] Siehe hierzu die Bestandsaufnahme von Gregor Schöllgen, Krieg. Hundert Jahre Weltgeschichte, München 2019 sowie von Timothy Snyder, Bloodlands. Europe between Hitler and Stalin, New York 2012.

[74] Zu den Auswirkungen der Kriegsführung Japans in Asien auf Bündnisse wie beispielsweise den Hitler-Stalin Pakt oder die Kriegführung Deutschlands im Zweiten Weltkrieg siehe Gregor Schöllgen, Krieg, S. 56-58, 81-82, 86.

Zum anderen können die USA über die NATO die weitere Ausgestaltung des internationalen Systems beeinflussen. China wird ein so formidabler Konkurrent und ggf. auch Gegner werden, dass selbst die USA als die mächtigste Militärmacht der Welt auf Verbündete zur Einhegung des Aufstiegs und zur Eindämmung des Machtanspruchs dieses Landes angewiesen sind. Das NATO-Bündnisgebiet bietet sich dafür besonders an, weil Chinas Seidenstraßenstrategie in das Herz Europas zielt. Realpolitisch lautet die Rechnung: Die USA mit ihren NATO-Verbündeten kommen auf rund eine Milliarde Menschen. Gemeinsam erwirtschaften sie fünfzig Prozent der globalen Wirtschaftsleistung und verfügen über das mächtigste Militär sowie eine leistungsfähige Rüstungsindustrie.[75] Hinzu kommt die positive *Soft Power*-Bilanz der NATO als einer Wertegemeinschaft demokratisch verfasster Staaten. *Softpower* ist die Grundlage für die Pflege und den Ausbau weltweiter Partnerschaften. Im globalen politischen Systemwettbewerb, der immer auch ein Wettbewerb um Werte ist und bei dem es letztlich um die neue Weltordnung geht, bietet die NATO ein attraktives Rollenmodell. In der *Interim National Security Strategic Guidance* steht dazu: „our democratic alliances enable us to present a common front, produce a unified vision, and pool our strength to promote high standards, establish effective international rules, and hold countries like China to account. This is why we will reaffirm, invest in, and modernize the North Atlantic Treaty Organization (NATO) and our alliances with Australia, Japan, and the Republic of Korea – which, along with our other global alliances and partnerships, are America's greatest strategic asset."[76] China und Russland verfügen nicht über eine vergleichbare *Softpower*.

Die NATO als Kern- und Verbindungsstück einer globalen Allianz demokratischer Staaten verschafft also relative Machtvorteile im Systemwettbewerb mit Autokratien. Strategen sehen in dieser demokratischen Front gegen China ein wirksames Instrument des *Counterbalancing*. Die Chancen für China, Uneinigkeit und Zerwürfnisse des Westens zu nutzen, um beispielsweise Handelsabschlüsse mit Anrainerstaaten und so-

---

[75] Siehe dazu u.a. National Security Strategy of the United States, December 2017, S. 37.
[76] Interim National Security Strategic Guidance, S. 10.

gar der EU zu schließen oder US-amerikanische und europäische Firmen gegeneinander auszuspielen, sollen dadurch geringer werden. Diese US-Strategie, die geschickt *Hard- und Softpower*-Elemente verbindet, ist als *smart*[77] zu bewerten – wenn sie denn so umgesetzt wird und nicht durch die Versuchungen und Zwänge imperialer Führung verwässert wird.

Zudem benötigen die USA ihre europäischen Verbündeten und Partner für den Umgang mit Russland. Russland ist in den Augen der USA eine Regionalmacht, welche die internationale regelbasierte Ordnung zwar stören, aber nicht nachhaltig bestimmen kann. Über die NATO können die USA ihre Verbündeten in die Pflicht nehmen, mehr für die Verteidigung Europas zu tun und Russlands aggressiver Außen- und Sicherheitspolitik entgegenzutreten. Gleichzeitig können sie mit geringen militärischen Mitteln ihren politischen Einfluss in Osteuropa ausbauen. Die NATO ist aufgrund ihrer Erweiterungsrunden seit 1999 osteuropäischer geworden. Da viele Staaten in Osteuropa die Nähe zu den USA suchen, ist sie damit auch amerikanischer.[78] Diesen Einfluss werden die USA nicht aufgeben, zumal es auch in dieser Region darum gehen wird, Chinas Machtausdehnung bis nach Westeuropa mit ökonomischen und ggf. auch militärischen Mitteln einzudämmen.

Aus geostrategischen Gründen spricht sogar einiges dafür, dass der US-amerikanische *Pivot to Asia* die Relevanz Europas für die USA stärken wird. Schauen wir uns dies näher an.

Die USA sind aufgrund ihrer Geografie (von zwei Ozeanen umgeben und ohne ernsthafte militärische Gegner im Norden und im Süden)

---

[77] Joseph S. Nye, Jr., The Future of Power, New York 2011, S. xiii: "Smart power is the combination of the hard power of coercion and payment with the soft power of persuasion and attraction." Nye weist darauf hin, dass für die *soft power* Zeit und Geduld erforderlich seien (S. 232). Herfried Münkler zeigt, dass in demokratischen Imperien diese Voraussetzungen nicht gegeben sind. Enge Wahlzyklen erfordern schnelle Erfolge. Siehe dazu Herfried Münkler, Imperien, S. 237.

[78] Zur US-amerikanischen Politik bei der Erweiterung der NATO siehe Johannes Varwick, NATO in (Un-)Ordnung. Wie transatlantische Sicherheit neu verhandelt wird, Schwalbach/Ts. 2017, S. 100-116; Gerald B. Solomon, The NATO Enlargement Debate, 1990-1997. Blessings of Liberty, Westport 1998. Zur Kritik an der NATO-Erweiterung und Einrichtung einer neutralen Zone siehe Michael E. O'Hanlon, Beyond NATO. A New Security Architecture for Eastern Europe, Washington D.C. 2017.

eine Seemacht. Wie es der US-amerikanische Stratege Alfred Thayer Mahan (1840-1914) in seinem Buch *The Influence of Sea Power upon History* begründet hatte, ist Seemacht die Grundlage für Weltherrschaft. Für die Ausübung ihrer globalen Führungsrolle war der 1914 fertiggestellte Panama-Kanal überaus hilfreich. Er ermöglichte die schnelle Verschiebung von Flottenverbänden zwischen dem Pazifik und dem Atlantik, was die Kontrolle der Küstenregionen in Europa und Asien erleichterte.[79]

Strategen in den USA wissen jedoch sehr wohl um die Bedeutung des Herzlandes *(„heartland")*, wie sie von dem britischen Geopolitiker Halford Mackinder zu Beginn des 20. Jahrhunderts herausgearbeitet wurde.[80] Dieser wies darauf hin, dass die Seemacht als Grundlage für die britische Weltherrschaft an Bedeutung verlieren könnte, wenn der eurasische Kontinent infrastrukturell erschlossen ist. Sir Halford Mackinder dachte damals vor allem an die Eisenbahn. Er warnte seine britischen Zuhörer: Wer das Herzland, das weite Teile des heutigen russischen Territoriums abdeckt und sich über die zentralasiatischen Länder bis in den Nahen und Mittleren Osten erstreckt, als „Drehpunktregion" *(„pivot area")* kontrolliert, beherrscht die Welt.

Im Laufe des letzten Jahrhunderts ist diese geostrategische Verschiebung nicht eingetreten. Dies lag nicht so sehr an der fehlenden Technologie, sondern am europäischen Bürgerkrieg von 1914 bis 1945 und dem anschließenden Kalten Krieg mit der Teilung Europas. Dies ändert sich gegenwärtig mit rasanter Geschwindigkeit. Mit Chinas „neuer Seidenstraße", der sog. *„Road and Belt"*-Initiative, und der Annäherung Russlands an das Reich der Mitte könnte diese Vision des britischen

---

[79] Alfred Thayer Mahan, The Influence of Sea Power upon History, 1660-1783, Boston 1890. Siehe dazu auch Beatrice Heuser, The Evolution of Strategy. Thinking War from Antiquity to the Present, Cambridge 2010, Part IV. Sie auch Niels Werber, Geopolitik, S. 69-73; Herfried Münkler, Macht in der Mitte, S. 101-103.

[80] Siehe hierzu Halford Mackinder, "The geographical pivot of History (1904). In: The Geographical Journal, Vol. 170, No. 4, December 2004, S. 298-321. https://www.iwp.edu/wp-content/uploads/2019/05/20131016_MackinderTheGeographicalJournal.pdf. Die deutsche Übersetzung ist abgedruckt in Halford John Mackinder, Der Schlüssel zur Weltherrschaft. Die Heartland-Theorie. Mit einem Lagebericht von Willy Wimmer, Frankfurt/M. 2019. Siehe auch Niels Werber, Geopolitik zur Einführung, Hamburg 2014, S. 63-73 sowie Philipp Ther, Das andere Ende der Geschichte. Über die Große Transformation, Berlin ²2019.

Gelehrten im 21. Jahrhundert schnell Realität werden.[81] Die künftige Russland- und China-Politik der USA bzw. der NATO sollte daher zusammengedacht werden.[82]

In gewisser Weise tragen die USA selbst zur Beschleunigung dieses Prozesses bei. Der *Pivot to Asia*, durch den die USA und ihre Verbündeten den Aufstieg Chinas im Pazifik-Raum eindämmen wollen, drängt das Reich der Mitte dazu, die kontinentale Verbindung zu den Märkten in Zentralasien und Europa sowie dem Nahen Osten bis nach Afrika zu suchen und das Herzland als Machtbasis für seine angestrebte Weltmachtrolle zu nutzen. Mit der vom Eis befreiten Nordostpassage kommt noch ein Seeweg im Hohen Norden hinzu.[83] Die „Einkreisung" im Pazifik durch die Seemacht USA führt also dazu, dass China sich auf die Möglichkeiten von Landmacht für die Erlangung der Weltherrschaft besinnt. Für die USA steigt daher die geostrategische Bedeutung Europas, um China auch vom Westen her einzudämmen.

---

[81] Bei den Mächten, welche die *pivot area* organisieren und dadurch die See- und Weltherrschaft Großbritanniens bedrohen könnten, hatte Mackinder folgende Konstellationen im Hinterkopf: ein Bündnis von Russland und Deutschland (Halford John Mackinder, Der Schlüssel zur Weltherrschaft, S. 70) oder eine Zusammenarbeit von China und Japan: „Sollten beispielsweise die Chinesen, organisiert von den Japanern, das russische Reich überrennen und dessen Territorium erobern, so bestünde die Möglichkeit, dass sich dieses Imperium zu einer gelben Gefahr für die Freiheit der ganzen Welt entwickelt, weil es die Ressourcen des großen Kontinents mit einer ozeanischen Wasserfront vereint – ein Vorteil, der den russischen Bewohnern der Drehpunktregion bislang verwehrt blieb." (S. 73) Eine von Mackinder befürchtete Organisation Chinas durch Japan erscheint heute abwegig.

[82] Die geostrategischen Analysen von Mahan und Mackinder spielen auch in neueren sicherheitspolitischen Analysen eine Rolle. Beispiele sind Theo Sommer, China first, S. 16; Herfried Münkler, Macht in der Mitte, S. 101-104. Besonders hilfreich für das Verständnis der globalen geopolitischen Verschiebungen ist der Hinweis Münklers auf die Rolle Europas (und damit auch der NATO) zwischen den heutigen Flügelmächten USA und China. Allein aus diesem Grunde muss die NATO China in das Zentrum ihrer strategischen Analysen rücken und dabei eine mögliche chinesisch-russische Zusammenarbeit bzw. Chinas oder Russlands opportunistisches Ausnutzen von günstigen Gelegenheiten im Blick behalten.

[83] Siehe hierzu Joachim Weber (Hrsg.), Konfliktraum Arktis. Die Großmächte und der Hohe Norden, Berlin 2021.

Die USA haben erkannt, dass ihr Weltmachtstatus in Gefahr ist und sie geostrategisch an den Rand gedrängt werden, wenn China die Kontrolle über das Herzland und von dort aus über Europa erhält. Dies erklärt das neue Interesse an der NATO, die erhöhten militärischen Anstrengungen der US-Streitkräfte in Europa sowie die Initiative von US-Präsident Biden, eine westliche Alternative zu den chinesischen Infrastrukturprogrammen anzubieten. Die militärische Absicherung dazu wäre durch die NATO gegeben.

Da die *strategic competition* auch auf ökonomischem Gebiet ausgetragen wird, schauen die USA mit anderen Augen auf die EU. Sie erscheint ihnen weniger als eine gefährliche Konkurrenz, sondern vielmehr als ein potenziell schlagkräftiger Partner. Auch die traditionellen Bedenken wegen des Ausbaus der Gemeinen Außen- und Sicherheitspolitik der EU scheinen abzunehmen. Noch vor wenigen Jahren hatten selbst überzeugte Transatlantiker wie beispielsweise der US-Verteidigungsminister John Mattis die Gefahr einer Abnabelung der Europäer gesehen und die strikte Einhaltung der „3 D" – kein *Decoupling*, keine *Discrimination*, keine *Duplication* – gefordert.[84] Unter Präsident Biden zeichnet sich ein Umdenken ab, wie seine Auftritte bei Treffen der EU-Regierungschefs am 26. März und am 13. Juni 2021 verdeutlichten. Er betont nunmehr, dass eine wirtschaftlich und auch militärisch starke EU im amerikanischen Interesse sei. Dies ist folgerichtig; denn interne Handelskriege mit Strafzöllen würden die Position des Westens im globalen Systemwettbewerb schwächen. Militärisch müssten die europäischen Partner, die gleichzeitig in NATO und EU sind, allerdings an Gewicht zunehmen – nicht nur, um Krisen und Konflikte in der Peripherie Europas managen zu können. Auch für die Verteidigung Europas gegen Russland sowie zum Schutz vor dem zunehmenden Druck Chinas sind Investitionen in die militärischen Fähigkeiten unverzichtbar.

Für die EU ist dies eine durchaus vorteilhafte geostrategische Lage. Sie kann sich weiterhin auf das US-amerikanische militärische, diplomatische und wirtschaftliche Engagement in Osteuropa verlassen. Gleichzeitig sorgen die USA für einen militärischen Druck im Pazifik, der dazu führt, dass China sich nicht mit ganzer Kraft auf den Marsch in

---

[84] Die „3 D" wurden ursprünglich von der US-Außenministerin Madeleine Albright in die Debatte eingeführt.

Richtung Westen konzentrieren kann. Allerdings sollte nicht unberücksichtigt bleiben, dass die US-Regierung über die NATO weiterhin Einfluss auf die politische Entwicklung der EU, vor allem ihrer Gemeinsamen Außen- und Sicherheitspolitik, nehmen wird, solange die Europäer sich nicht selbst verteidigen können und sogar im Internationalen Krisenmanagement auf NATO-Ressourcen zurückgreifen müssten. Zuletzt zeigte die Evaluierungsoperation in Kabul, wie weit die Europäer von einem autonomen militärischen Handeln entfernt sind.

Vorteilhaft für die Europäer ist zudem, dass die USA ein Interesse daran haben, keine weiteren Atommächte unter ihren Verbündeten zuzulassen. Der Erfolg dieser Nichtverbreitungspolitik ist davon abhängig, dass der US-amerikanische nukleare Schutzschirm glaubwürdig ist – auch in den Augen der europäischen Verbündeten. Der Ausstieg Frankreichs aus der integrierten Militärstruktur der NATO und der Aufbau einer eigenen nuklearen Abschreckung ab 1966 lag daran, dass die französische Regierung unter Präsident Charles de Gaulle an der Glaubwürdigkeit der damaligen US-amerikanischen Nuklearstrategie der Flexiblen Reaktion zweifelte. Solange deren Glaubwürdigkeit gegeben ist, werden europäische Verbündete keine eigenen Atomwaffen anstreben. Für die USA entstehen daraus mehrere Vorteile: Die Proliferation nuklearer Waffen wird verhindert und die europäischen Partner bleiben von den USA abhängig, was deren Interesse an der weiteren Existenz der NATO und am Verbleib der USA als Führungs- und Ordnungsmacht in Europa fördert. Zugleich halten die USA ein politisches, vielfältig einsetzbares Druckmittel in der Hand.[85]

Die NATO ist für die USA also ein wesentliches Mittel im globalen strategischen Wettbewerb.[86] Sie ist ein Pfeiler für Erhaltung und Ausbau ihrer Weltmachtposition. Sie werden daher weiterhin beanspruchen, die *alleinige* Führungsmacht in der NATO zu sein. Das war auch unter dem US-Präsidenten Donald Trump stets der Fall. Seine Rhetorik („*Nato is obsolet*)" stellte seinen Führungsanspruch nicht in Frage, auch wenn seine Hinterfragung des Werts der NATO für die US-ame-

---

[85] Siehe auch Dieter Krüger, Am Abgrund?, S. 206-207.
[86] Vor dem Hintergrund der *strategic competition* gibt es Bestrebungen der USA, Australiens, Indiens und Japans zur Bildung einer „asiatischen NATO".

rikanische Sicherheit und seine Konditionierung des US-amerikanischen Beistandsversprechens an die Erhöhung von Verteidigungshaushalten (*burden sharing*) ein risikoreicher Umgang einer Führungsmacht
mit Verbündeten war[87]. Dennoch war sein Führungsanspruch unver-
kennbar: Wenn ein Land die NATO scheitern lässt oder fit für die Zukunft macht, dann sind es die USA.

Kritik an zu geringen militärischen Fähigkeiten von Verbündeten ist
das erwartbare Verhalten einer Vormacht, die eine hegemoniale oder
sogar imperiale Stellung innehat und jederzeit vor der Gefahr einer
„Überdehnung" („*overstretch*") auf der Hut sein muss.[88] Zudem ist der
US-amerikanische Druck auf Alliierte, mehr für die Verteidigung zu
tun, so alt wie die NATO selbst. Diese *burden sharing*- bzw. *burden shif-
ting*-Debatte ist der NATO in die Wiege gelegt und belastete immer
wieder die transatlantischen Beziehungen während des Kalten Krieges.[89] Dies hängt mit den Wechselwirkungsbeziehungen zwischen der
Führungsmacht und ihren Bündnispartnern zusammen. Eine Führungsmacht hat kein Interesse daran, dass Verbündete Einfluss auf ihr
außen- und sicherheitspolitisches Handeln nehmen. Letztere „… streben … nach maximalem Schutz ihrer Souveränität durch die Führungsmacht und die anderen Mitgliedstaaten bei minimalen Souveränitäts-
einbußen und finanziellen Aufwendungen."[90] Auch Präsident Barak
Obama hatte das Problem der abnehmenden Verteidigungsausgaben

---

[87] Jorge Benitez, U.S. NATO Policy in the Age of Trump: Controversy and Consistency. In: The Fletcher Forum of World Affairs, vol. 43:1 Winter 2019, S. 179-200.
https://static1.squarespace.com/static/579fc2ad725e253a86230610/t/5c6184e010
4c7bb62a1ed2eb/1549894881133/43_1+Benitez.pdf

[88] Herfried Münkler weist darauf hin, dass das Problem der Überdehnung vor allem
für den Boden gilt und nicht für den Luft-, Welt- oder Cyberraum. „Aus den Räumen,
welche die USA infolge ihrer technologischen Überlegenheit kontrollieren, gibt es
keinen Rückzug, der nach dem Territorialmodell der Frontbegradigung beschrieben
werden kann. Vor allem was den Luft- und den Weltraum anbetrifft, wäre ein Rückzug gleichbedeutend mit dem Ende und Untergang der imperialen Macht." (Herfried
Münkler, Imperien, S. 174)

[89] Zum Ursprung der Debatte siehe Helmut R. Hammerich, Jeder für sich und Amerika gegen alle? Zur aktuellen Diskussion siehe auch das Interview mit Donald Abenheim und Marc-Andre Walther „Burden-Sharing within NATO: Facts from Germany
for the Current Debate". https://isnblog.ethz.ch/defense/burden-sharing-within-
nato-facts-from-germany-for-the-current-debate.

[90] Dieter Krüger, Am Abgrund?, S. 12

der europäischen Verbündeten diplomatisch verpackt angesprochen. Sein Verteidigungsminister, Robert Gates, wurde deutlicher und mahnte die Europäer, endlich mehr für die Verteidigung auszugeben. Sonst wäre die Existenz der NATO gefährdet.[91] Präsident Trump wählte etwas später einen radikaleren Weg: Er trug diesen Streit in der Weltöffentlichkeit aus und nannte dabei Ross und Reiter. Da alles gute Zureden nicht geholfen habe, müsse man den Druck erhöhen und mit dem Ende der NATO drohen, so rechtfertigte er sein Verhalten.

Auch die neue Administration unter Präsident Biden wird das Thema des *burden sharing* nicht loslassen. Sie wird ihre Forderungen allerdings diplomatischer formulieren, ohne die Beschlüsse von Wales hinsichtlich der Höhe des Verteidigungshaushaltes in Frage zu stellen. Es zeichnet sich zudem eine gewisse Flexibilität ab. Andere Faktoren wie beispielsweise die Bereitstellung von Fähigkeiten für die NATO werden stärker gewichtet werden. Vielleicht kommen auch Ausgaben für Diplomatie, humanitäre Hilfe und Entwicklungshilfe oder Investitionen in die Infrastruktur für die schnelle innereuropäische Verlegung von Streitkräften im Zuge des 360-Grad-Rundumschutzes hinzu. Dies würde jedenfalls dem weiten Sicherheits- und Strategieverständnis, das bereits im NATO-Vertrag von 1949 niedergelegt ist, entsprechen.[92] Zudem dürfte das Paradigma der *strategic competition* die Gewichtungen unter den Machtsorten eines Staates verändern. Die Wirtschaft dürfte gegenüber dem Militär an Gewicht gewinnen.[93] All dies käme Deutschland als dem Land, das im Mittelpunkt der letzten Lastenteilungsdebatte stand, zugute. Sein Gewicht in der NATO würde zunehmen.

---

[91] Robert Gates, Speech on the Future of NATO am 10. Juni 2011. https://www.atlanticcouncil.org/blogs/natosource/text-of-speech-by-robert-gates-on-the-future-of-nato/. Siehe auch Judy Dempsey, Das Phänomen Merkel, S. 63-64.
[92] In diese Richtung argumentiert Wolfgang Ischinger, It takes more than two, Koerber Stiftung, 2017 The Berlin Pulse. German Foreign Policy in Perspective, S. 22-23. Wolfgang Ischinger, Welt in Gefahr, S. 261: „Wenn man künftige Ausgaben für Verteidigung inklusive Forschung mit humanitären Hilfsmaßnahmen, diplomatischer Konfliktverhütung und dem Gesamtbereit Entwicklungshilfe zusammenzieht, sollte man auf insgesamt drei Prozent des Bruttoinlandprodukts kommen."
[93] Siehe dazu Carlo Masala, Weltunordnung, S. 73-74, 150; Herfried Münkler, Macht in der Mitte, S. 45-55, 186-192.

Künftig wird sich der von den USA ausgeübte Druck auf die NATO-Verbündeten weniger auf die Zwei-Prozent-Vorgabe richten, als vielmehr darauf, die richtigen Fähigkeiten bereitzustellen. Weiterhin werden die USA auf den *transatlantic bargain* hinweisen, wonach die europäischen NATO-Partner die USA im Gegenzug für US-amerikanische Sicherheitsgarantien auch außerhalb Europas unterstützen[94]. Sie haben ein Interesse daran, dass die Europäer sich stärker in den Regionen Afrikas und des Nahen Ostens engagieren, in denen durch den Abzug amerikanischer Streitkräfte ein Vakuum entstanden ist, das u.a. von Russland, Iran und auch China gefüllt wird. Es wird daher auch nicht ausreichen, bloße Fähigkeiten (*capabilites*) bereitzustellen. Es muss darum gehen, diese auch tatsächlich einzubringen (*contribution*), d.h. einzusetzen.

Für die künftige NATO-Strategie wird China der *Gamechanger* sein. Hinweise darauf enthält bereits die unter deutsch-amerikanischer Führung erarbeitete Reformagenda „NATO 2030". Dieses Dokument, das Grundlage ist für die Erarbeitung eines neuen Strategischen Konzepts der NATO, benennt deutlich die von China ausgehenden Bedrohungen für den Westen. Es geht damit über die NATO-Militärstrategie (NMS) hinaus, in der China noch nicht berücksichtigt wurde, und schlägt sogar vor, dafür eine eigene Entität (*„consultative body"*) in der NATO einzurichten: „NATO must devote much more time, political resources, and action to the security challanges posed by China."[95] Staaten wie Großbritannien, Frankreich und Deutschland haben darauf bereits reagiert, eigene nationale Strategien bzw. Leitlinien veröffentlicht und senden sogar Kriegsschiffe in den Indo-Pazifik.[96] Das wird den USA jedoch bei Weitem nicht reichen.

---

[94] Julian Lindley-French, The North Atlantic Treaty Organization. The Enduring Alliance, London und New York 2015, S. 3. In seiner politischen Dimension bedeutet dieser *bargain*, dass die Europäer ihre Außen- und Sicherheitspolitik in der von den USA dominierten NATO gestalten.

[95] Darauf weisen folgende Aussagen in NATO 2030 hin: „It will be a world of competing great powers, in which assertive authoritarian states with revisionist foreign policy agendas seek to expand their power and influence, and in which NATO Allies will once again face a systemic challenge cutting across the domains of security and economics." (S. 5)

[96] Die Bundesregierung, Leitlinien zum Indo-Pazifik, herausgegeben vom Auswärtigen Amt, August 2020 Leitlinien zum Indo-Pazifik (auswaertiges-amt.de). Siehe dazu

Wesentlicher stärker wird der US-amerikanische Druck auf die europäischen Verbündeten hinsichtlich ihrer Wirtschaftsbeziehungen zu China werden. Es ist für die USA nicht hinnehmbar, dass China zum wichtigsten Handelspartner der EU wird und seine Wirtschaftsstärke es dem Land erlaubt, jedes Jahr seine Streitkräfte um den Umfang der britischen Armee zu vergrößern und enorme Summen in die Infrastrukturen von Ländern zu investieren, die den chinesischen Machtraum in Richtung Zentralasien und Europa erweitern. Einen Vorgeschmack darauf gaben die US-Sanktionen gegen Firmen, die am Bau der Gaspipeline Nord Stream II beteiligt waren. Man kann sich vorstellen, welche Bedenken die USA am weiteren Ausbau der *Road and Belt*-Initiative sowie der Beteiligung Chinas an Verkehrs- und Informationstechnologieprojekten in und für Europa haben wird. Sie werden daher versuchen, China als Gegner des Westens aufzubauen, um so wie mit der UdSSR während des Kalten Krieges die politische Einheit des Westens unter ihrer Führung zu stärken. Damit stellen sich mehrere Fragen: Wie werden die USA mit ihren Verbündeten, die intensive Wirtschaftsbeziehungen mit China pflegen, umgehen? Mit welchen Mitteln und auf welchen Wegen könnte eine Eindämmung überhaupt gelingen? Was wären kluge politische Ziele, die Aussicht auf eine Einigung unter allen Verbündeten bieten? Wie könnte Russland daran gehindert werden, bei einem Konflikt mit China die Gunst der Stunde zu nutzen, „Europas Landkarte in seinem Sinne zu revidieren"? Bestünde noch die Möglichkeit, Russland in das westliche Lager zu holen und was wäre der Preis dafür? Wäre der Westen bereit, diesen zu zahlen?[97]

Für Europa bedeutet dies ein politisches Dilemma. Einerseits sind die europäischen Staaten weiterhin auf die Sicherheitsgarantie der USA, vor allem im atomaren Bereich, angewiesen, weil Russland unverhohlen mit dem Einsatz nuklearer Waffen droht. Eine atomare Rüstung der EU oder einzelner Staaten verfügte über eine Sprengkraft, die we-

auch Dominik Wullers, Pacific Germany. In: War on the Rocks, 28. Mai 2021. https://warontherocks.com/2021/05/pacific-germany/?fbclid=IwAR1o-cAn21eblgaWo_gIOm40UhYMkGLjuqHxE1QH_64gXAUhovfQ49neTnZo
[97] Siehe dazu Maximilian Terhalle, Berlin will Moskau gar nicht drängen.

der die EU in Gänze noch einzelne Staaten wie Deutschland unbeschadet überstehen könnten. Andererseits ist China zu dem wichtigsten Handelspartner Europas aufgestiegen.

Die Europäer werden einen Preis dafür zahlen müssen, dass die USA sich wieder voll hinter die NATO stellen. Auch wenn dadurch der kollektiven Verteidigung nach Art. 5 des NATO-Vertrages zu größerer Glaubwürdigkeit verholfen wird, so steht auf der Schattenseite, dass es in vielen für die Sicherheit relevanten Fragen zu unterschiedlichen Auffassungen kommen wird, vor allem über den Umgang mit China. Hier liegt der erste größere Lackmustest für die NATO 2030.[98] Hinzu kommt nach dem strategischen Desaster in Afghanistan die Frage, ob das Internationale Krisenmanagement weiterhin eine Aufgabe der NATO bleiben soll und wenn ja, wie dieses künftig gestaltet werden kann. Die anstehende Strategiedebatte in der NATO wird also wahrscheinlich nicht reibungslos verlaufen. Schauen wir uns einmal an, wie Strategiedebatten in der NATO bisher verliefen und welche Rolle die USA dabei spielten.

## Strategiedebatten

Wer innerhalb der transatlantischen Allianz Führungsmacht ist und wie diese ihren Führungsanspruch umsetzt, dies zeigt sich deutlich bei der Erarbeitung von Strategien. Unter diesem Begriff wird weithin der in sich schlüssige, vernünftige Einsatz nationaler Instrumente für das Erreichen politischer Ziele verstanden. Der französische General André Beaufre beispielsweise definierte Strategie als eine Kunst, Macht zur Durchsetzung politischer Ziele wirkungsvoll zur Geltung zu bringen.[99] Was Macht bedeutet, formuliert der US-amerikanische Politikwissenschaftler Robert Kagan sehr anschaulich: „Macht ist die Fähigkeit, andere zu veranlassen, das zu tun, was man will, und sie von dem, was

---

[98] Die Reformagenda NATO 2030 spricht von „update the 2010 Strategic Concept", S. 12 und S. 23. China kommt darin nicht vor.

[99] André Beaufre, Totale Kriegskunst im Frieden. Einführung in die Strategie, Berlin 1964 und Abschreckung und Strategie, Berlin 1966. Siehe auch die auf das militärische Instrument fokussierte Definition des britischen Strategen Colin S. Gray, Modern Strategy, Oxford 1999, S. 17: "Strategy is the bridge that relates military power to political purpose; it is neither military power per se nor political purpose. By strategy I mean the use that is made of force and the threat of force for the ends of policy."

man nicht will, abzuhalten."[100] Macht muss nicht notwendigerweise die Anwendung von Zwang (*„coercion"*) bedeuten. Sie harmoniert auch mit Überzeugung und Attraktivität.[101]

Realisten würden sagen, dass Führung in den Strategiebildungsprozessen immer auch die Vergrößerung eigener Macht auf Kosten anderer Staaten impliziert. Selbst in der NATO als einer Allianz demokratischer Staaten sei es primäres Ziel ihrer Mitgliedstaaten, komparative Vorteile gegenüber Verbündeten zu erzielen. Diesem realpolitischen Kalkül folgte auch die NATO. Um ihre Machtposition gegenüber dem Warschauer Pakt zu verbessern, nahm sie militärstrategisch wichtige Länder wie Portugal, Griechenland und die Türkei in das Bündnis auf, obwohl deren Regierungssysteme seinerzeit nicht den im NATO-Vertrag verankerten politischen Werten genügten.[102] „Die geopolitischen Imperative", so Herfried Münkler, „wogen schwerer als die politischen Prinzipien."[103]

Liberale Denker dagegen würden betonen, dass kluge Strategien immer etwas mit dem Schaffen von *Win-win*-Situationen zu tun haben. Für Idealisten spiegeln Strategien einen kommunikativen Prozess wider, der nationale Interessen dialektisch, d.h. in einem alle Interessen aufnehmenden Diskurs, zu einem Allgemeinwohl aufhebt.

---

[100] Robert Kagan, Die Demokratie und ihre Feinde, S. 20. Ähnlich auch Josef Joffe, Der gute Deutsche, S. 69: Macht sei „… die Fähigkeit, andere dazu zu bringen, zu tun, was sie nicht wollen."

[101] Joseph S. Nye, Jr., The Future of Power, S. xiii.

[102] Siehe dazu die Präambel des NATO-Vertrages von 1949, in der als verbindliche Werte *democracy, individual liberty* und *rule of law* genannt werden.

[103] Herfried Münklers, Macht in der Mitte, S. 108: „Immerhin gehörten mit Portugal, Griechenland und der Türkei zu ihr Regime, die über lange oder auch nur begrenzte Zeit nicht als demokratisch bezeichnet werden konnten bzw. deren Mitgliedschaft im Bündnis trotz der Errichtung einer Militärherrschaft in diesen Ländern nicht suspendiert wurde. Portugal war bei der Kontrolle der europäischen Atlantikküste unverzichtbar, und auf Griechenland sowie die Türkei konnte die Nato aus Gründen der Sicherung ihrer südöstlichen Flanke nicht verzichten. Trotz schwerer Menschenrechtsverletzungen blieben sie Nato-Mitglieder. Die geopolitischen Imperative wogen schwerer als die politischen Prinzipien." In ihrem Buch „Abschied vom Abstieg. Eine Agenda für Deutschland" argumentieren Herfried und Marina Münkler, dass der Ost-West-Konflikt die Klammer des Westens war und nicht ihre demokratischen Werte (S. 348).

Einigkeit dürfte darüber bestehen, dass in den Strategien einer Allianz deren politische Einheit zum Ausdruck kommt. Ihre gemeinschaftliche Umsetzung wäre sodann ein deutliches Zeichen für Solidarität unter den Verbündeten. Strategien symbolisieren also das Zentrum der Kraftentfaltung der NATO. Dabei spielt es zunächst einmal keine Rolle, wie eine Strategie zustande kommt: auf Druck des mächtigsten Mitglieds, das seine nationalen Interessen durchsetzen konnte; aufgrund eines Kuhhandels, in dem Zugeständnisse von Verbündeten durch Entgegenkommen in anderen Bereichen erkauft werden; durch Kompromisse zwischen Verbündeten; oder aufgrund der Überzeugungskraft guter, von allen akzeptierter Argumente.

Die NATO vereinbarte bisher acht Militärstrategien bzw. Strategische Konzepte.[104] Vier Militärstrategien während des Kalten Krieges (1950, 1952, 1954, 1968) und drei Strategische Konzepte nach dem Epochenumbruch von 1989 (1991, 1999, 2010). 2019 beschloss die NATO eine „NATO Militärstrategie" (NMS).

Ein Blick in die während des Kalten Krieges beschlossenen NATO-Militärstrategien zeigt, dass die USA die strategischen Debatten stark dominierten.[105] Letztlich übernahmen die europäischen Partner die jeweiligen US-amerikanischen nationalen Sicherheitsstrategien. Diese

---

[104] Die Militärstrategien aus dem Kalten Krieg sind veröffentlicht in NATO Strategy Documents 1949-1969, edited by Gregory W. Pedlow. Zur Strategieentwicklung in der NATO siehe Johannes Varwick, NATO in (Un-)Ordnung, S. 86-99; Bastian Giegerich, Die NATO. Ein Lehrbuch, Wiesbaden 2012, S. 31-43; Dieter Krüger, Am Abgrund?, S. 52-58 und 106-109.

[105] Über die US-Dominanz im Kalten Krieg siehe Wilfried Loth, Sicherheit und nationale Interessen. In: Nationale Außen- und Bündnispolitik der NATO-Mitgliedstaaten, herausgegeben von Norbert Wiggershaus und Winfried Heinemann, München 2000, S. 316: „Wer über den Einsatz der Atomwaffen entschied, bestimmte letztlich auch die Gesamtpolitik des Bündnisses." Siehe auch Dieter Krüger, Am Abgrund?, S. 33: „Die Amerikaner weihten ihre europäischen Verbündeten nie vollständig in ihre strategisch-operativen Absichten ein." Dies gilt gerade auch für die von den USA dominierte Nuklearstrategie, was die Abhängigkeit der europäischen Verbündeten von den Entscheidungen des US-Präsidenten unterstreicht. Zu den wenig erfolgreichen Versuchen der europäischen Verbündeten, mehr Mitspracherechte zu erhalten, siehe Dieter Krüger, Am Abgrund?, S. 81-91, 97-109. Siehe auch die Bewertung von Wilfried von Bredow, Armee ohne Auftrag, S. 39: „Die USA ... lassen sich durch

Prozesse verliefen nicht immer konfliktfrei. Der Versuch, die unter der Präsidentschaft John F. Kennedys erarbeitete Strategie der Flexiblen Reaktion *(Flexible Response)* auf die NATO zu übertragen, war erst nach rund sechs Jahren erfolgreich.[106] Wichtige Alliierte, unter ihnen auch Deutschland[107], hatten größte Bedenken. Sie befürchteten, dass der Wegfall der Androhung einer „Massiven Vergeltung" (*„Massive Retaliation")* die Bündnissolidarität und damit die Abschreckung der NATO untergraben würde. Frankreich zog sogar sein Personal aus den integrierten militärischen Strukturen der NATO ab, um eine nationale Strategiefähigkeit inklusive einer eigenen nuklearen Abschreckung aufzubauen. Zudem haben neue Strategien Auswirkungen auf die nationalen Streitkräfteplanungen. Waffensysteme werden obsolet, neue müssen angeschafft werden, was enorme Ressourcen verschlingt. Es ist also nicht verwunderlich, dass Mitgliedstaaten hart in der Sache kämpften und bisweilen den USA erbittert Widerstand leisteten.[108]

Der „unipolare Moment" nach 1989 trug dazu bei, dass die drei strategischen Konzepte, welche die NATO nach dem Ende des Kalten Krieges erarbeitete, weniger Konflikte verursachten als die Militärstrategien davor. Auch bei den Interventionen auf dem Balkan, in Afghanistan und im Irak waren die USA so dominant, dass kein Verbündeter es wagte, deren Strategien in Frage zu stellen. Damit erübrigten sich auch Konsultationen über politische Ziele. Wahrscheinlich wären die euro-

---

ihre Verbündeten in der NATO, seien es nun die europäischen Staaten oder die Türkei, kaum beeinflussen und handeln mehr oder weniger konsequent in unilateraler Perspektive." Siehe auch S. 76.

[106] Siehe dazu Robert S. Jordan, Norstad. Cold War NATO Supreme Commander, Airman, Strategist, Diplomat, London 2000, S. 167-212. Zur Entwicklung der Bündnisstrategie von der *massive retaliation* zur *flexible response* siehe auch Bernd Lemke, Die Allied Mobile Force 1961 bis 2002, S. 49-66.

[107] Zur Bedeutung der Überwindung der Teilung Deutschlands für die deutsche Bündnispolitik siehe Helga Haftendorn, Sicherheit und Entspannung. Zur Außenpolitik der Bundesrepublik Deutschland 1955-1982, Baden-Baden 1983, S. 179-206.

[108] Siehe die Beschreibung des Widerstands der Deutschen Luftwaffe gegen die Einführung der Strategie der *Flexible Response*, die das für die *Massive Retaliation* beschaffte Waffensystem Starfighter F-104 infrage stellte, in: Dirk Schreiber, Die Luftwaffe und ihre Doktrin. Einsatzkonzeptionen bis 1971. Band 7 der Reihe: Schriften zur Geschichte der Deutschen Luftwaffe, Berlin 2018.

päischen Partner auch gar nicht in der Lage gewesen, Alternativstrategien zu erarbeiten. Sie verfügten weder über die dafür erforderliche Strategiefähigkeit noch über das politische Interesse, Verantwortung zu übernehmen[109]. Zudem hatten sich seit den 1980er Jahren die Bedrohungswahrnehmungen bei den Bürgern stark verändert. Andere Gefahren als die eines bewaffneten Angriffes traten nun in den Vordergrund. Manche Analysten sprechen daher von einer *„strategic vacation"*[110], in die sich die europäischen Verbündeten nach der Zeitenwende von 1989 begeben hätten. Die US-amerikanische Dominanz und die Zurückhaltung der Europäer trugen dazu bei, dass die NATO immer weniger als Plattform für eine gemeinsame Außen- und Sicherheits*politik* genutzt wurde. Im NATO-Hauptquartier standen vielmehr Fragen wie die nach der Größe von Streitkräftekontingenten und den nationalen Vorbehalten für deren Einsatz (*caveats*) im Vordergrund.[111]

Ein weiterer Grund für diese nur oberflächliche „strategische Harmonie" innerhalb der NATO dürfte in der Entscheidung gelegen haben, die strategischen Konzepte unter Beteiligung von externen Experten und der interessierten Öffentlichkeit zu erarbeiten und anschließend zu veröffentlichen. Deren Inhalte sind so allgemein gefasst, dass größere Konflikte darüber einfach nicht lohnten. Bei Militärstrategien, die Gegner und Feinde benennen und konkrete militärische Maßnahmen fordern, ist dies anders. Auf den ersten Blick erstaunt es, dass es den NATO-Verbündeten 2019 trotz der Konflikte im politischen Überbau gelungen ist, eine neue Militärstrategie zu verabschieden. Der zweite Blick lässt erahnen, wie unzufrieden die militärische Seite in der NATO mit dem Defizit an politischer Weisung gewesen sein musste.

---

[109] Siehe Hew Strachan, The Direction of War. Contemporary Strategy in Historical Perspective, Cambridge 2013, S. 210-234. Zur deutschen Strategieunfähigkeit am Beispiel Afghanistans siehe Klaus Naumann, Einsatz ohne Ziel?; Philipp Münch, Strategielos in Afghanistan. Die Operationsführung der Bundeswehr im Rahmen der International Security Assistance Force, SWP-Studie 2011/S 30, November 2011.

[110] Siehe Julian Lindley-French, Neil MacFarlane, The North Atlantic Treaty Organization. The Enduring Alliance, New York/London 2007.
https://dl1.cuni.cz/pluginfile.php/486325 /mod_resource/content/0/%5BLindley-french%5D_The_North_Atlantic_Treaty_Organiz%28BookFi%29.pdf.

[111] Heather A. Conley, The strategic argument for a political NATO. In: NDC Policy Brief, No. 05, March 2021, S. 1.

Die Inhalte der neuen NATO-Militärstrategie sind der Öffentlichkeit nicht zugänglich, da sie wie die Militärstrategien des Kalten Krieges als geheim eingestuft ist. Öffentlich bekannt wurde, dass in der neuen NATO-Militärstrategie Russland und der Terrorismus als die größten Bedrohungen für die Sicherheit im euroatlantischen Raum benannt werden. China spielt darin keine größere Rolle, was einer der Gründe dafür sein dürfte, dass ein Konsens darüber so schnell möglich wurde. Dass die neue Militärstrategie bald wieder angepasst werden muss, darauf deutet die Reformagenda „NATO 2030" hin. Sie beurteilt China als einen Rivalen in allen Politikfeldern *(„full-spectrum systemic rival")*.[112] Das neue, für 2022 angekündigte Strategische Konzept der NATO wird ihr Verhältnis zu China weiter definieren müssen, was anschließend zu Änderungen in der NATO-Militärstrategie führen muss. Wie bereits angesprochen, wird dies mit großer Wahrscheinlichkeit zu kontroversen Debatten innerhalb der NATO führen.[113]

Insgesamt ist positiv zu werten, dass die Verbündeten sich Mitte Juni 2021 auf die Erarbeitung eines neuen Strategischen Konzepts einigten. Ab 2014 war offensichtlich, dass das Strategische Konzept von 2010 nicht mehr den neuen Herausforderungen des sicherheitspolitischen Umfeldes gewachsen war. Dennoch blieben über Jahre hinweg Initiativen aus, um den Überarbeitungsprozess endlich in Gang zu setzen. Wegen des nicht vorhersehbaren Verhaltens Donald Trumps war die Angst vor einem Scheitern sowohl im NATO-Hauptquartier als auch bei einzelnen Nationen groß. Diese Prokrastination warf kein gutes Licht auf die politische Handlungseinheit der transatlantischen Allianz. Insofern ist die Arbeit an einem neuen Strategischen Konzept ein weiteres wichtiges Signal, dass die NATO ihre politische Dimension stärken will und die Voraussetzungen dafür als gegeben ansieht.[114] Anlass

---

[112] NATO 2030, S. 27.
[113] Die Debatte hat bereits begonnen. Siehe dazu die Veröffentlichung der Münchner Sicherheitskonferenz, Mind the Gap: Priorities for Transatlantic China Policy. Report of the Distinguised Reflection Group on Transtlantic China Policy, 14. Juli 2021. https://securityconference.org/en/publications/report-of-the-transatlantic-reflection-group-on-china
[114] Jeffrey H. Michaels, It's that time of the decade again: some considerations for NATO's eighth Strategic Concept. In: NDC Policy Brief, No. 02 – January 2020. http://www.ndc.nato.int/news/news.php?icode=14122

zu Optimismus gibt zudem, dass die *forward-looking reflection group* unter deutsch-amerikanischer Führung ihren Auftrag zeitgerecht und ohne öffentlichen Streit erfüllen konnte. Die Chance dafür, dass die NATO-Verbündeten sich auch über die Gretchenfrage des Umgangs mit China einigen können, scheint also grundsätzlich gegeben zu sein.

Andererseits muss vor zu viel Optimismus gewarnt werden. Auch wenn die NATO schon mehrfach interne Krisen überwunden hat und gestärkt daraus hervorgegangen ist, so ist ihre Bestandssicherheit nicht für immer gegeben. Zurecht wies der neue US-amerikanische Außenminister Antony Blinken während seines ersten Besuchs im NATO-Hauptquartier darauf hin, dass die NATO *„not for granted"* sei.[115] Liberale und idealistische Geister hören dies nicht gern, weil sie wie selbstverständlich annehmen, dass die NATO dauerhaft (*„enduring"*) und unendlich belastbar ist. Sie glauben, es würde ihr immer gelingen, interne Krisen zu überwinden, weil alle ein Interesse daran haben.

Diese liberal-idealistische Einstellung gilt es, mit einigen realpolitischen Tatsachen zu konfrontieren. Woran könnte es liegen, dass die anstehenden strategischen Abstimmungsprozesse anders verlaufen, als es in der bisher erfolgreichen Vergangenheit der Fall war? Wir hatten schon darauf hingewiesen, dass aufgrund von Re-Nationalisierungstendenzen NATO-Verbündete eine größere Bereitschaft zeigen, nationale Interessen ohne Rücksicht auf berechtigte Interessen anderer durchzusetzen. Dies ist heute gefährlicher als jemals zuvor, weil vielfältige sicherheitspolitische Herausforderungen gleichzeitig auftreten und untereinander vernetzt sind. Wir hatten schon auf die wohl größte Gefährdung durch ein abgestimmtes Handeln von Russland und China hingewiesen.[116]

---

[115] Zweifel an der Existenzberechtigung der NATO sind in Deutschland in der politischen Mitte angekommen. Zur Kritik an der NATO durch den ehemaligen deutschen Bundeskanzler Helmut Schröder siehe dessen zusammen mit Gregor Schöllgen verfasstes Buch „Letzte Chance. Warum wir jetzt eine neue Weltordnung brauchen", München 2021, S. 221-224. Schöllgen und Schröder sehen die NATO als eine Institution, die keine politische Handlungseinheit der westlichen Staaten mehr bildet. Gleichwohl trage sie dazu bei, den Osten (Russland und bald China) zu identitätsstiftenden Gegnern zu stilisieren, was gefährliche Situationen heraufbeschwöre. Beide Autoren fordern ihre „… Umwandlung…, und das heißt in letzter Konsequenz: ihre Auflösung in der bestehenden Form" (S. 222).

[116] Zu den gemeinsamen Interessen von Russland und China siehe Wilfried von Bredow, Armee ohne Auftrag, S. 37: „Die Interessen beider Staaten stimmen keineswegs

Auch nichtstaatliche Akteure würden solche Großkonflikte für ihre Zwecke nutzen.

Erschwerend kommt der Ballast der jüngsten Geschichte hinzu. Einheit, Kohäsion und Solidarität der NATO sind bereits in der Phase des unipolaren Moments massiv unter Druck geraten. Die militärischen Einsätze auf dem Balkan in den 1990er Jahren zeigten genauso Interessengegensätze auf wie die politischen Auseinandersetzungen über die Legitimation des Irakkrieges 2003 oder die Zweckmäßigkeit der Luftkriegführung gegen Libyen im Jahr 2011. Weigerungen einzelner Staaten, Verbündete in den Einsatzgebieten wie beispielsweise in Afghanistan militärisch zu unterstützen, weckten Zweifel an ihrer Zuverlässigkeit.[117] Diese „kollektiven Erinnerungen" belasten das Vertrauen untereinander.

Das Hauptproblem dürften allerdings Bedenken über die strategische Kompetenz der USA als Führungsnation sein. Vor allem die langandauernden Einsätze der NATO wie beispielsweise in Afghanistan säten Zweifel an der strategischen Klugheit der USA.[118] US-Administrationen setzten sich über völkerrechtliche Vorgaben genauso wie über Kritik von Verbündeten hinweg, wenn diese ihren Zielen entgegenstanden, ganz einfach, weil sie es konnten oder weil sie sich dazu berufen fühlten, ihre Vormacht für das von ihnen definierte Wohl der Menschheit einzusetzen.[119] Militärische Machtüberlegenheit und in deren Folge

---

überein, überschneiden sich aber, weil ihnen beide dieselbe Hürde im Weg steht – die amerikanisch-europäische Allianz. Wie fest diese Allianz allerdings wirklich ist, steht dahin. Russland und China verfolgen seit längerem auf unterschiedliche Weise das Ziel, sie zu untergraben. Aus ihrer Sicht ist das auch sinnvoll."

[117] David P. Auerswald, Stephen M. Saideman, NATO in Afghanistan. Fighting together, Fighting alone, New York 2014. Die Autoren liefern eine der wenigen empirischen Untersuchungen über die Koalitionskriegführung in Afghanistan.

[118] Siehe dazu beispielsweise Jessica T. Mathews, Present at the Re-creation? U.S. Foreign Policy must be Remade, not Restored. In: Foreign Affairs, March/April 2021, S. 10. Kritische Stimmen zur US-amerikanischen Außen- und Sicherheitspolitik in Deutschland sind u.a. Michael Lüders, Die den Sturm ernten. Wie der Westen Syrien ins Chaos stürzte, München ⁴2017; ders., Die scheinheilige Supermacht. Warum wir aus dem Schatten der USA heraustreten müssen, München 2021; Gregor Schöllgen, Gerhard Schröder, Letzte Chance.

[119] Zur Sendungsmission der USA (*exceptionality*) siehe u.a. Andrew J. Bacevich, The New American Militarism, S. 13, 23-24.

die Militarisierung der Außenpolitik führten zu schlechten Strategien, die schwere Niederlagen verursachten. Analysten sprechen hierbei von einem „Fluch der Macht".[120] Hinzu kommt der Raubbau an der Attraktivität der Demokratie als Staats- und Lebensform durch Vorfälle wie Guantanamo und Abu Ghraib oder die innenpolitischen Entwicklungen unter der Präsidentschaft von Donald Trump, die im Sturm auf das Kapitol am 6. Januar 2021 kulminierten. Angesichts der demokratischen Selbstdemontage der USA stellen manche Historiker und Politikwissenschaftler die kritische Frage, ob der Westen ohne US-Führung überhaupt noch zu retten sei.[121] Zwar investierten die US-Streitkräfte zuletzt in die strategische Ausbildung ihres Führungspersonals.[122] Zu-

---

[120] Joseph S. Nye, Jr., The Future of Power, New York 2011, S. 207.

[121] Heinrich August Winkler, Zerbricht der Westen?; Carlo Masala, Weltunordnung, S. 63-64, 160. Siehe auch die Analyse von Joschka Fischer, Goodbye to the West. In: Project Syndicate. The World's Opinion Page, 5. Dezember 2016 https://www.project-syndicate.org/commentary/goodbye-to-american-global-leadership-by-joschka-fischer-2016-1 sowie sein Buch „Der Abstieg des Westens. Europa in der neuen Weltordnung des 21. Jahrhunderts, Köln 2018. Zur Beeinflussung demokratischer Wahlen durch die Zusammenarbeit von Populisten, Technologieunternehmen und Russland siehe Christopher Wylie, Mindf*ck. Cambridge Analytica and the Plot to Break America, New York 2019. Zur Rolle der Militärs während des 6. Januar 2021 und den daraus resultierenden Belastungen für die zivil-militärischen Beziehungen Jeet Heer, Like JFK, Biden has good Reason tob e Wary of the Military. In: The Nation vom 26. Juli 2021 siehe https://www.thenation.com/article/society/jfk-biden-military-extremism. Celeste A. Wallander stellt fest, dass die NATO nicht überleben könne, wenn die Demokratie in den USA scheitere. Siehe Celeste A. Wallander, NATO's Enemies Within. How Democratic Decline Could Destroy the Alliance. In: Foreign Affairs, July/August 2018: "MATO might survive European publics toying with fascism (although it should limit the experiments). It cannot survive if U.S. liberal democracy fails." (https://www.foreignaffairs.com/articles/2018-06-14/natos-enemies-within).

[122] Zur "rigorous education" am US Army War College siehe Anthony Cucolo and Lance Betros, Strengthening PME at the Senior Level: The Case of the U.S. Army War College. In: Joint Force Quarterly 74. https://ndupress.ndu.edu/Media/News/Article/577528/strengthening-pme-at-the-senior-level-the-case-of-the-us-army-war-college/; zu neueren Entwicklungen zur Förderung von Demokratie in den US-Streitkräften siehe Uwe Hartmann, Mehr Demokratie wagen. In: Zur Sache Bundeswehr, Nr. 39 (2021), S. 36-37.

dem sind die intellektuellen Produkte ihrer zahlreichen *think tanks* beeindruckend.[123] Die Strategien vor allem für die Kriege der letzten beiden Jahrzehnte litten allerdings unter internen Konflikten innerhalb der US-Administrationen *(„a house divided"),* die durch die jeweiligen *National Security Advisor* nicht behoben werden konnten.[124] Es ist fraglich, ob dies in Zukunft besser gelingen wird; zu stark sind Politik und Gesellschaft in den USA polarisiert. Auch wenn Analysen über Größenwahn und strategischen Narzissmus[125] Hoffnung geben auf eine kritische Selbstkorrektur der US-amerikanischen Außen- und Sicherheitspolitik, so ist die Glaubwürdigkeit der USA als Führungsmacht in der NATO nachhaltig beschädigt. Immer deutlicher wurde, dass hinter dem Versuch, eine an demokratischen Prinzipien orientierte Weltordnung zu schaffen oder die Freiheit der Seewege zu garantieren, nationale Sicherheits- und Wirtschaftsinteressen stehen. Und dass die USA eine „unersetzliche", aber in ihrer Außen- und zunehmend auch in ihrer Innenpolitik eine dysfunktionale Nation sind, die sich zudem an die von ihr selbst proklamierten Werten nicht immer hält.[126]

---

[123] Michael Lüders weist darauf hin, dass nicht nur die US-Medien, sondern auch die US-*think tanks* häufig Interessengruppen bedienen und daher nicht zu einem kritischen Diskurs, sondern zu einem auf *Framing* beruhenden Meinungsmanagement beitragen. Siehe Michael Lüders, Die scheinheilige Supermacht, S. 206-207.

[124] Siehe Bob Woodward, Obama's Wars, S. 37-40; Robert Gates, Duty, S. 335-386. Zur wenig erfolgreichen Rolle von Jim Jones als *National Security Advisor* siehe Kevin Marsh, The Contemporary Presidency: The Administrator as Outsider: James Jones as National Security Advisor. In: Presidential Studies Quarterly, Vol. 42, No. 4 (December 2012), S. 827-842. https://www.jstor.org/stable/41684546.

[125] Zur Kritik an der US-amerikanischen Außen- und Sicherheitspolitik sowie zu den zivil-militärischen Beziehungen siehe Andrew Bacevich, The New American Militarism; Donald Abenheim, Carolyn Halladay, Soldiers, War, Knowledge and Citizenship: German-American Essays on Civil-Military Relations, Berlin 2017; H.R. McMaster, Battlegrounds. The Fight to Defend the Free World, New York 2020.

[126] Diese Glaubwürdigkeitskrise der USA kommt auch in den Einstellungen der Bürgerin Europa zum Ausdruck. Kritik am politischen System der USA und Zweifel an der Sicherheitsgarantie durch die USA nehmen zu: „Europeans' attitudes towards the United States have undergone a massive change. Majorities in key member states now think the US political system is broken, and that Europe cannot just rely on the US to defend it." In: European Council on Foreign Relations. Policy Brief: The Crisis of American Power. How Europeans see Biden' America, January 2021. https://ecfr.eu/wp-content/uploads/The-crisis-of-American-power-How-Europeans-see-Bidens-America.pdf.

Zweifel weckt auch die deutlich wahrnehmbare Präferenz der US-amerikanischen Seite für Ad-hoc Koalitionen bzw. Koalitionen der Willigen (*Coalitions of the willing*). US-Politiker, Diplomaten und Militärs bringen diese immer wieder als ernsthafte Alternative zum Bündnis ins Gespräch, seit der Irakkrieg von 1991 den Grundsatz prägte: *The mission defines the coalition.* Nach dem Kosovo-Luftkrieg 1999 verbreitete sich vor allem im Pentagon schnell die Überzeugung, dass die NATO eine effektive Kriegführung behindere. Sie wurde als *„warfare by committee"* diffamiert, um so die Tür für *„coalitions of the willing"* zu öffnen. Die Kriege in Afghanistan (2001) und Irak (2003) wurden daher zunächst ohne die NATO geplant.

Die Reformagenda „NATO 2030" nimmt diese Alternative, die als „Dolchstoß" in den Rücken der transatlantischen Allianz gesehen werden kann, in etwas modifizierter Weise auf. Zwar lautet die Empfehlung, das Konsensprinzip beizubehalten, doch gleichzeitig sollte ein Mechanismus erarbeitet werden, der es erlaubt, innerhalb der NATO-Strukturen die Bildung von Koalitionen der Willigen zu erleichtern.[127]

Ist dies ein verstecktes Einverständnis, dass die proklamierte Intensivierung von politischen Konsultationen, Koordinierungen und Kooperationen nicht gewollt wird oder angesichts der Interessenunterschiede für unrealistisch gehalten wird? Sollen dadurch Freiräume für die Großmächte unter den NATO-Mitgliedern geschaffen werden, um – wie im Libyenkrieg 2011 – die operativen Fähigkeiten der NATO-Kommandostruktur zu nutzen? Wir werden auf diese Frage immer wieder zurückkommen.

---

[127] NATO 2030, S. 15. Darin steht: „NATO should create a more structured mechanism to support the establishment of coalitions inside existing Alliance structures…". Siehe dazu auch die Asuführungen von Thomas de Maiziere in André Uzulis, Wiederbelebung eines Hirntoten, S. 16: „Es soll möglich sein, dass einige Staaten unter dem Hut der NATO etwas machen dürfen, bei dem die anderen nicht verpflichtet sind mitzumachen. Das hat es bislang hin und wieder und mehr zufällig gegeben, etwa beim Libyen-Einsatz. Wir wollen es strukturell verankern." Auf die Probleme des Libyen-Einsatzes wurde weiter oben ausführlich hingewiesen. Als historischer Vorläufer könnte die Sonderorganisation *Live Oak* betrachtet werden. Diese Arbeitsgruppe der USA, Großbritanniens und Frankreichs hatte den Auftrag, Notfallpläne für den Zugang über Land und Luft nach West-Berlin zu erarbeiten. Siehe Wilfried Heinemann, Vom Zusammenwachsen des Bündnisses, S. 257.

Um das Vertrauen europäischer Verbündeter in die US-amerikanische Führungsrolle zurückzugewinnen, wäre die neue US-Administration gut beraten, diese in allen die transatlantische Sicherheit betreffenden Fragen partnerschaftlich zu beteiligen. Sie sollten ihren Verbündeten die Gelegenheit geben, sich mit ihrem intellektuellen Gewicht einzubringen – unabhängig von ihrer politischen Macht oder militärischen Stärke. Es kommt darauf an, der Überzeugungskraft des Arguments und einem auf dem Allgemeinwohl beruhenden Konsens mehr Raum zu geben. Die NATO sollte der Ort der Erarbeitung einer gemeinsamen Außen- und Sicherheitspolitik sein und nicht der Durchsetzung des Führungsanspruchs einer Vormacht oder der Instrumentalisierung von Verbündeten für nationale Zwecke. So entstünde eine *neue* NATO mit einer deutlich gestärkten politischen Dimension – wie sie ursprünglich ihre Gründungsväter geplant hatten.[128]

Der US-amerikanische Politikwissenschaftler Joseph S. Nye Jr. weist darauf hin, dass jeder Strategiebildungsprozess eine grundsätzliche Frage beantworten muss: Kann das strategische Problem leichter mit Durchsetzung qua Macht oder durch argumentative Überzeugung, Attraktivität und Mediation gelöst werden?[129] Der Geist des NATO-Vertrages von 1949 priorisiert das *„let's argue!"* vor der schieren Machtdurchsetzung, schließt Machtdurchsetzung jedoch nicht aus. Welchen Weg werden die USA gehen? Mehrere Gründe dürften sie daran hindern, mehr mit Überzeugung, Attraktivität und Mediation als mit militärischer und ökonomischer Macht zu arbeiten:

Innenpolitik: Die Analyse der *Strategic Competition* mit Großmächten wie Russland und China verdeutlicht die gewachsene Bedeutung der eigenen Bevölkerung für die Strategiebildung[130]: (1) Außen- und sicherheitspolitische Handlungsfähigkeit beruht auf einer gesellschaftlichen Geschlossenheit zuhause; und (2) die Definition nationaler Interessen

---

[128] Siehe dazu das Kapitel über die NATO als internationale Organisation.

[129] Joseph S. Nye Jr, The Future of Power, S. 209: "In a given situation, are you more likely to succeed at reasonable time and cost with the command behavior of hard power or with the co-optive behavior of agenda-setting, persuasion, and attraction or a combination of the two."

[130] Robert Kagan weist darauf hin, wie Chinas zunehmende Macht und die nationalistischen Einstellungen der Chinesen sich gegenseitig bedingen (Die Demokratie und ihre Feinde, S. 37).

geschieht nicht unabhängig von den Meinungen der Bürger.[131] Die Bereitschaft der Bürger der USA, die finanziellen Lasten und auch den moralischen Preis für eine globale Führungsrolle zu tragen, hat deutlich abgenommen. Eine weitere Überforderung dürfte bereits bestehende innen- und gesellschaftspolitische Spaltungen vertiefen. Hinzu kommt: Die Opfer- und Durchhaltebereitschaft der Bevölkerung auch in den USA wird gezielt attackiert – durch terroristische Aktionen und vor allem durch Subversion und Propagandakampagnen gegnerischer Staaten. Präsident Biden hat dies erkannt und postuliert, dass die US-Außenpolitik sich positiv auf das Leben der Bürger, vor allem auf die für die Stabilität von Demokratien so wichtige Mittelschicht auswirken muss. Diese Form von *„America first"* setzt klare Grenzen für eine US-amerikanische Außen- und Sicherheitspolitik, die in einem argumentativen Prozess innerhalb der NATO abgestimmt ist und die berechtigten Interessen von Verbündeten berücksichtigt.

Zudem dürften Konsultationen, Koordinierungen und Kooperationen innerhalb der NATO durch das „Politisierungsparadox" in Mitleidenschaft gezogen werden: Das, was US-amerikanische Politiker der eigenen Bevölkerung sagen, um ihre Führungsrolle in der westlichen Welt zu begründen, können die Regierungen und Bevölkerungen verbündeter Staaten als harte, geradezu egoistische Durchsetzung nationaler Interessen verstehen.[132] Hier käme es darauf an, dass die US-Administrationen außen- und sicherheitspolitische Narrative formulieren, bei denen die Interessen ihrer Verbündeten und Partner bereits berücksichtigt sind.

Die Logik imperialer Macht: Eine mehr auf die Kraft des Arguments ausgerichtete Führungsrolle der USA innerhalb der NATO konfligiert

---

[131] Joseph S. Nye Jr, The Future of Power, S. 219. Michael Lüders würde dagegen wohl die Fähigkeit der US-amerikanischen Elitendemokratie betonen, die öffentliche Meinung zu manipulieren. Siehe Michael Lüders, Die scheinheilige Supermacht. Warum wir aus dem Schatten der USA heraustreten müssen, München 2021, S. 48-104.
[132] Zum „Politisierungsparadox" siehe Herfried Münkler, Macht in der Mitte, S. 143. Der Berliner Politikwissenschaftler stellt dies am Beispiel der EU dar: „Was aus europapolitischer Perspektive vernünftig ist, muss im jeweiligen Heimatland zwecks Mobilisierung politischer Unterstützung in eine zugespitzte Rhetorik umgeformt werden, und deren Wahrnehmung wiederum führt in den anderen Mitgliedsländern zu politischen Missverständnissen."

mit der Logik imperialer Macht. „Imperien kennen keine Nachbarn, die sie als Gleiche – und das heißt: als *gleichberechtigt* – anerkennen."[133] Hinzu kommt die Notwendigkeit, sich um die gefährdete Peripherie des Herrschaftsbereichs zu kümmern. Die USA als zunächst hinhaltende, dann aber treibende Kraft in den Erweiterungsrunden der NATO[134] ist in besonderer Weise zum Schutz der neuen NATO-Mitgliedstaaten, insbesondere derer, die sich von Russland existentiell bedroht fühlen, verpflichtet. Länder wie Polen oder die drei Baltischen Staaten haben dies geschickt befördert, indem sie den USA eigene Streitkräftekontingente für die Kriege im Irak und in Afghanistan zur Verfügung stellten. Sie verlassen sich nicht auf den Artikel 5 des NATO-Vertrages und schon gar nicht auf die GASP der EU. Stattdessen streben sie bilaterale Verträge mit den USA an, was durch den Kauf von US-amerikanischen Rüstungsgütern erleichtert werden soll.[135] Dieser „Sog der Peripherie" (Herfried Münkler) schränkt den Handlungsfreiraum der USA ein und führt zu Konflikten mit den alten NATO-Mitgliedstaaten, die eine stärkere Fokussierung auf Russland und die daraus resultierenden Unterstützungsleistungen für die Ostflanke des Bündnisgebietes nicht mittragen. Die USA könnten hier ausgleichend wirken, was aber zusätzliche Ressourcen binden würde. Ihnen stünde allerdings auch die Option offen, die alten und die neuen Mitgliedstaaten gegeneinander auszuspielen. Die Uneinigkeit der europäischen NATO-Verbündeten in nahezu allen außen- und sicherheitspolitischen Fragen verführt die USA zu einer imperialen Führung (*„divide et impera"*). Die Absicht der NATO, ihre politische Dimension durch ein Mehr an Konsultationen, Koordinierungen und Kooperationen zu stärken, wäre damit konterkariert.

Welche Dilemmata imperiale Führung mit sich bringt, zeigte sich zuletzt in Kabul. Der aus imperialer Logik notwendige Schritt, militärische und wirtschaftliche Ressourcen aus Afghanistan abzuziehen, weil daraus keine unmittelbaren Gefahren für die Sicherheit der US-ameri-

---

[133] Herfried Münkler, Imperien, S. 17.
[134] Siehe dazu Gerald B. Solomon, The NATO Enlargement Debate, 1990-1997. Blessings of Liberty, Westport 1998.
[135] Siehe Marcin Zaborowski, Central European security: history and geography matter. In: NDC Policy Brief, No. 04, February 2021, S. 4.

kanischen Bürger erwachsen und *peer competitor* wie China und potenziell auch Russland die Hauptbedrohung ausmachen, stößt sich hart an deren Reaktionen auf das durch den Abzug ausgelöste Chaos. Die US-Bürger können diese politisch-ethische Indifferenz gegenüber Menschen in Not nicht tolerieren – zumal das Internationale Krisenmanagement des Westens in den letzten 25 Jahren damit geworben hat, Menschenrechte zu schützen.

Dass die USA auch künftig eher mit Machtdurchsetzung als mit Überzeugung und Attraktivität arbeiten werden, dürfte auch daran liegen, dass ihre *soft power* abgenommen hat. Schon in der Phase des unipolaren Moments wies der Historiker Paul Kennedy darauf hin, dass die USA keine „Idee" („*mission*") hätten, obwohl es zum Gründungsmythos der USA gehört, dass die gesamte Welt ihre Werte teilen sollte.[136] Strategen wie Zbigniew Brzezinski stellten danach das Abnehmen des amerikanischen Traumes fest.[137] Die Doktrin der gewaltsamen externen Demokratisierung unter der Regierung von George W. Bush beruhte auf Annahmen über die Attraktivität demokratischer Prinzipien und Werte, die sich für die nicht-westliche Welt schon bald als falsch herausstellten.[138] Auch die auf Täuschungen und Lügen beruhende Inszenierung von Bedrohungen durch die US-Administrationen schädigten die Demokratie, wozu auch die Militarisierung der US-Außenpolitik beitrug. Dieser lag die inhärente Logik demokratischer Imperien zugrunde: Um die Bürger nicht zu sehr zu belasten und damit den Wahlerfolg zu beeinträchtigen, sollten außen- und sicherheitspolitische

---

[136] N Joseph S. Nye Jr, The Future of Power, S. 218.

[137] Zbigniew Brzezinski, Strategic Vision. America and the Crisis of Global Power, New York 2013, S. 37-74.

[138] Thomas E. Ricks, Fiasco. The American Military Adventure in Iraq, New York 2006. In einem Interview mit den Tagesthemen am 1. September 2021 wies Thomas Jäger darauf hin, dass das Scheitern der US bzw. NATO in Afghanistan ein „Nachklang" sei. Mit dem Ende des sogenannten „arabischen Frühlings" in den Ländern des Nahen Ostens und Nordafrikas sowie dem Beginn des Bürgerkriegs in Syrien sei klar gewesen, dass eine Demokratisierung in Afghanistan nicht gelingen werde. Bereits damals habe der Westen den Anspruch darauf aufgegeben. https://www.ardmediathek.de/video/hat-der-westen-als-leitbild-ausgediehnt-thomas-jaeger-universitaet-koeln/tagesschau24/Y3JpZDovL2Rhc2Vyc3RlLmRlL3RhZ2Vzc2NoYXUyN C81ZGM2MjU1YS01YzljLTRhZDktOGM4Mi0yNmY5NDZmZmJjN2YvMQ

Probleme schnell gelöst werden, wofür militärische Mittel geeignet erschienen. Daraus ließe sich folgern, dass ein demokratisches System nicht optimal für die Führung eines Imperiums geeignet ist, was die demokratiefeindlichen innenpolitischen Vorgänge vor allem unter der Präsidentschaft von Donald Trump mit erklären könnte.[139] Insgesamt dürfte es für die USA schwieriger geworden sein, mit *Softpower* zu führen. Vorher sind innenpolitische Reformen fällig, die Präsident Biden in Angriff nimmt, deren heilsame Wirkungen allerdings nicht schnell zu erreichen sein werden.

Unterschiedliche strategische Kulturen: Die NATO als Wertegemeinschaft des Westens darf nicht darüber hinwegtäuschen, dass die strategischen Kulturen ihrer Mitgliedstaaten sehr unterschiedlich sind.[140] Die USA haben ein anderes Verhältnis zum Einsatz bewaffneter Macht als viele europäische Verbündete. Sie nutzen Streitkräfte viel eher und häufiger als beispielsweise Deutschland, das sich mehr als Zivilmacht versteht und mit dem militärischen Instrument nur wenig anfangen kann.[141] Auch wenn US-Präsident Joe Biden die Anwendung bewaffneter Gewalt als *„ultima ratio"* bezeichnet und die Diplomatie betont, so bleibt doch zweifelhaft, ob die USA bereit sein werden, die in Kontinentaleuropa verbreitete Skepsis an der Nützlichkeit des Militärs zu teilen und mehr Zurückhaltung zu zeigen. Dies ist nicht zuletzt deshalb

---

[139] Herfried Münkler, Imperien, S. 237-239.

[140] Siehe Herfried Münkler, Imperien, S. 239-245. Zum Begriff der strategischen Kultur und zu den Unterschieden in den strategischen Kulturen in Europa siehe Strategic Cultures in Europe. Security and Defence Policies Across the Continent, ed. by Heiko Biehl, Bastian Giegerich, Alexandra Jonas, Wiesbaden 2013; siehe auch Heiko Biehl, Rüdiger Fiebig, Bastian Giegerich, Jörg Jacobs, Alexandra Jonas, Strategische Kulturen in Europa. Die Bürger Europas und ihre Streitkräfte, Sozialwissenschaftliches Institut der Bundeswehr, Forschungsbericht 96, Strausberg im September 2011.

[141] Zu Deutschland als Zivilmacht siehe Hanns W. Maull, Deutschland als Zivilmacht. In: Siegmar Schmidt, Gunther Hellmann, Reinhard Wolf (Hrsg.): Handbuch zur deutschen Außenpolitik, Wiesbaden 2007. Zur kritischen Debatte darüber in den 1990er Jahren siehe Ingo Peters, Vom ‚Scheinzwerg' zum ‚Scheinriesen' – deutsche Außenpolitik in der Analyse, Zeitschrift für Internationale Beziehungen, 4. Jg. (1997), H. 2, S. 369; zur Unfähigkeit deutscher Politik, das militärische Instrument einzusetzen, siehe Wilfried von Bredow, Armee ohne Auftrag. Die Bundeswehr und die deutsche Sicherheitspolitik, Zürich 2020, S. 10.

fraglich, weil Staaten wie Russland und China ihre militärischen Instrumente für politische Ziele effektiv nutzen und ihre Bevölkerungen nationalistisch aufputschen.

Es ist daher kein Wunder, dass NATO-Verbündete wie Deutschland und Frankreich der politischen Rhetorik des neuen US-Präsidenten mit einer Portion Skepsis begegnen. Erschwerend kommt hinzu: Nach den Erfahrungen mit der Bush-Regierung von 2001 bis 2009 und der Trump-Zeit von 2017 bis 2020 sind europäische Verbündete verunsichert, ob der nächste oder übernächste Präsident erneut zu einer Politik des Druckes auf Verbündete und des Spaltens von Allianzen und internationalen Organisationen zurückkehren wird. Präsident Joe Biden gilt weithin als Übergangspräsident und es ist längst nicht ausgemacht, wohin sich die US-amerikanische Außen- und Sicherheitspolitik angesichts der Polarisierungen in Politik und Gesellschaft entwickeln wird.[142] Aufgrund dieser Ungewissheit ist es auch nicht selbstverständlich, dass das in die NATO entsandte diplomatische und militärische Personal den von US-Präsident Biden angekündigten Paradigmenwechsel tatsächlich umsetzen wird.

Trotz ihrer Glaubwürdigkeitskrise werden die USA weiterhin versuchen, die Strategiedebatten in der NATO zu dominieren. Die Europäer verfügen allerdings über Möglichkeiten, diesem imperialen Führungsdruck zu widerstehen. Dazu müssten sie sich im Vorfeld von Abstimmungsprozessen in der NATO auf gemeinsame Leitlinien einigen. Auch wenn die europäischen Verbündeten militärisch den USA unterlegen und auf deren Verteidigungsanstrengungen angewiesen sind, so sind sie doch beim wirtschaftlichen Machtinstrument zumindest auf Augenhöhe. Und bei der *Softpower* dürften sie den USA nach den demokratiegefährdenden Vorfällen während der Trump-Administration sogar überlegen sein.

Damit spielt Deutschland als „Macht in der Mitte" Europas eine besondere Rolle für die Zukunft der NATO. Deutschland könnte Europa führen und als Mittler und Vermittler die Erarbeitung einheitlicher europäischer Positionen erleichtern. Dies würde zu einem Kräftegleichgewicht innerhalb des transatlantischen Bündnisses führen und die

---

[142] Siehe hierzu Jonatham Kirshner, Gone But Not Forgotten. Trump's Long Shadow and the End of American Credibility, in: Foreign Affairs, March/April 2021, S. 23.

Konsens- bzw. Kompromissbildungsprozesse mit den USA mehr partnerschaftlich gestalten. Schauen wir uns etwas genauer an, ob dies realistisch ist.

## Die Rolle Deutschlands

Die NATO war und bleibt Teil der Staatsräson Deutschlands, da sie, so steht es im letzten Weißbuch der Bundesregierung, „unverzichtbarer Garant deutscher, europäischer und transatlantischer Sicherheit" ist.[143] Der Grund dafür ist die Mitgliedschaft der USA. Ohne die US-amerikanische Sicherheitsgarantie könnten weder Europa verteidigt noch die Eigenständigkeit der EU gewahrt werden. Auch der Schutz der für den Exportweltmeister Deutschland wichtigen Seewege oder größere Evaluierungsoperationen wie in Kabul wären nicht möglich. Manche argumentieren, dass selbst die Stabilität der deutschen Demokratie in Gefahr geriete, wenn die NATO auseinanderfiele.[144] Aus diesen Gründen hätten die Deutschen sogar eine *„America first"*-Politik Trumpscher Machart unterstützen müssen, schlussfolgert der Politologe Thomas Jäger. Denn die USA seien, auch wenn das „amerikanische Jahrhundert" zu Ende ginge, immer noch eine Supermacht, ohne die global nichts ginge.[145]

---

[143] Bundesregierung, Weißbuch 2016, S. 64; am Beispiel der Nachrüstungsdebatte 1979-1983 siehe Dieter Krüger, Am Abgrund?, S. 160-165. Zum Konsens darüber in den Politikwissenschaften siehe Ingo Peters, Vom ‚Scheinzwerg' zum ‚Scheinriesen' – deutsche Außenpolitik in der Analyse, S. 372-373.

[144] Judy Dempsey, Das Phänomen Merkel. Deutschlands Macht und Möglichkeiten, Hamburg 2013, S. 16, 107: „Und kein Bundeskanzler, auch nicht Schröder, hat jemals wirklich die Rolle der USA als Schutzmacht Deutschlands und Europas in Frage gestellt." Dies tat erst Bundeskanzlerin Merkel als Reaktion auf Donald Trump und seine Infragestellung des Art. 5 der NATO. Ihre Aussage: „Die Zeiten, in denen wir uns auf andere völlig verlassen konnten, sind ein Stück vorbei" ließ vielfältige Interpretationen zu und hatte keine konkreten Handlungen zu Folge. Siehe dazu Wolfgang Ischinger, Welt in Gefahr, S. 69.

[145] Thomas Jäger, Das Ende des amerikanischen Zeitalters, S. 17-28. Siehe auch Wilfried von Bredow, Armee ohne Auftrag, S. 146. Politikrelevant wurde diese Einsicht in den Einlassungen der deutschen Verteidigungsministerin Annegret Kramp-Karrenbauer zum Primat der NATO bzw. der Abhängigkeit Europas von den USA: AKK im Namensartikel: Die NATO schafft Frieden – und Freiraum vom 12.5.2020 https://www.bmvg.de/de/aktuelles/akk-namensartikel-nato-schafft-frieden-freiraum-25536; siehe auch dieselbe, Rede anlässlich der Verleihung des Medienpreises

Zudem liegt es weiterhin im deutschen Interesse, dass die USA den Machtvorsprung Deutschlands gegenüber den europäischen Nachbarn ausbalancieren. Die NATO war, in den Worten ihres ersten Generalsekretärs Lord Hastings Lionel Ismay, mit dem Zweck gegründet worden, *"to keep the Russians out, the Americans in, and the Germans down."* Die Allianz sollte also von Anfang an einen Beitrag leisten, eine erneute, in Gewalt ausartende Hegemonie Deutschlands in Europa zu verhindern.[146] Dies lag ganz im Interesse der damaligen Bundesregierungen. Auch nach dem Ende des Kalten Krieges diente ihnen die NATO als Rückversicherung gegenüber ihren Nachbarn, dass Deutschland fest im Westen verankert bliebe. Die berühmt-berüchtigte „Deutsche Frage" sollte nicht wieder das Schicksal Europas bestimmen. Zuletzt hatte gerade die Trump-Administration dafür wenig Verständnis gezeigt.[147]

Diese fundamentale Abhängigkeit der Sicherheit Deutschlands und damit auch Europas von den USA darf nicht darüber hinwegtäuschen, dass Deutschlands politisches Gewicht im Vergleich zu anderen euro-

---

der Steuben-Schurz-Gesellschaft am 23.10.2020. https://www.bmvg.de/de/aktuelles/akk-rede-medienpreis-steuben-schurz-3816700. Als Reaktion auf diese letztgenannte Rede siehe den Beitrag von Andreas Kluth in der Washington Post vom 28. Oktober 2020 mit dem Titel: „Germany is Ready to Offer America New Deal". https://www.washingtonpost.com/business/energy/germany-is-ready-to-offer-america-a-new-deal/2020/10/28/4eca99de-18eb-11eb-8bda-814ca56e138bstory. html. Siehe weiterhin Judy Dempsey, Das Phänomen Merkel. Deutschlands Macht und Möglichkeiten, Hamburg 2013, S. 16, 107: „Und kein Bundeskanzler, auch nicht Schröder, hat jemals wirklich die Rolle der USA als Schutzmacht Deutschlands und Europas in Frage gestellt." Dies tat erst Bundeskanzlerin Merkel als Reaktion auf Donald Trump und seine Infragestellung des Art. 5 der NATO. Ihre Aussage: „Die Zeiten, in denen wir uns auf andere völlig verlassen konnten, sind ein Stück vorbei" ließ vielfältige Interpretationen zu und hatte keine konkreten Handlungen zu Folge. Siehe dazu Wolfgang Ischinger, Welt in Gefahr, S. 69.

[146] Siehe Wilfried von Bredow, Armee ohne Auftrag, S. 66.

[147] Siehe dazu Robert Kagan, The New German Question. What happens When Europe Comes Apart? In: Foreign Affairs, May/June 2019. Er warf der Trump-Administration vor, einen „perfekten Sturm" (*perfect storm*) zu kreieren, indem sie die nach dem Zweiten Weltkrieg geschaffene liberale Ordnung als Voraussetzung für eine konstruktive Rolle Deutschlands in der Mitte Europas zerstörte. Siehe auch Seth Johnson, How NATO Adapts, S. 77.

päischen Mächten wie beispielsweise Frankreich überproportional zugenommen hat. Deutschland ist *die* Zentralmacht Europas und Führungsmacht in der EU. Diese supranationale Organisation wird nur handeln, wenn Deutschland aktiv wird. Die letzte große Finanzkrise 2008/09 führte dies der Welt deutlich vor Augen. Seitdem gibt Deutschland in Europa den Takt an.[148]

Für diese innereuropäischen Machtverschiebungen stellt der Politologe Herfried Münkler folgende Gleichung auf: Der relative Bedeutungszuwachs des Machtfaktors Wirtschaft bei gleichzeitig geringerem Stellenwert des Militärs, die starke Reduzierung US-amerikanischer Truppen in Europa nach dem Ende des Kalten Krieges und ihr Rückzug aus Nordafrika und dem Nahen Osten bewirkten mehr politische Macht für Deutschland. Der 2020 vollzogene Brexit verstärkte diese Machtverschiebung.[149] Deutschland selbst habe dazu nicht viel beigetragen, weshalb Josef Joffe darauf hinweist, „… dass diesem Deutschland die Vormacht zum Beginn des dritten Jahrtausend geradezu in den Schoß geplumpst war".[150]

Zahlreiche Experten vertreten die Auffassung, dass Deutschlands gewachsene Macht die Übernahme einer größeren Verantwortung für Freiheit und Frieden in Europa mit sich bringe. Deutschland könne sich dieser nicht entziehen. Einen empirischen Beleg dafür sieht Herfried Münkler im Krisenmanagement zwischen Russland und der Ukraine seit 2014. Die USA hätten Deutschland die Führung überlassen, weil Europa insgesamt an weltpolitischer Bedeutung verloren hatte

---

[148] Zur Bedeutung Deutschlands für die Integration Europas und seine Stellung in der Welt siehe Tobias Bunde, Sophie Eisentraut, The Enabling Power. Germany's European Imperative, Munich Security Conference, July 2020, S. 2: „While Germany will not be able to save the European on its own, the future of European integration is more dependent on German leadership than ever before. In many parts of Europe, Germany has long been seen as the EU' indispensable power" Zur Debatte über Europa als ein globaler Akteur oder europäisches Friedensprojekt siehe die Ausführungen des Philosophen Hans Joas, Friedensprojekt Europa?, München 2020.

[149] Zu den Auswirkungen des Brexits auf die Sicherheits- und Außenpolitik siehe Claudia Major und Alicia von Voss, "European Defense in View of Brexit", *SWP Comments 10*, April 2017. https://www.swp-berlin.org/fileadmin/contents/products/comments/2017C10_mjr_vos.pdf.

[150] Josef Joffe, Der gute Deutsche. Die Karriere einer moralischen Supermacht, München 2018, S. 59.

und Russland zwar gefährlich, in den Augen der USA jedoch nur eine Regionalmacht ist. Berlin teile sich die Führung mit Paris, wobei Frankreich auch aus russischer Sicht als Junior-Partner wahrgenommen werde.[151] Nicht nur die USA, sondern auch die europäischen Verbündeten erwarteten von den Bundesregierungen, diese Führungsrolle energischer wahrzunehmen. Dies zeigte sich insbesondere daran, dass, im Unterschied zur Eurokrise wenige Jahre zuvor, weder die Angst vor einem übermächtigen, seine Interessen egoistisch durchsetzenden Deutschland instrumentalisiert noch die deutsche Verwundbarkeit aufgrund seiner Geschichte ausgenutzt wurde – Politpropaganda gab es noch nicht einmal von russischer Seite.[152]

Auch in militärischer Hinsicht reagiert Deutschland auf Erwartungen seiner Verbündeten. Während sich die britische Armee als nuklear bewaffnete Seemacht für ein „global Britain" neu ausrichtet[153] und die

---

[151] Siehe dazu Herfried Münkler, Macht in der Mitte, S. 149-150, 182; Gregor Schöllgen, Gerhard Schröder, Letzte Chance, S. 230, 241; Judy Dempsey, Das Phänomen Merkel, S. 11, 14-15, 76-78. Judy Dempsey weist pointierter als andere Analysten darauf hin, dass Deutschland unter der Kanzlerschaft von Angela Merkel sein Potenzial nicht ausschöpft und seine Macht nicht konsequent einsetzt. Der Politikwissenschaftler Thomas Jäger fordert, die Führungsfrage in der EU zu klären. Frankreich sieht er eher als Junior-Partner Deutschlands in der Führung Europas. Siehe Thomas Jäger, Das Ende des amerikanischen Zeitalters, S. 119-125, 136-142. Diese Führungskonstellation widerspräche dem Selbstverständnis Frankreichs und ist zudem durch die europapolitischen Vorstellungen Nazi-Deutschlands mit der untergeordneten Rolle des Vichy-Regimes historisch belastet. Siehe dazu Dieter Krüger, Verständigung mit Frankreich. Das vergebliche Plädoyer des Oberst Dr. Hans Speidel. Paris 1940-1942, Berlin 2021. Zur Bedeutung der Zusammenarbeit zwischen Deutschland und Frankreich für die europäische Integration und das europäische Gewicht in der Welt siehe auch Wilfried von Bredow, Armee ohne Auftrag, S. 89-91.
[152] Herfried Münkler, Macht in der Mitte, S. 50, 152-153; Judy Dempsey, Das Phänomen Merkel, S. 189.
[153] Zu neuen sicherheitspolitischen Ausrichtung Großbritanniens und deren möglichen Auswirkungen auf die NATO siehe Florian Schöne, Großbritannien: Gezielte Rüstungsinvestitionen für weniger Abhängigkeit. »Global Britain« könnte auf Kosten der Nato-Partner gehen. In: SWP-Aktuell 2020/A 101, 16.12.2020. https://www.swp-berlin.org/publikation/grossbritannien-gezielte-ruestungsinvestitionen-fuer-weniger-abhaengigkeit.

französischen Streitkräfte in Afrika gebunden sind[154], bildet Deutschland das Rückgrat der konventionellen Verteidigung des NATO-Bündnisgebietes, wie es bereits im Kalten Krieg der Fall gewesen war. Hinzu kommt seine zentrale Rolle als Transitland und logistische Drehscheibe für die Umsetzung des 360 Grad-Rundumschutzes der NATO.[155] Die Planungen für die Bundeswehr der Zukunft berücksichtigen dies, auch wenn es noch bis mindestens 2032 dauern wird, bis Deutschland seine gegenüber der NATO eingegangenen Verpflichtungen voll erfüllen wird.

Nun könnte man erwarten, dass mit der gewonnenen Macht und Verantwortung auch neue außen- und sicherheitspolitische Ambitionen einhergehen.[156] Dies scheint nicht der Fall zu sein. Deutschland verhält sich weiterhin eher passiv oder höchstens reaktiv. Den einzelnen Stimmen, die auf bereits vorgenommene signifikante Veränderungen der deutschen Außen- und Sicherheitspolitik hinweisen, schlägt der Chor derjenigen entgegen, die deutlich mehr Verantwortungsbereitschaft von Deutschland fordern.[157] Tatsächlich würde die NATO von einer

---

[154] Zur neuerdings gestiegenen Bedeutung der Landes- und Bündnisverteidigung in der Außen- und Sicherheitspolitik Frankreichs siehe Ronka Kempin (Hrsg.), Frankreichs Außen- und Sicherheitspolitik unter Präsident Macron. Konsequenzen für die deutsch-französische Zusammenarbeit, SWP-Studie 2021/ S 04, Berlin, 31.3.2021.

[155] Zur historischen Rolle Deutschlands als „Festlandsdegen" der angelsächsischen Seemächte siehe Dieter Krüger, Am Abgrund?, S. 25. Zur Bedeutung Deutschlands als logistische Drehscheibe für die NATO siehe den Tagesbefehl der Bundesministerin der Verteidigung vom 30.5.2017: „Da geht es zum einen um die wachsende Relevanz der Landes- und Bündnisverteidigung für die Bundeswehr. Unmittelbare Folge dessen ist die gestiegene Bedeutung Deutschlands als zentral gelegenes strategisches Transitland und logistische Drehscheibe für unsere Verbündeten bei der Stärkung der NATO-Ostflanke. Dadurch sind wir nicht nur als Gastgebernation gefordert, sondern wir müssen unsere Verbündeten bei Anlandung und geordnetem Weitermarsch in die Übungs- und Einsatzgebiete in vielfältiger Weise unterstützen – nicht nur bei der logistischen Versorgung, sondern auch beim Schutz und bei der Zusammenarbeit mit zivilen Behörden und der gewerblichen Wirtschaft. In dieser Form und Intensität war das seit Ende des Kalten Krieges nicht mehr erforderlich."
https://www.bmvg.de/de/aktuelles/tagesbefehl-der-ministerin-zur-streitkraefte-basis-1132.

[156] Robert Kagan, Die Demokratie und ihre Feinde, S. 22.

[157] Während der Politikwissenschaftler Stefan Fröhlich in seinem Buch „Das Ende des Selbstentfesselung. Deutsche Außenpolitik in einer Welt ohne Führung, Wiesbaden 2019" darauf hinweist, dass Deutschland längst Führung in Europa übernommen

proaktiven Rolle Deutschlands profitieren, da die Abstimmungsprozesse einfacher verliefen, wenn die deutsche Diplomatie im Vorfeld einen Konsens unter den europäischen Partnern herstellte und im Schulterschluss mit ihnen die US-amerikanische Dominanz ausbalancierte. Aber bereits die neuesten militärischen Aktivitäten Großbritanniens, Frankreichs und Deutschlands zur Sicherung der Seewege in Südostasien bestätigen deren geringe Koordinierungs- und Kooperationsbereitschaft. Während Großbritannien und Frankreich sich mit Flugzeugträgerverbänden beteiligen, entsendet Deutschland eine Fregatte. Diese darf die heiklen Seegebiete nicht befahren, um eine Konfrontation mit China zu vermeiden.[158]

Welche Gründe sprechen gegen ein größeres außen- und sicherheitspolitisches Engagement Deutschlands in NATO und EU? Bei der Beantwortung dieser Frage sind zunächst historische Gründe anzuführen. Deutsche Politiker verfügen weder über Erfahrungen in einer europäischen Führungsrolle noch über das nötige Selbstvertrauen. Insgesamt, so betonen Herfried und Marina Münkler, sei Deutschland wegen seiner vergifteten Geschichte ein „verwundbarer Hegemon" und daher unsicher in seiner Führungsrolle. Die kollektive Erinnerung, dass ein

---

habe und die deutsche Außenpolitik besser sei als ihr Ruf, fordern die in diesem Buch mehrfach angeführten Autoren Herfried Münkler, Wolfgang Ischinger, Carlo Masala und Wilfried von Bredow ein noch stärkeres Engagement. Dies schließt nicht deren Kritik an der Verantwortungsrhetorik führender Politiker aus. Zur Kritik am „Verantwortungsmantra" siehe Wilfried von Bredow, Armee ohne Auftrag, S.117-121. Er sieht darin einen „… Appell an ein diffus-pathetisches Pflichtgefühl", der mit der moralisch eingefärbten deutschen Sicherheitspolitik zusammenpasst. Notwendig wäre eine kluge Analyse deutscher Interessen. Ähnlich auch Carlo Masala, Weltunordnung, S. 14. Zur Kritik an diesem „propagandistischen Sprachbild" zur Manipulation einer pflichtbewussten Bevölkerung siehe Michael Lüders, Die scheinheilige Supermacht. Warum wir aus dem Schatten der USA heraustreten müssen, S. 105. Über den Zusammenhang von Macht und Verantwortung sowie der Rolle des Militärs als eines Instrumentes der Politik diskutierten deutsche Politikwissenschaftler bereits in den 1990er Jahren. Siehe dazu Ingo Peters, Vom ‚Scheinzwerg' zum ‚Scheinriesen' – deutsche Außenpolitik in der Analyse, S. 361-388.

[158] Zur Debatte über die Umsetzung der indo-pazifischen Leitlinien des Auswärtigen Amtes siehe zuletzt Dominik Wullers, Pacific Germany. In: War on the Rocks, 28. Mai 2021.
https://warontherocks.com/2021/05/pacific-germany/?fbclid=IwAR1ocAn21eblgaWo_gIOm40UhYMkGLjuqHxE1QH_64gXAUhovfQ49neTnZo.

starkes Deutschland ein „Bösewicht" und eine Gefahr für alle ist, weckt weiterhin enorme Selbstzweifel. Ist die Angst unserer Nachbarn nicht berechtigt? Provoziert deutsche Führungsmacht nicht erneut Gegenkoalitionen? Verleiten Einkreisungsängste die Deutschen ein weiteres Mal dazu, den europäischen Kontinent zu dominieren? Wären die Folgen für Europa nicht noch katastrophaler?[159]

Ob unsere Nachbarn heute, über 75 Jahre nach dem Ende des Zweiten Weltkrieges, noch Angst vor Deutschland haben, darüber besteht keine Einigkeit unter Experten. Manche sehen dafür kaum Anhaltspunkte.[160] Andere wie Herfried Münkler stellen dagegen fest: Es war nicht immer gut für Frieden und Sicherheit in Europa, wenn Deutschland eine starke Mitte bildete. Dies wüssten auch unsere Nachbarn. Deren Vorbehalte seien deutlich zum Vorschein gekommen, als es um die Frage der deutschen Wiedervereinigung nach dem Fall der Mauer im November 1989 ging. Ohne den Druck der US-amerikanischen Administration unter Präsident George H.W. Bush wäre der Wiedervereinigungsprozess wohl anders verlaufen. Zu groß seien die Bedenken über ein

---

[159] Siehe Herfried Münkler, Macht in der Mitte, S. 10, 102, 111, 127; Judy Dempsey, Das Phänomen Merkel, S. 33-37. Zur Rolle der EU, um Bedrohungsgefühle durch Deutschland abzubauen, siehe Wolfgang Ischinger, Welt in Gefahr, S. 234. Vielleicht reichen die deutschen Selbstzweifel noch viel weiter in die Geschichte zurück. Die Großerzählungen von Hermann dem Cherusker oder Siegfried und Hagen aus der Nibelungensage enden mit dem Scheitern der Helden. Deutsche Politiker und Militärs nutzten die Nibelungen im Ersten Weltkrieg nicht nur zur Stärkung des Verteidigungswillens, sondern auch für die Bestimmung von Kriegszielen. Im Zweiten Weltkrieg existierte eine Angst vor dem Nibelungenfluch sowie eine eigentümliche Schicksalsergebenheit. Der Mythos ersetzte also das vernünftige strategische Denken. Siehe dazu Herfried Münkler, Die Deutschen und ihre Mythen, Berlin [4]2015, S. 69-107.

[160] Siehe Wilfried von Bredow, Armee ohne Auftrag, S. 93. Er geht davon aus, dass die ursprüngliche „deutsche Frage" mittlerweile „… ihre Schärfe … weitgehend eingebüßt…" habe. Stattdessen sieht er eine „neue deutsche Frage": Die Frage „Was will Deutschland eigentlich" stelle sich vehement angesichts abnehmender Berechenbarkeit und einem Pendeln zwischen „mehr Engagement in der Weltpolitik und einem weltpolitischen Ruhebedürfnis …". Siehe auch Wolfgang Ischinger, Welt in Gefahr, S. 271. Anne Applebaum weist darauf hin, dass Deutschlandfeindlichkeit in Ländern wie Polen oder Griechenland nicht so sehr auf Angst beruht als vielmehr ein Mittel zur Ablenkung von eigenen Fehlern ist und damit dem Machterhalt dient. Siehe Anne Applebaum, Die Verlockung des Autoritären, S. 58.

Wiederaufflammen deutscher Hegemonialgelüste vor allem auf britischer, französischer und italienischer Seite gewesen.[161] Umso wichtiger sei daher eine auf Ausgleich und Vermittlung beruhende deutsche politische Führung in Europa. Deutschland kann und muss seine Stärke zum Wohle Europas nutzen.[162] Voraussetzung ist allerdings, dass deutsche Führung auch von den Verbündeten einschließlich der USA gewollt wird.

Dass die Deutschen selbst Angst vor ihrer Stärke haben, darüber scheint schon eher Einvernehmen unter Experten zu bestehen. Hier liegen die tieferen psychologischen Ursachen für das Selbstverständnis Deutschlands als „Zivilmacht" und die damit einhergehende Selbsteinhegung. Wenn Deutschland aufgrund seiner wirtschaftlichen Stärke eine Führungsrolle einnimmt, dann als „sanfter Hegemon" und sich selbst eindämmende Vormacht.[163] Dieses Selbstverständnis bestimmte nicht nur das außen- und sicherheitspolitische Handeln der Bonner Republik während des Kalten Krieges, sondern auch der Berliner Republik danach. Die Wiedervereinigung Deutschlands erfolgte unter Beibehaltung von Westbindung und Mitgliedschaft in der NATO, der finanzpolitischen Integration Europas durch Einführung des Euro sowie des Einfahrens einer Friedensdividende, was die radikale Verkleinerung der Bundeswehr zur Folge hatte. Die Botschaft war klar: Deutschland wird trotz gestiegener Macht nicht versuchen, Europa zu dominieren. Stattdessen wird es weiterhin das europäische Allgemeinwohl vor nationale Interessen stellen und in seiner Außen- und Sicherheitspolitik Verantwortung für Verbündete übernehmen.[164]

---

[161] Herfried Münkler, Macht in der Mitte, S. 94-95, 141; Dieter Krüger, Am Abgrund?, S. 195-198; Josef Joffe, Der gute Deutsche, S. 228; Judy Dempsey, Das Phänomen Merkel, S. 41.

[162] Andreas Rödder, Wer hat Angst vor Deutschland? Geschichte eines europäischen Problems, Frankfurt/M. ²2018. Siehe auch Tobias Bunde, Sophie Eisentraut, The Enabling Power. Germany's European Imperative, S. 10: „If Germany wants to embrace the European Imperative and do whatever it takes to keep Europe together, it will have to reflect more carefully on the European implications of its domestic decisions, consult more closely with and reassure its European partners, and be more transparent and honest about its own foreign policy goals."

[163] Josef Joffe, Der gute Deutsche, S. 61.

[164] Es gibt allerdings Analysten, die dies ganz anders sehen und Deutschland egoistischen Interessendurchsetzung attestieren. Siehe beispielsweise den Briten Hans

Die machtpolitische Zurückhaltung Deutschlands hängt auch mit innenpolitischen Entwicklungen zusammen. Die Deutschen genießen ihre historisch einmalige „strategische Traumlage". Ihr Land liegt unverändert mitten in Europa, ist diesmal jedoch von Freunden umzingelt. Deutschland ist so attraktiv und sicher, dass Menschen aus anderen Kontinenten in dieses Land drängen. Zurecht weist Josef Joffe darauf hin, dass Deutschland ein „… kleines Amerika im 21. Jahrhundert", das „… neue Gelobte Land"[165] geworden ist.

Damit geht der Wunsch der Deutschen einher, sich aus Konflikten herauszuhalten, insbesondere wenn die Gefahr besteht, dass deren Lösung den Einsatz auch militärischer Gewalt erfordern könnte.[166] Dieses Verlangen stößt sich allerdings hart an den veränderten Realitäten in Europa. Die Gefahr von kriegerischen Auseinandersetzungen ist angesichts der Bereitschaft Russlands, sich seines Militärs zu bedienen, deutlich gestiegen. Dass die Welt ein gefährlicherer Ort geworden ist und die entstandene Unordnung nicht schnell behoben werden kann, dringt als Botschaft von Experten allerdings kaum in die politischen Debatten und sicherheitspolitischen Meinungen der Bürger ein. Vorherrschend sind vielmehr allgemeine Zukunfts- und Abstiegsängste, die von Populisten ausgenutzt werden, um die Demokratie zu schwächen.[167] Solche Ängste mögen, wie der in den USA lehrende Politologe

Kundnani, The Paradox of German Power, Oxford University Press 2017 (dt. German Power. Das Paradox der deutschen Stärke).

[165] Josef Joffe, Der gute Deutsche, S. 64-65. Siehe auch Herfried Münkler, Macht in der Mitte, S. 9.

[166] Wilfried von Bredow, Armee ohne Auftrag, S. 105-126. Zum beklagenswerten Zustand der Bundeswehr siehe Martin Sebaldt, Nicht abwehrbereit. Die Kardinalprobleme der deutschen Streitkräfte, der Offenbarungseid des Weißbuchs und die Wege aus der Gefahr, Berlin 2017; Josef Kraus, Richard Drexl, Nicht einmal bedingt abwehrbereit, München 2019; Constantin Wißmann, Bedingt einsatzbereit. Wie die Bundeswehr zur Schrottarmee wurde, München 2019 sowie Wilfried von Bredow, Armee ohne Auftrag, S. 151-190. Kritik an den Militärstrategien Deutschlands übte zuletzt Martin Sebaldt, Das Elend der Strategen: Warum die deutsche Militärpolitik versagt, Berlin 2020. Alle Veröffentlichungen enthalten Vorschläge zur Reform der Bundeswehr. Einen kurzen und bündigen Vorschlag zur Reform der Bundeswehr liefern Hans-Peter Bartels, Rainer L. Glatz, Welche Reform die Bundeswehr heute braucht – Ein Denkanstoß, SWP-Aktuell, Nr. 84, Berlin im Oktober 2020.

[167] Herfried und Marina Münkler, Abschied vom Abstieg. Eine Agenda für Deutschland, Berlin 2019.

Frank Biess argumentiert, durchaus Vorteile für die Stabilität der Demokratie in Deutschland haben.[168] Sie schränken allerdings die Handlungsfreiheit der deutschen Politik ein. Eine aktive Rolle in der Vorbereitung und Durchführung außen- und sicherheitspolitischen Handelns, das den Einsatz der Bundeswehr einschließt, war während der Kanzlerschaft von Angela Merkel nahezu ausgeschlossen. Wenn Deutschland sich beteiligte, dann aus Bündnissolidarität und damit nur halbherzig, ohne eigenes Kalkül. Selbständiges strategisches Denken und Handeln war nicht gewollt und wurde nicht gefördert. Oftmals ging es nur darum zu verhindern, dass Deutschland sich militärisch überproportional an Militäreinsätzen beteiligen muss. Folgewirkungen wie den Ansehensverlust in der NATO sowie Sinndefizite unter den Angehörigen der Bundeswehr nahm die Bundesregierung dafür in Kauf.

Viele Deutsche befürchten zudem, dass ihr Land von anderen Staaten ausgenutzt wird, wenn es eine Führungsrolle übernähme. Deutschland dürfe nicht zum Zahlmeister für Europa werden, heißt es allenthalben. Diese Ängste führen auch in Deutschland, das trotz seiner Bereitschaft, Verantwortung für die Geschichte zu übernehmen und somit der nationalistischen Falle zu entgehen, die Schuld bei anderen zu suchen, zu Polarisierungen und Radikalisierungen, wovon extreme Parteien profitieren.[169] Deutsche Regierungen müssen darauf Rücksicht nehmen.

Tatsächlich ist die Gefahr einer Überforderung Deutschlands nicht von der Hand zu weisen. Sollte Deutschland mehr Führungsaufgaben in NATO und EU übernehmen, stellt sich wie von selbst die Frage, wie unser Land dies angesichts seiner begrenzten Ressourcen, seiner kaum vorhandenen Führungserfahrungen und seiner historischen Verwundbarkeit leisten kann. Denn offensichtlich ist doch: Ansprüche und Erwartungen vor allem finanzieller Art kommen von vielen Seiten auf

---

[168] Frank Biess, Republik der Angst. Eine andere Geschichte der Bundesrepublik, Hamburg 2019.

[169] Zur Politik der Polarisierung in europäischen Staaten und einer diesem Zwecke dienenden „Marktforschung" siehe Anne Applebaum, Die Verlockung des Autoritären, S. 126. Zur Radikalisierung durch das Internet siehe Julia Ebner, Radikalisierungsmaschinen. Wie Extremisten die neuen Technologien nutzen und uns manipulieren, Berlin 2019. Menschen mit autoritären Neigungen erreicht man durch das weltweite Netz leichter als durch Demonstrationen in der Öffentlichkeit.

Deutschland zu. Bei der berechtigten Forderung nach einer signifikanten Erhöhung der Verteidigungsausgaben der kontinentaleuropäischen NATO-Verbündeten steht Deutschland im Mittelpunkt. Wenn es um Bürgschaften für Euro-Rettungspakete oder um die Vergemeinschaftung von Schulden geht, fällt der hilfesuchende Blick ebenfalls auf unser Land. Ohne Deutschland läuft in Europa nichts, wie zuletzt die Bekämpfung der wirtschaftlichen Auswirkungen der Corona-Pandemie zeigte. Die daraus resultierenden Erwartungen erschrecken – nicht nur wegen der finanziellen Belastungen für Deutschland als einem „good Europayer"[170]. Es geht auch um den moralischen Preis des Einsatzes bewaffneter Gewalt, der für die „moralische Supermacht" Deutschland (Josef Joffe) im Zweifel zu hoch ist, sowie um die Bereitschaft einer postheroischen Gesellschaft, Tote und Verwundete unter den eigenen Soldaten sowie in den Bevölkerungen von Einsatzgebieten hinzunehmen[171]. Dennoch bleibt festzuhalten: Die Welt ist gefährlicher geworden. Autoritäre Staaten wie Russland und China sind bereit, militärische Gewaltmittel für revisionistische politische Zwecke einzusetzen. Dagegen schrecken viele heutige Demokratien davor zurück, das militärische Instrument zu nutzen. Unter den von ihnen vorgegebenen Einsatzbedingungen tun sich ihre Streitkräfte schwer gegen irreguläre Kräfte, seien es Aufständische oder *„little green men"*.

Erschwerend kommen Entwicklungen in der Parteienlandschaft sowie in der politikwissenschaftlichen Debatte hinzu. So wird die Westbindung deutscher Außen- und Sicherheitspolitik zunehmend infrage gestellt. Das sicherheitspolitische Programm der Alternative für Deutschland (AfD) enthält Vorstellungen über eine deutsche Führungsrolle, die von den Fesseln der Multilateralität befreit ist.[172] Die Partei Die Linke

---

[170] Josef Joffe, Der gute Deutsche, S. 230; Herfried Münkler, Macht in der Mitte, S. 178.

[171] Zur postheroischen Gesellschaft siehe insbesondere Herfried Münkler, Kriegssplitter. Die Evolution der Gewalt im 20. und 21. Jahrhundert, Berlin 2015, S. 169-187. Zur Moralisierung der deutschen Außenpolitik als Folge der „Last der Vergangenheit" siehe Wilfried von Bredow, Armee ohne Auftrag. S. 15.

[172] Siehe dazu Klaus Naumann, Eine „Armee der Deutschen" als Staat im Staate? Die AfD will Bundeswehr, parlamentarische Ordnung und Europa umkrempeln. In: Jahrbuch Innere Führung 2019, herausgegeben von Uwe Hartmann und Claus von Rosen, Berlin 2019, S. 35-47; Donald Abenheim, Bundeswehr and Alternative für

fordert den Austritt aus dem „Kriegsbündnis" NATO – eine Position, mit der auch Mitglieder der SPD liebäugeln[173]. Es mehren sich zudem Stimmen aus den Politikwissenschaften, welche die bisherige Praxis der strikten Bündnisorientierung in Frage stellen. So fordert Carlo Masala ein striktes Ausrichten der deutschen Außen- und Sicherheitspolitik an „eigenen nationalen Interessen"[174]. Die Beteiligung deutscher Streitkräfte an Interventionen mit dem primären Ziel, Bündnissolidarität zu zeigen, ergibt für ihn keinen Sinn mehr. Er fordert stattdessen, dass Deutschland sich mit der Bundeswehr nur an Einsätzen beteiligt, wenn nationale Interessen dies unabdingbar machten. Einsätze wie im Kongo 2006 oder in Afghanistan von 2001 bis 2021 lehnt er damit ab. Wenn Deutschland mitmacht oder sogar eine Führungsrolle übernimmt, sollten eindeutig definierte nationale Interessen gegeben sein. Damit ändere sich auch die Rolle Deutschlands in NATO und EU. In diesen Organisationen müsse es unserem Land darum gehen, nationale Interessen durchzusetzen oder zumindest zu verhindern, dass Beschlüsse gegen deutsche Interessen zustande kommen. Die bisherige schwammige Rhetorik der „Übernahme internationaler Verantwortung" müsse durch klar formulierte nationale Interessen ersetzt werden. Damit wäre nicht das Ende der Westbindung eingeleitet, wohl aber eine Abkehr von der bequemen Begründung für die deutsche Beteiligung an internationalen Auslandseinsätzen, ein verlässlicher Bündnispartner zu sein. Die kritische Debatte, was Westbindung außen- und sicherheitspolitisch für Deutschland bedeutet, ist damit zumindest unter Experten eingeleitet.

Angesichts der langen Schatten der Vergangenheit und der innenpolitischen Gemengelage ist es fraglich, ob die Mahnung von Politikwissenschaftlern Gehör findet, Deutschland müsse sich schnell in seine

---

Deutschland (AfD): Die „Soldatenpartei?" In: Jahrbuch Innere Führung 2019, herausgegeben von Uwe Hartmann und Claus von Rosen, Berlin 2019, S. 48-79.

[173] Siehe dazu auch die Kritik an der NATO von Gregor Schöllgen und Gerhard Schröder in ihrem Buch „Letzte Chance. Warum wir jetzt eine neue Weltordnung brauchen", München 2021, vor allem die Seiten 222-225.

[174] Carlo Masala, Weltunordnung, S. 154. In der aus Multilateralität resultierenden „Verflechtungsfalle" sieht Constantin Wißmann eine wesentliche Ursache für die schlechte Rüstungslage und Einsatzbereitschaft der Bundeswehr. Siehe Constantin Wißmann, Bedingt einsatzbereit, S. 113-148.

Führungsrolle einüben, weil es über keine Erfahrungen verfüge, diese aber nolens volens auf Deutschland zukomme. Auch Herfried Münklers kluges Argument, dass Deutschland gerade wegen seiner Geschichte und der daraus resultierenden Verwundbarkeit besonders für Führung in Europa geeignet sei[175], dürfte kaum Anklang finden. Wahrscheinlich wird Deutschland abwarten, bis es aufgrund der geopolitischen Machtverschiebungen keine Alternative mehr zu einer außen- und sicherheitspolitischen Führungsrolle in Europa gibt – auch wenn ein Abwarten weder deutschen Interessen noch einem europäischen oder transatlantischen Gesamtinteresse nützt.[176] Darauf deuten mehrere Indizien hin:

(1) In westlichen Demokratien besteht ein allgemeiner Trend, dass die Politik sich aufgrund der Komplexität von außen- und sicherheitspolitischen Herausforderungen mehr auf reaktive Anpassungen beschränkt. Meinungsumfragen spielen dabei eine entscheidende Rolle. Die Verhältnisse bestimmen die Politik, nicht umgekehrt. Die Folge ist: „Politik treibt auf dem Meer kontingenter Probleme, ohne Richtung, ohne Kompass, ohne grundlegende Orientierung, allein damit beschäftigt, sich nicht selbst aufzugeben."[177] Dieser Trend ist auch in Deutschland stark ausgeprägt.[178]

---

[175] Herfried Münkler, Macht in der Mitte, S. 174-185. Münkler argumentiert, dass die historische Verwundbarkeit Deutschlands womöglich kein Handicap sei. „Es ist die verwundbare und in ihrer eigenen Selbstwahrnehmung auch tatsächlich verwundete Macht, die in Europa mit den Aufgaben einer *Macht in der Mitte* betraut werden konnte, ohne dass sich sogleich, wie man das sonst aus der europäischen Geschichte kennt, antihegemoniale Koalitionen gegen sie gebildet hätten." (S. 177)

[176] Herfried Münkler, Macht in der Mitte, S. 162. Als empirischer Beleg mag dafür die Resonanz auf den Vorschlag der deutschen Verteidigungsministerin Annegret Kramp-Karrenbauer zur Einrichtung einer militärischen Sicherheitszone in Nordsyrien dienen. Die von Herfried Münkler geforderte Reflexionsphase fand nicht statt, sondern wurde durch einen parteipolitischen Schlagabtausch ersetzt. Siehe dazu das Interview der Verteidigungsministerin auf der Deutschen Welle am 22.10.2019. https://www.youtube.com/watch?v=VK8t0Ti9WfQ.

[177] Friedbert W. Rüb, Das Jahrhundert der Politik? Eine Geschichte des 20. Jahrhunderts im Spiegel seiner Politikbegriffe. In: Herfried Münkler, Jürgen Kaube, Wolfgang Schäuble u.a., Staatserzählungen. Die Deutschen und ihre politische Ordnung, Berlin 2018, S. 109.

[178] Die Kritik an Kanzlerin Angela Merkel hebt u.a. ihr Warten auf eine Meinungsbildung in Deutschland oder bis zur Rechtfertigung eigenen Handelns wegen fehlender

(2) Deutsche Politiker fordern zwar mit schöner Regelmäßigkeit eine Intensivierung der sicherheitspolitischen Debatte. Chancen dazu hätte es mehrfach gegeben, beispielsweise im Zuge der Aussetzung der Allgemeinen Wehrpflicht und auf dem Höhepunkt der Kampfhandlungen in Afghanistan. Empirisch ist es zudem belegt, dass sich „streiten lohnt": Substanzielle Debatten können Zustimmung in der deutschen Bevölkerung zu sicherheitspolitischen Handlungsfeldern generieren.[179] De facto tun sie jedoch wenig, um den auch in Fragen von Krieg und Frieden „kompetenten Bürger" zu bilden.[180] Auch die Vorschläge, das Parlament stärker mit sicherheitspolitischen Herausforderungen zu befassen[181], sind noch weit

---

Alternativen hervor. Siehe dazu Judy Dempsey, Das Phänomen Merkel, S. 189 und Robin Alexander, Macht Verfall. Merkels Ende und das Drama der deutschen Politik: Ein Report, München 2021, S. 208.

[179] Siehe Sebastian Nieke, Streiten kann sich lohnen. Außen- und Sicherheitspolitik in der Öffentlichen Meinung, Bundesakademie für Sicherheitspolitik, Arbeitspapier Sicherheitspolitik, Nr. 30, Berlin 2018.

[180] Herfried und Marina Münkler verstehen darunter den gegen Populismus geschützten Bürger, der von Dauerempörung und Denkzetteln Abstand nimmt, die komplexen Zusammenhänge zwischen Innen- und Außenpolitik versteht und bereit ist, sich politisch zu engagieren. Siehe Herfried und Marina Münkler, Abschied vom Abstieg, S. 288-289. Zur unzureichenden Diskussionskultur in Deutschland, in der Entscheidungen als „alternativlos" begründet werden, siehe Jochen Bittner, Zur Sache, Deutschland! Was die zerstrittene Republik wieder eint, Hamburg 2019. Zur „Berechtigungsmentalität" der Bürger und ihrem Anspruch auf Glück, was deren Bereitschaft, an der freiheitlichen Ordnung mitzuarbeiten bzw. zu seinem „Rückzug ins Privatleben" führt, siehe Carlo Strenger, Abenteuer Freiheit. Ein Wegweiser für unsichere Zeiten, Berlin ⁴2017, S. 17-61; siehe auch Philipp Ther, Das andere Ende der Geschichte. Über die Große Transformation, Berlin ²2029, S. 9. Michael Lüders betont die Einseitigkeit des transatlantischen Konsenses unter den Meinungsmachern in Deutschland. Kritik an die USA sei nicht möglich, Krieg zur Wahrung der Vormachtstellung des Westens sei kein Tabu mehr. Siehe Michael Lüders, Die scheinheilige Supermacht. Warum wir aus dem Schatten der USA heraustreten müssen, S. 47.

[181] Zur erneut anstehenden Reform, die allerdings keine Radikalreform sein soll, siehe das Eckwertepapier für die Bundeswehr. Bundesministerium der Verteidigung – Die Bundesministerin – Der Generalinspekteur, Eckpunkte: Mehr Truppe, weniger Stäbe – keine Radikalreform. https://www.bmvg.de/resource/blob/5092630/7059f0f 9af27786b4eac7118e0c5ca23/eckpunkte-final-data.pdf. Siehe auch das zuvor erschienene Positionspapier: Gedanken zur Zukunft der Bundeswehr, Berlin, den 9. Februar 2021. https://augengeradeaus.net/wp-content/uploads/2021/02/ 20210209_AKK_GI_Bundeswehr_der_Zukunft.pdf.

von einer möglichen Realisierung entfernt. Allerdings stellt sich die Frage, ob ein belastbarer Konsens in sicherheitspolitischen Fragen überhaupt möglich ist. Öffentliche Debatten sind oftmals stark emotionalisiert und polarisiert, wozu insbesondere die sozialen Medien beitragen. Die Presse- und Öffentlichkeitsarbeit von Regierungen oder die Debatten im Parlament dürften im Vergleich dazu immer weniger Einfluss auf die Meinungsbildung in der Bevölkerung haben. Die Bevölkerung in Demokratien ist ein wichtiger strategischer Akteur. Sie bleibt allerdings ein „unsicherer Kantonist".[182]

(3) Ein weiterer Beleg für die fehlende Bereitschaft der Bundesregierungen, pro-aktiv zu handeln, ist deren Streitkräfteplanung. Die Bundeswehr soll erst im Jahr 2032 ihre gegenüber der NATO eingegangenen Verpflichtungen erfüllen können. Sicherheitspolitisch lässt sich dieses Zieldatum kaum begründen. Verwundert reibt man sich die Augen über den Widerspruch zwischen dem Langmut der Planungszeiträume und der Dramatik der Bedrohungsanalysen. Gerade vor diesem Hintergrund gewinnt die These des Politikwissenschaftlers Wilfried von Bredow an Überzeugungskraft, dass die Politik „... mit der Bundeswehr nichts Richtiges anzufangen..." wisse.[183] Die zahlreichen Reformen dienten nicht dazu, die Bundeswehr für ihre Aufträge zu optimieren. Sie unterstützten vielmehr die politische Absicht, nicht zu schnell in die ungeliebte Führungsrolle hineingedrängt zu werden. Bereits 2008 stellte der US-amerikanische Politikwissenschaftler Robert Kagan die kritische Frage, ob „... Europa bereit (wäre), zu einer Messerstecherei auch mit einem Messer anzutreten, also mit militärischer Stärke auf eine militärische Konfrontation zu reagieren?"[184] In Deutschland scheinen

---

Siehe auch https://www.bmvg.de/de/aktuelles/eckpunkte-die-bundeswehr-akk-und-generalinspekteur-informieren-508327. Zur Kritik an den bisherigen Reformen der Bundeswehr siehe Wilfried von Bredow, Armee ohne Auftrag, S. 151-170.

[182] An dieser Stelle soll zumindest darauf hingewiesen werden, dass die Bevölkerung sich mit ihrer Skepsis gegenüber Militäreinsätzen als ein „rationaler Akteur" gezeigt hat, dessen Meinungen weniger von oben beeinflusst als vielmehr konstruktiv in den politischen Entscheidungsprozessen genutzt werden sollten.

[183] Wilfried von Bredow, Armee ohne Auftrag, S. 192

[184] Robert Kagan, Die Demokratie und ihre Feinde, S. 28.

weder Politik noch Bevölkerung dazu bereit zu sein. Sonst würden sie die Bundeswehr nicht so sträflich vernachlässigen.

Allerdings gibt es durchaus Elemente in der strategischen Kultur, auf die Deutschland seine Führungsrolle in außen- und sicherheitspolitischen Fragen aufbauen könnte. Dazu gehört der kritische Umgang mit der vergifteten deutschen Vergangenheit. Die Väter und Mütter der Bundesrepublik Deutschland wollten einen Staat und eine Gesellschaft gründen, die grundsätzlich anders sein sollten als das Dritte Reich. Auch die später aufgebaute Bundeswehr sollte sich radikal von der Wehrmacht unterscheiden. Josef Joffe schreibt dazu: „'Nie wieder!' schwebte unausgesprochen über dem Grundgesetz des neuen Deutschlands. Nie wieder Krieg, Imperialismus, Rassismus, Obrigkeitsstaat; stattdessen Freiheit, unveräußerliche Rechte, Gewaltenteilung, Friedfertigkeit, gute Nachbarschaft."[185] Auch wenn der Weg bis zur Anerkennung des 8. Mai 1945 als Tag der Befreiung lang war, im Historikerstreit die Einzigartigkeit der NS-Verbrechen und damit die Westbindung der damaligen Bundesrepublik Deutschland argumentativ verteidigt werden mussten und die Bundeswehr sich zunächst kaum von der Wehrmacht distanzierte[186], so darf zu Recht festgestellt werden, dass Deutschland ein Musterschüler in Demokratie und Rechtsstaatlichkeit geworden war. Damit einher ging die Bereitschaft, die neu gewonnene Macht nicht zur Durchsetzung nationaler Interessen, sondern für das Allgemeininteresse eines Europas in Freiheit und Frieden

---

[185] Josef Joffe, Der gute Deutsche, S. 58. Dieser Geist findet sich auch in der Himmeroder Denkschrift, der Gründungsurkunde der Bundeswehr aus dem Jahr 1950. Zur Himmeroder Denkschrift siehe Norbert Rautenberg, Hans-Jürgen Wiggershaus, Die „Himmeroder Denkschrift" vom Oktober 1950, Karlsruhe 1977.

[186] Richard von Weizsäcker, Eine Rede und ihre Wirkung. Die Rede des Bundespräsidenten Richard von Weizsäcker vom 8. Mai 1985, Berlin 1986; zum Historikerstreit siehe die Dokumentation „Historikerstreit. Die Dokumentation der Kontroverse um die Einzigartigkeit der nationalsozialistischen Judenvernichtung, München 1986; zum Traditionsverständnis der Bundeswehr siehe Donald Abenheim, Uwe Hartmann (Hrsg.), Tradition in der Bundeswehr. Zum Erbe des deutschen Soldaten und zur Umsetzung des neuen Traditionserlasses, Berlin 2018; Donald Abenheim, Uwe Hartmann, Einführung in die Tradition der Bundeswehr. Das soldatische Erbe in dem besten Deutschland, das es je gab, Berlin 2019.

zu nutzen. Deutschland versagte es sich lange Zeit, über nationale Interessen zu sprechen, und Verbündete glaubten nicht immer, dass unser Land keine Interessen habe. Doch selbst in den letzten Krisen der EU zeigten die Bundesregierungen eine deutliche Hemmung, Macht für nationale Interessen einzusetzen. Aus dieser Erfolgsgeschichte der Bundesrepublik Deutschland und des späteren vereinigten Deutschlands ließe sich das Selbstvertrauen ableiten, dass es deutsche Politiker diesmal besser machen könnten.[187]

Das Vertrauen in deutsche Führung dürfte bei unseren Nachbarn größer sein als jemals zuvor. Sie wissen, dass Deutschland ein existentielles Interesse am Fortbestand von NATO und EU hat. Josef Joffe beschreibt die Bereitschaft Deutschlands, überproportionale Kosten zu tragen, in einem anschaulichen Vergleich: „Um Klassenbester zu sein, braucht Deutschland den Klassenverband. In dieser Gemeinschaft kann er glänzen, ohne sich vor dem Alleinsein fürchten zu müssen. Hier genießt er den Respekt, der das Ressentiment überwölbt, auch wenn es wegen seiner Vergangenheit in der Sonderschule noch nicht zum Vertrauensschüler reicht. Das neue Deutschland hat verinnerlicht, dass der Chor zugleich Schutz und Chance bietet – Schutz vor Misstrauen, die Chance, gelegentlich einen Solopart zu singen, ohne den Chor gegen sich aufzubringen. Deshalb ist dieses Deutschland auch bereit, einen Großteil der Miete für den Konzertsaal zu bezahlen."[188]

---

[187] Zu Selbstvertrauen und Verlässlichkeit siehe die Eröffnungsrede des Bundespräsidenten Joachim Gauck bei der Münchner Sicherheitskonferenz am 31. Januar 2014 mit dem Thema: „Deutschlands Rolle in der Welt: Anmerkungen zu Verantwortung, Normen und Bündnissen": „Seit mehr als sechs Jahrzehnten lebt die Bundesrepublik mit allen Nachbarn im Frieden. Seit sechs Jahrzehnten gelten Bürger- und Menschenrechte. Seit sechs Jahrzehnten existiert die Herrschaft des Rechts. Auch Wohlstand und Sicherheit prägen dieses Land. Es ist eine lebendige Zivilgesellschaft, die Fehler erkennt und helfen kann, sie zu korrigieren. Niemals in der Geschichte unserer Nation gab es eine solche Zeit, niemals. Das ist auch der Grund, warum wir Zutrauen und Vertrauen zu uns selber haben dürfen. Denn wir wissen doch: Nur wer sich selbst vertraut, gewinnt die Kraft, sich der Welt zuzuwenden. Wer sich selbst vertraut, ist verlässlich für die Partner." https://www.bundespraesident.de/SharedDocs/Reden/DE/Joachim-Gauck/Reden/2014/01/140131-Muenchner-Sicherheitskonferenz.htm; siehe auch Josef Joffe, Der gute Deutsche, S. 220.
[188] Josef Joffe, Der gute Deutsche, S. 231. In diesem Sinne dürfte der Streit um Nord Stream II als Solopart zu verstehen sein.

Die Bereitschaft der Deutschen nach 1949, Neues zu wagen und sich auf die westliche Zivilisation einzulassen, bestimmte die Art und Weise, wie sich deutsche Diplomaten und Offiziere ab 1955 in der NATO verhielten. Schnell wurden sie zu Musterschülern bei der Umsetzung der Werte, welche die NATO in ihrem Vertrag verankert hatte und die ihre Organisationskultur ausmachten. Nach dem „Alptraum der Koalitionen" im Ersten und Zweiten Weltkrieg war die Bereitschaft, die NATO nicht als ein traditionelles militärisches, sondern als ein neuartiges, *politisches* Bündnis zu sehen, bei ihnen besonders stark ausgeprägt. Denn durch die Zäsur 1945 waren tradierte Werte, an denen sich Diplomaten und Offiziere orientieren konnten, in Misskredit geraten. Das toxische Erbe des Nationalsozialismus sollte also durch die ideelle Bindung an die Wertegemeinschaft NATO abgetrennt werden.

Hilfreich für eine künftige deutsche Führungsrolle dürfte die aus der Zeit des Kalten Krieges übernommene „Kultur der Zurückhaltung" sein. Längere Reflexionsphasen und das geduldsame Moderieren von Willensbildungsprozessen sind unverzichtbare Bestandteile von Führung in Organisationen wie der NATO und der EU, in denen Mitgliedstaaten auf Souveränität und Gleichberechtigung pochen. „Deutschland muss in Europa führen, aber es muss dies in einer umsichtigen, auf möglichst breite und nachhaltige Unterstützung bedachten Art und Weise tun"[189], fordert Herfried Münkler. Die Einsicht in die historische Verwundbarkeit Deutschlands trage genauso dazu bei wie die Bereitschaft der europäischen Verbündeten, diese historische Hypothek für ihre politischen Zwecke auszunutzen. Damit würde sich die Zentralmacht Deutschland deutlich vom Führungsstil der USA unterscheiden. Während diese ihre europäischen Verbündeten in der NATO beispielsweise bei den Militärstrategien dominierten, müsse Deutschland in der EU und unter den europäischen Mitgliedstaaten der NATO zurückhaltender führen. Dies gelingt am besten dadurch, dass Deutschland seine Macht einhegt, indem es verfügbare Machtsorten für das europäische Allgemeininteresse einsetzt. Dies setzt nicht notwendigerweise die Herausbildung einer europäischen Identität voraus. Ganz im Gegenteil. Voraussetzung für eine Führungsrolle ist der Stolz auf das nach 1945

---

[189] Herfried Münkler, Macht in der Mitte, S. 163.

Erreichte, auf das „beste Deutschland, das es je gab" (Josef Joffe). Dieser gesunde oder republikanische Patriotismus hülfe auch dabei, die moralisierende Außen- und Sicherheitspolitik, mit der Deutschland versucht, sich von historischer Schuld reinzuwaschen, zu beenden.[190]

Auch wenn Deutschlands Bereitschaft zu führen nur schwach ausgeprägt ist, so ist doch aufgrund der Machtverschiebungen unter den NATO- und EU-Mitgliedstaaten absehbar, dass Deutschland in eine Führungsrolle gedrängt wird. Die Konflikte innerhalb der NATO über den Umgang mit Russland und vor allem mit China werden die USA noch stärker als über die Fragen der Verteidigungsausgaben mit Deutschland austragen. Deutschland gerät damit mehr und mehr in die Rolle eines sperrigen Verbündeten – eine Rolle, die während des Kalten Krieges vor allem von Frankreich wahrgenommen wurde. Deutschland wäre daher gut beraten, seine Politik europäisch abzustimmen, um ein Gegengewicht zu den USA zu bilden und abgestimmte strategische Alternativen anzubieten. Auf diese Weise könnte Deutschland einen wichtigen Impuls zur Verbesserung der politischen Dimension der NATO leisten. Da die Bundesregierungen die transatlantische Allianz bzw. die Schutzgarantie durch die USA als Staatsräson bewerten, wären sie klug beraten, sich auf diese Führungsrolle innerhalb von NATO und EU bereits heute einzustellen.

## Zusammenfassung

Die NATO ist sicherheitspolitisch gespalten. Ursächlich dafür sind vor allem unterschiedlich priorisierte Bedrohungswahrnehmungen. Welche Gefahren sind größer – im Osten Europas, wo die Russische Föderation aggressiv auftritt und alte Ängste weckt oder an der europäischen Gegenküste im Mittelmeerraum, wo Staaten fragil oder bereits kollabiert sind, weder Terroristen noch Flüchtlinge auf ihrem Weg nach Europa aufhalten und nach Vorherrschaft strebenden Autokraten Räume öffnen? Wie soll das Bündnis mit dem aufsteigenden und aggressiver auftretenden China umgehen? Über diese Fragen scheint ein Konsens schwierig zu sein. Dies liegt auch daran, dass viele Staaten ihre nationalen Interessen stärker in den Vordergrund rücken. Vor allem größere

---

[190] Zu deutschen Sonderwegen siehe Heinrich August Winkler, Wie wir wurden, was wir sind. Eine kurze Geschichte der Deutschen, München 2020, S. 189-222.

Staaten sind immer weniger bereit, ihre Handlungsfreiheit durch kleinere Verbündete oder deutsche Zurückhaltung einschränken zu lassen – selbst wenn die USA sich wieder stärker zur NATO hinwenden und mit Beispiel führen. Ihr Interesse an Konsultationen und einem daraus resultierenden Kompromiss ist gering. Sie machen die NATO vielmehr zu einem weiteren Austragungsort für klassische Machtpolitik, was die fortdauernde Existenz des transatlantischen Bündnisses langfristig untergräbt. Deutschland könnte ein Gegengewicht zu diesen auch innereuropäischen Desintegrationstendenzen bilden. Nicht zuletzt dürfte seine historische Verwundbarkeit eine Führungsrolle in Europa begünstigen.

Die NATO war zuletzt immer weniger das zentrale Konsultations-, Koordinierungs- und Kooperationsforum für die Außen- und Sicherheitspolitik der westlichen Demokratien. Die Folge davon waren eine wachsende Dominanz der USA in der Strategiebildung und das Durchführen von militärischen Einsätzen ohne einheitliche, mit allen Verbündeten abgestimmte politische Zielsetzungen. Die europäischen Verbündeten wollten Führung durch die USA, und die USA haben diese Möglichkeit ausgenutzt, Einfluss auf ihre Verbündeten zu nehmen und dabei ihre Interessen durchzusetzen. Allerdings ging dies nicht so weit wie beispielsweise im Warschauer Pakt, in dem die Sowjetunion dessen Institutionen dominierten. Die NATO schaffte es, trotz imperialer Tendenzen im Handeln der USA zwischen Dominanz und Partnerschaft zu vermitteln und eine die bestehenden Interessengegensätze ausgleichende Funktion zu übernehmen – auch wenn dies oftmals nur vordergründig gelang. Zudem konnten die Europäer den Eindruck gewinnen, dass sie die USA als ihre Führungsmacht zumindest teilweise einhegen konnten. Im Gegensatz dazu geriet der Warschauer Pakt, so der Historiker Dieter Krüger, „… zusehends zum Symbol enttäuschter Hoffnungen, unglaubwürdiger Versprechungen und der Unterdrückung durch eine fremde Macht".[191]

Auch nach dem Kalten Krieg wurde die Allianz in der Öffentlichkeit der Bündnisstaaten – bei aller Kritik im Einzelnen und namentlich an der Rolle der Vereinigten Staaten – mehrheitlich als Symbol für Frei-

---

[191] Dieter Krüger, Am Abgrund?, S. 209

heit, Rechtsstaatlichkeit und Stabilität der Beziehungen der Mitgliedstaaten untereinander wahrgenommen. Es mehren sich allerdings gerade auch in Deutschland Stimmen, die ein Heraustreten „aus dem Schatten der scheinheiligen Supermacht USA" fordern.[192] Und eine negative Folgewirkung der strategischen Dominanz der USA zeigte sich zuletzt immer deutlicher: Viele europäische Verbündete, allen voran Deutschland, haben das strategische Denken verlernt. In Strategiedebatten haben sie sich nur insoweit eingebracht, als sie eigene Interessen weitestmöglich berücksichtigt wissen wollten. Mit Alternative zu den US-Strategien sind sie nicht in Erscheinung getreten.[193]

Die USA werden auch in Zukunft die transatlantische Allianz anführen. Die NATO bleibt damit ein „amerikanisches Bündnis" (Josef Joffe). Es ist allerdings nicht klar, wie die USA ihre Führungsrolle ausüben werden. Werden sie das transatlantische Bündnis als vorrangiges Forum für die Zusammenarbeit in allen Fragen, welche die Sicherheit Nordamerikas und Europas betreffen, nutzen? Dies wäre ein Paradigmenwechsel, dessen Eintreten an konkreten Kriterien festgemacht werden könnte: an der Auswahl des Personals und ihrer Bereitschaft, Informationen zu teilen, Positionen von Verbündeten zu ermitteln und zu vermitteln, was impliziert, ggf. von eigenen Positionen Abstand zu nehmen. Um die politische Dimension der NATO zu stärken, wäre ein anderer Führungsstil der USA notwendig, auch wenn sie vor allem im militärischen Bereich stark überlegen sind und dies zur Durchsetzung ihrer nationalen Interessen ausnutzen können.[194]

---

[192] Michael Lüders, Die scheinheilige Supermacht. Dieses Buch ist das „Schwarzbuch" der US-Außen- und Sicherheitspolitik. Siehe auch Dieter Krüger, Am Abgrund?, S. 209; Winfried Heinemann, Vom Zusammenwachsen des Bündnisses, S. 270.

[193] Die deutsche Haltung zum Libyen-Krieg 2011 ist hierfür ein anschauliches Beispiel. Deutschland enthielt sich im Sicherheitsrat der Vereinten Nationen, ohne eine strategische Alternative anzubieten oder Konzepte für die Bewältigung der Folgen der Militäroperationen vorzubereiten, stimmte im Nordatlantikrat allerdings dem Einsatz zu und beteiligte sich daran auch mit in der NATO-Kommandostruktur eingesetztem Personal.

[194] Heather A. Conley, The strategic argument for a political NATO, S. 2. Winston Churchill wird die Aussage „Demokratie ist die Notwendigkeit, sich gelegentlich den Ansichten anderer Leute zu beugen" zugeschrieben. Dies dürfte auch für die NATO als einer Allianz demokratischer Staaten gelten.

Ob und inwieweit die USA dies wollen, wird sich vor allem an der Frage der „Koalitionen der Willigen" zeigen. Werden die USA der schwierigen Aufgabe, Konsens zu suchen, aus dem Weg gehen und Koalitionen der Willigen anstreben? Oder sogar auf nationale Alleingänge setzen? Die Signale aus Washington sind widersprüchlich. Eins scheint jedoch klar zu sein: Wenn die europäischen Partner nicht oder nur verhalten auf den US-amerikanischen Druck reagieren, werden US-Administrationen Koalitionen der Willigen bevorzugen und dahin drängen, die NATO zu einer Serviceagentur für solche Koalitionen umzubauen.[195]

Auch hinsichtlich ihrer Wirtschaftsbeziehungen zu China wird der US-amerikanische Druck auf europäische Verbündete zunehmen. Die USA versuchen, China als Gegner des Westens darzustellen und eine alle Politikbereiche umfassende Eindämmungsstrategie zu implementieren, um so wie mit der UdSSR während des Kalten Krieges die politische Einheit des Westens unter ihrer Führung zu stärken. Wollen die Europäer diesem Druck standhalten, müssen sie strategischen Alternativen erarbeiten, die einen Konsens innerhalb der NATO ermöglichen.

Zu diesen Themen mit hohem Konfliktpotenzial gesellt sich die für die Zukunft der NATO wichtige Frage, wer der europäische Juniorpartner für die USA sein wird. Deutschland ist dafür prädestiniert, scheint jedoch abwarten zu wollen, bis es die aktive Übernahme einer Führungsrolle nicht mehr verweigern kann. Wie lange dies dauern wird, hängt von vielfältigen Faktoren ab. Je stärker die USA Druck ausüben auf Deutschland, Führung in Europa zu übernehmen, weil Großbritannien sich mehr global orientiert und Frankreich in ehemaligen Kolonien engagiert bleibt und überhaupt eine stärkere europäische Autonomie auf Kosten des transatlantischen Bündnisses anstrebt, desto schneller muss Deutschland proaktiv handeln. Je stärker die strategische Systemkonkurrenz eskaliert und Russland und China den eurasischen Kontinent militärisch bedrohen bzw. wirtschaftlich dominieren, desto wichtiger

---

[195] Die Umwandlung der NATO in eine solche militärische Serviceagentur schlagen auch Gregor Schöllgen und Gerhard Schröder vor. Bewährte Strukturen wie das Euro-Atlantic Disaster Response Coordination Centre (EADRCC) oder die NATO Response Force (NRF) würden gebraucht, „… wenn sich Einzelne in wechselnden oder auch gleichen Formationen zusammentun, um den gewaltigen und keineswegs nur militärischen Herausforderungen der Gegenwart und der Zukunft entgegentreten." (Gregor Schöllgen, Gerhard Schröder, Letzte Chance, S. 224).

wird Deutschlands Führungsrolle. Dies wäre auch dann der Fall, wenn die NATO sich mehr in eine militärische Organisation zur Unterstützung von Koalitionen der Willigen entwickelte. Eine solche ihrer politischen Dimension beraubte NATO läge allerdings nicht im deutschen Interesse.

Die Zukunft der NATO wird wesentlich durch das Verhältnis zwischen den USA und Deutschland beeinflusst werden. Führte Deutschland Europa an (einschließlich der osteuropäischen Staaten, auch wenn diese aufgrund von Deutschlands unzureichenden militärischen Fähigkeiten und seiner Energiepolitik mehr die Nähe zu den USA suchen), würde unser Land für die USA ein noch sperrigerer Partner werden, als es in den letzten Jahren ohnehin schon war.[196] Andererseits könnte Deutschland als vermittelnde Führungsnation neue Möglichkeiten für Konsultationen, Koordinierungen und Kooperationen öffnen und so der NATO helfen, ihre politische Dimension zurückzugewinnen. Deutschland verfügt zudem über politisch-wirtschaftliche Optionen, Blockaden in der Zusammenarbeit von NATO und EU aufzuheben. Wegen des Bedeutungszuwachses wirtschaftlicher Mittel im Vergleich zu den militärischen sowie angesichts der Bedrohungen durch hybride Kriegsführungsstrategien konkurrierender Großmächte ist deren Zusammenarbeit wichtiger denn je.

Im nächsten Kapitel werde ich analysieren, wie die NATO als internationale Organisation mit den zunehmenden Spannungen unter ihren Mitgliedstaaten umgeht und wo die Grenzen des Ausgleichs von divergierenden Interessen, unterschiedlichen Bedrohungswahrnehmungen und verschiedenen strategischen Kulturen liegen. Danach beschreibe ich die Organisationskultur der NATO als eine leistungsfähige „Kompromissmaschine", deren Erfolge auch von den Menschen in ihrem „Maschinenraum" abhängen. Im letzten Teil werde ich aufzeigen, welchen Beitrag die Mitarbeiter leisten und wie deren Engagement und deren Eigeninitiative gestärkt werden sollten, um die NATO sicherer durch eine Welt in Unordnung zu navigieren.

---

[196] Zu dem „zerrütteten Verhältnis" zwischen Deutschland und den USA nicht nur unter Kanzler Gerhard Schröder, sondern auch unter Kanzlerin Angela Merkel siehe Judy Dempsey, Das Phänomen Merkel, S. 38-64.

Meine These lautet, dass die NATO durchaus anfällig ist für Mitglied-staaten, die Ellenbogen einsetzen und Spielregeln missachten. Ursache dafür ist ihr Aufbau als internationale Organisation ohne supranatio-nale Elemente wie beispielsweise Mehrheitsentscheidungen. Gleichzei-tig verfügt die NATO über Erfahrungen im Umgang mit „sperrigen Partnern" und über eine eigene Organisationskultur mit einem ausge-prägtem *NATO-spirit*. Insgesamt ist die NATO eine resiliente Institu-tion, die es gelernt hat, auch nach Rückschlägen handlungsfähig zu blei-ben. Dazu tragen auch die Menschen in der NATO bei. Sie gehen mit Konflikten gelassen, konstruktiv und kreativ um, weil sie sich jederzeit treffen können und persönlich bestens kennen. Dadurch gelingt es ihnen oftmals, Klippen geschickt zu umschiffen und nationale Befind-lichkeiten zu überwinden. Es sind also nicht nur die institutionellen Prozesse, sondern auch die Kompetenzen und Einstellungen der Mit-arbeiter, welche die Zukunft der NATO wesentlich mitbestimmen – in den multinational zusammengesetzten Strukturen des Internationalen Stabes (*International Staff*; IS), des Internationalen Militärstabes (*Interna-tional Military Staff*; IMS) sowie der militärischen Hauptquartiere, aber auch in den nationalen Repräsentanzen der Mitgliedstaaten und ihren Ministerien. Angesichts der Spannungen zwischen den Hauptstädten der Mitgliedstaaten kommt es künftig noch stärker darauf an, deren Rolle zu erkennen, sie wertzuschätzen und gezielt zu fördern.

# Mächte in der NATO

## Das Primat der Nationen

Man kann es nicht genug betonen: Die NATO ist keine supranationale Organisation. Sie ist eine *„alliance of nations"*.[197] Ihre Mitgliedstaaten haben keine Souveränitätsrechte abgetreten. An der Spitze der NATO steht daher auch keine Kommission mit eigenständigen Entscheidungsbefugnissen. Die Kompetenzen ihres Generalsekretärs sind im Vergleich etwa zum Kommissionspräsidenten der EU deutlich beschränkt. Es gibt auch keine Mehrheitsentscheidungen in Gremien wie dem Nordatlantikrat (*North Atlantic Council;* NAC) oder dem Militärausschuss (*Military Committee;* MC). Alle Entscheidungen treffen die Verbündeten im Konsens oder es gibt keine Entscheidungen. Da Konsense oftmals Kompromisse sind, versteht sich die NATO als Instrument zur „… Organisation eines Interessenausgleichs zwischen ihren Mitgliedstaaten".[198] Der Begriff „Kompromissmaschine" bringt diese Aufgabe, die im nächsten Kapitel beschrieben wird, plakativ auf den Punkt.

Allerdings darf nicht verhehlt werden, dass die Souveränität der Verbündeten nicht absolut ist. Der Historiker Winfried Heinemann weist darauf hin, dass die NATO die Handlungsfreiheit der Verbündeten qua Mitgliedschaft einschränkt. Zu den supranationalen Organisationsprinzipien zählt er die gemeinsame Verteidigungs- und Rüstungsplanung. Der Austausch von Daten zur *Hardpower* aller Verbündeten war von Anfang an erforderlich, um das militärisch Notwendige mit dem volkswirtschaftlich Möglichen auszubalancieren.[199] In den alten Bündnissen bis in die erste Hälfte des 20. Jahrhunderts wäre ein derartiges Ansinnen nicht mit dem Selbstverständnis der Nationalstaaten vereinbar gewesen. Als ein neues, *politisches* Bündnis sahen sich die NATO-Mitgliedstaaten zudem mit der Erwartung konfrontiert, nicht mehr autonom über ihre Außen- und Sicherheitspolitiken zu entscheiden, sondern sich zuvor untereinander abzustimmen. Die zunächst zwölf Mitgliedstaaten

---

[197] Klaus Wittmann, The Road to NATO's New Strategic Concept, S. 229.
[198] Johannes Varwick, Die NATO, S. 45.
[199] Winfried Heinemann, Vom Zusammenwachsen des Bündnisses, S. 239. Siehe auch S. 268.

entwickelten dafür formelle und informelle Abstimmungsverfahren, welche die Organisationskultur der NATO bis heute kennzeichnen.[200] Der Aufbau der NATO als eine internationale Organisation formal souveräner und prinzipiell gleichberechtigter Staaten schließt nicht aus, dass es darin eine Führungsmacht gibt. Seit Gründung der transatlantischen Allianz übten die USA diese Rolle aus. Alle Verbündeten erkennen deren Status als Ordnungsmacht in Europa an. Sie wollen Führung durch die USA, auch wenn deren Großmachtpolitik bisweilen ihren nationalen Interessen zuwiderläuft. Gleichzeitig liegt die Wahrnehmung dieser Führungsrolle im nationalen Interesse der USA.

Während des Kalten Krieges führten die USA in einer Art und Weise, die sich deutlich vom Führungsstil der Sowjetunion im Warschauer Pakt unterschied. Zumindest wurde dies von der NATO so proklamiert und von der Weltöffentlichkeit so wahrgenommen. Beleg dafür war nicht zuletzt der Wunsch der Staaten Osteuropas, nach dem Zusammenbruch des Warschauer Paktes möglichst schnell Mitglied in der transatlantischen Allianz zu werden.[201] Ihre Akzeptanz der US-amerikanischen Führungsrolle ist bis heute besonders stark ausgeprägt.

Woran lag es, dass die Führungsrolle der USA so anders wahrgenommen wurde als die der Sowjetunion im Warschauer Pakt?[202] Ein wesentlicher Grund dürfte darin gelegen haben, dass die NATO kein „altmodisches Militärbündnis"[203] war. Die Mitgliedstaaten einschließlich ihrer Führungsmacht sollten keine eigenständige Außen- und Sicherheitspolitik betreiben, die Verbündete vor vollendete Tatsachen stellte oder sogar in einen Krieg hineinzog. Stattdessen sollte die NATO als Plattform für die Abstimmung der nationalen Außen- und Sicherheitspolitik

---

[200] Siehe Seth Johnson, How NATO Adapts. Zur Bedeutung informeller Treffen wie beispielsweise *„private luncheons"* für die Entwicklung neuer Ideen und die Konsensbildung siehe insbesondere S. 74.

[201] Dieter Krüger, Am Abgrund?, S. 201.

[202] Ein Vergleich der Vertragstexte von NATO und Warschauer Pakt zeigt überraschend viele Gemeinsamkeiten. Siehe Dieter Krüger, Am Abgrund?, S. 40-52, 201.

[203] Winfried Heinemann, Vom Zusammenwachsen des Bündnisses, S. 1. Siehe dazu auch die detaillierten historischen Vergleiche zwischen der NATO und Militärbündnissen vor 1945 bei Wallace J. Thies, Why NATO endures.

ihrer Mitgliedstaaten dienen. Daher war sie von Anfang an als ein *politisches* Bündnis konzipiert.[204] Wenn heute davon die Rede ist, dass die politische Dimension der NATO gestärkt werden soll, bedeutet dies ein Zurück zu ihren historischen Wurzeln. Die emphatische Aussage von Präsident Biden, *„Alliances are back, diplomacy is back"* bedeutet keine Rückkehr zu den klassischen Bündnissen aus den Kabinettskriegen oder der Geheimdiplomatie, wie sie idealtypisch von Bismarck im 19. Jahrhundert praktiziert wurde. Ganz im Gegenteil: Sie fordert die Wiederbelebung der spezifischen NATO-Mechanismen, die nach dem Zweiten Weltkrieg im „Zusammenwachsen des Bündnisses" (Winfried Heinemann) gemeinsam entwickelt wurden.

Ein weiterer Grund für die spezifische Organisationskultur in der NATO dürfte darin liegen, dass sie ein Bündnis von Demokratien ist. Demokratische Staaten gehen anders miteinander um als autoritäre Staaten – nicht zuletzt, um sich von diesen abzugrenzen und damit vor ihren Bürgern zu legitimieren.[205] Für die Aufnahme damals nicht-demokratischer Staaten (Portugal 1949, Griechenland und Türkei 1952) entschied sich die NATO mehr aus geostrategischen Überlegungen, wobei der Gedanke, dass deren Mitgliedschaft eine wesentliche Voraussetzung für ihre anzustrebende Demokratisierung ist, eine Rolle spielte.

Auch die Absicht der USA, ihre militärischen Verpflichtungen für den Schutz der europäischen Verbündeten möglichst gering zu halten, dürfte die Organisationskultur in der NATO beeinflusst haben. Zwar gerieten dadurch Lastenteilungsdebatten zu einem Wesensmerkmal der transatlantischen Allianz. Allerdings wurde auf diese Weise das Primat

---

[204] Zur Rolle Kanadas im Ringen um den Artikel 2 mit seinem Bekenntnis zur Demokratie und wirtschaftlicher Zusammenarbeit siehe Winfried Heinemann, Vom Zusammenwachsen des Bündnisses, S. 1; Norbert Wiggershaus, Zur Konzeption einer NATO-Geschichte. In: Nationale Außen- und Bündnispolitik der NATO-Mitgliedstaaten, herausgegeben von Norbert Wiggershaus und Winfried Heinemann, München 2000, S. XI.

[205] Siehe in diesem Zusammenhang die Theorie des „demokratischen Friedens", die auf Überlegungen von Immanuel Kant zurückgeht. Zur Diskussion darüber siehe Andreas Hasenclever, Liberalismus. In: Carlo Masala, Frank Sauer, Andreas Wilhelm (Hrsg.), Handbuch der Internationalen Politik, Wiesbaden 2010, S. 76-101; Carlo Masala, Weltunordnung, S. 21-22.

der Selbstverantwortlichkeit der Verbündeten anerkannt. Dies ging einher mit dem Respekt vor ihrer Autonomie – auch durch die Führungsmacht selbst.[206]

Die Autonomie der Mitgliedstaaten ist im NATO-Vertrag von 1949 geregelt.[207] Artikel 3 verpflichtet die Nationen, ihre Fähigkeiten zur eigenen sowie zur kollektiven Verteidigung zu erhalten und weiter auszubauen. Die Nationen sind also für ihre Verteidigung zunächst einmal selbstverantwortlich. Diese Verantwortung sollten sie allerdings möglichst gemeinschaftlich wahrnehmen. Artikel 3 fordert auch die wirtschaftliche und vor allem rüstungswirtschaftliche Zusammenarbeit der Nationen.[208] Hinsichtlich der kollektiven Verteidigung (Artikel 5) entscheiden die Nationen selbstbestimmt, ob und ggf. mit welchem Beitrag sie sich daran beteiligen. Zwar stellt der Vertrag unmissverständlich fest, dass ein bewaffneter Angriff auf einen oder mehrere Verbündete als Angriff auf die gesamte Allianz gewertet wird (*„an attack on one is an attack on all“*). Dies bedingt jedoch keine automatische Beistandspflicht.[209] Das Beistandsversprechen ist recht vage; ein Anspruch kann

---

[206] Siehe dazu Wallace J. Thies, Why NATO Endures, S. 288: „… statesmen such as Napoleon, Metternich, and Bismarck, and later, Hitler, Stalin, and Mussolini, viewed their allies as darkly as their enemies and thus treated them as tools to be used and then discarded or as dupes to be swindled and then abandoned. The states that formed the Atlantic Alliance, in contrast, viewed each other not as dupes and fools but rather as valued partners in a collective effort intended to last essentially forever." Eine Grenze der Anerkennung der Souveränität von Verbünden sahen die USA vor allem in der nuklearen Abschreckung. Siehe dazu Dieter Krüger, Am Abgrund?, S. 33.

[207] Der NATO-Vertrag von 1949 ist im Anhang dieses Buches abgedruckt. Analysen des Vertragstextes liefern Johannes Varwick, Die NATO, S. 23-30; Bastian Giegerich, Die NATO, S. 9-14.

[208] Artikel 3 des NATO-Vertrages ist die rechtliche Grundlage für den US-amerikanischen Marshall-Plan, der ab 1948 den wirtschaftlichen Wiederaufbau der demokratischen Staaten Europas unterstützen sollte. Philipp Ther zeigt auf, dass die neuen NATO-Mitglieder nach dem Ende des Kalten Krieges einer wirtschaftlichen Transformation unterzogen wurden, die sozialstaatlich nicht ausreichend abgefedert wurde und so rechtspopulistischen und illiberalen Strömungen, die den Werten der NATO widersprechen, Vorschub leistete. Ähnliches passierte den USA im Zuge der Globalisierung. Siehe Philipp Ther, Das andere Ende der Geschichte, S. 36-72.

[209] Mit der NRF bzw. zuvor der *Allied Mobile Force* gäbe es bei einem Angriff auf diese Truppenkörper eine „fast automatische“ Beistandspflicht. Siehe dazu Bernd Lemke, Die Allied Mobile Force 1961 bis 2002, S. 61.

daraus rechtlich nicht abgeleitet werden. Welche Maßnahmen die einzelnen Verbündeten für erforderlich halten, um die Sicherheit des nordatlantischen Gebietes wiederherzustellen oder zu erhalten, kann daher sehr unterschiedlich ausfallen. Etwas anders sieht es im Fall der Konsultationen nach Artikel 4 aus. Konsultationen unter NATO-Verbündeten sind verpflichtend, „… wenn nach Auffassung einer von ihnen die Unversehrtheit des Gebiets, die politische Unabhängigkeit oder die Sicherheit einer der Parteien bedroht ist."[210] Bewusst wurde hierbei auf eine räumliche Begrenzung wie im Artikel 5 verzichtet. Die Teilnahme daran impliziert allerdings nicht, dass Verbündete die anlassgebenden Bedrohungsperzeptionen teilen.

Historiker und Politikwissenschaftler weisen darauf hin, das nur vage Beistandsversprechen des NATO-Vertrages sei auf Druck der US-amerikanischen Regierung zustande gekommen. Hintergrund wären Befürchtungen der damaligen Truman-Administration gewesen, erneut in einen europäischen Krieg hineingezogen zu werden. Dabei beachten sie allerdings zu wenig, dass die Formulierung des Artikel 5 zunächst einmal den Respekt vor den Rechten der nationalen Parlamente widerspiegelt. In demokratischen Staaten entscheiden üblicherweise die Parlamentarier über die Höhe des Verteidigungshaushaltes. In einigen Mitgliedstaaten beschließen sie sogar den Einsatz von Streitkräften. Diesen Respekt vor den nationalen Parlamenten fordert explizit Art. 11 des NATO-Vertrages[211], und er spiegelt sich in den Beschlüssen der Staats- und Regierungschefs beim Gipfel 2014 in Wales wider. Die dort getroffene Verpflichtung zur Erhöhung der Verteidigungshaushalte wurde nicht zuletzt deshalb so weich formuliert (*aim to*)[212], weil darüber

---

[210] Konsultationen gem. Artikel 4-Konsultationen wurden bisher von der Türkei (2003, Juni 2012, Oktober 2012, 2020) sowie den drei Baltischen Staaten und Polen (2014) einberufen.

[211] Siehe Ryan C. Hendrickson, Diplomacy and War at NATO. The Secretary General and Military Action after the Cold War, Columbia und London 2006, S. 12.

[212] In der Gipfel-Erklärung von Wales heißt es: "Taking current commitments into account, we are guided by the following considerations:

1. Allies currently meeting the NATO guideline to spend a minimum of 2% of their Gross Domestic Product (GDP) on defence will aim to continue to do so. Likewise, Allies spending more than 20% of their defence budgets on major equipment, including related Research & Development, will continue to do so.

nicht die am Gipfel teilnehmenden Staats- und Regierungschefs, sondern die nationalen Parlamente entscheiden. Dass dies so bleiben wird, daran lässt auch die Reformagenda „NATO 2030" keinen Zweifel.[213]

Der NATO-Vertrag manifestiert das Selbstverständnis der Allianz als einer Wertegemeinschaft. Dessen Präambel benennt ihre grundlegenden Werte: Demokratie, individuelle Freiheit und Herrschaft des Rechts. Artikel 2 stellt die Verbindung her zu den Zielen der Charta der Vereinten Nationen: Internationaler Friede, Sicherheit und Gerechtigkeit. Er regelt nicht nur die Zusammenarbeit der Bündnispartner auf wirtschaftlichem Gebiet, sondern verdeutlicht, dass die eigentlich scharfe und dabei offensive Waffe der NATO die demokratische und marktwirtschaftliche Lebensform ihrer Mitgliedstaaten ist. Die US-amerikanische und später auch von der NATO übernommene Strategie der Eindämmung („Containment") der Sowjetunion, wie sie bereits 1946 in dem berühmten „langen Telegramm" des US-Botschafters in Moskau, George Kennan, formuliert war, beruhte nicht nur auf Abschreckung und Verteidigung, sondern auch auf der Überzeugung, dass sich die demokratischen Werte und die freie Marktwirtschaft im globalen Systemwettbewerb mit dem Kommunismus durchsetzen werden.[214]

---

2. Allies whose current proportion of GDP spent on defence is below this level will:
   - o halt any decline in defence expenditure;
   - o aim to increase defence expenditure in real terms as GDP grows;
   - o aim to move towards the 2% guideline within a decade with a view to meeting their NATO Capability Targets and filling NATO's capability shortfalls.
3. Allies who currently spend less than 20% of their annual defence spending on major new equipment, including related Research & Development, will aim, within a decade, to increase their annual investments to 20% or more of total defence expenditures."
   (https://www.nato.int/cps/en/natohq/official_texts_112964.ht)

[213] NATO 2030, S. 11.

[214] Zu George Kennan siehe John Lewis Gaddis, George F. Kennan. An American Life, New York 2012. Ähnlich sah dies auch die Sowjetunion. Siehe dazu Dieter Krüger, Am Abgrund?, S. 13: „Hochgerüstet standen sich beide Seiten in dem Bewusstsein gegenüber, dass eine militärische Auseinandersetzung zwischen ihnen im Zeitalter der Massenvernichtungswaffen voraussichtlich zum Untergang der Menschheit führen würde. (…) Folgerichtig setzt sich der Wettstreit der Systeme auf den Feldern der Politik, Ideologie, Kultur und Wirtschaft fort; lag hier doch auch der geistige Kern

Die Zufriedenheit der Menschen, ihr wirtschaftliches Wohlergehen und der technologische Fortschritt waren damals wesentliche Faktoren in der Gesamtverteidigung der westlichen Welt. Die Kernfrage in der Anfangsphase der NATO „Wirtschaftlicher Aufstieg oder militärische Aufrüstung?" bedeutete daher kein Entweder-Oder. Höhere Verteidigungsausgaben mussten mit dem sich abzeichnenden wirtschaftlichen Aufschwung in Einklang gebracht werden: innerhalb der NATO im Rahmen der Lastenteilungsdebatten und bei jedem Verbündeten selbst.[215]

Diese Werteorientierung eines demokratisch verfassten politischen Bündnisses musste sich, um glaubhaft nach innen und außen zu wirken, auch in den Strukturen und Prozessen sowie im „Arbeitsklima" der NATO widerspiegeln. Das Bündnis selbst war damit ein wesentliches Instrument für die Glaubwürdigkeit des Westens und dessen Erfolg im Systemwettbewerb mit der Sowjetunion und ihrem Warschauer Pakt.

---

ihrer Rivalität." Siehe auch S. 54-55: „Chruščëv war von der politischen, wirtschaftlichen und moralischen Stärke der kommunistischen Staatengemeinschaft ebenso überzeugt wie Präsident Eisenhower von der Überlegenheit der Demokratie. Er wollte die Systemkonkurrenz auf die Ebenen von Politik, Diplomatie und Wirtschaft verlagern und glaubte, die Amerikaner ausgerechnet auf dem Gebiet der Konsumgüterversorgung schlagen zu können. Die De-Kolonialisierung ging nicht nur mit einer moralischen Krise der westeuropäischen Kolonialstaaten einher, sondern stellte auch eine militärische und politische Herausforderung dar. Das zeigten die Probleme Frankreichs und Großbritanniens in Afrika und Asien. Folgerichtig gab Chruščëv den Kommunismus als 'Befreiungsbewegung' aus, die er auch in der Dritten Welt auf der Siegerstraße wähnte. Damit bestand überhaupt kein Anlass, den Kommunismus militärisch durchzusetzen – trotz der offensiven Ausrichtung der sowjetischen Streitkräfte". Aus diesem Kriegsbild ergaben sich auch Folgen für die Bundeswehr und ihre „Innere Führung". Zum Zusammenhang von Kriegsbild und Innerer Führung siehe Wolf Graf von Baudissin, Grundwert Frieden in Politik – Strategie – Führung von Streitkräften, herausgegeben von Claus von Rosen, Berlin 2014, S. 240-256; Frank Nägler, Der gewollte Soldat und sein Wandel. Personelle Rüstung und Innere Führung in den Aufbaujahren der Bundeswehr 1956 bis 1964/65, München 2010, S. 104, 269-290, 489-492. Uwe Hartmann weist darauf hin, dass die Ableitung der Grundsätze der Inneren Führung aus dem Kriegsbild seit den 1980er Jahren verlorengegangen ist. Siehe Uwe Hartmann, Hybrider Krieg als Bedrohung von Freiheit und Frieden, Berlin 2015, S. 71-78. Siehe dazu neuerdings auch Nicolas Holz, Zurück in die Zukunft. Empfehlungen zur Wiederentdeckung und Weiterentwicklung der Inneren Führung, Berlin 2021.

[215] Helmut R. Hammerich, Jeder für sich und Amerika gegen alle?, S. 367.

Zur DNA der NATO gehören also das Primat souveräner demokratischer Nationen, die Anerkennung ihrer Selbstverantwortlichkeit sowie ihr Selbstverständnis als Wertegemeinschaft. Es ist daher kein Wunder, dass die politische, wirtschaftliche und militärische Zusammenarbeit auf einem Konsens *aller* Verbündeten beruhen muss. Dieses Prinzip ist eine „heilige Säule" der Allianz, und es darf getrost davon ausgegangen werden, dass dieser Kern ihres Selbstverständnisses weiterhin Bestand haben wird.[216]

Damit bleibt das Kernproblem der NATO bestehen, wie Konsultationen, Koordinierungen und Kooperationen unter Mitgliedstaaten möglich sind, die sich hinsichtlich Geografie und Demographie sowie ihres politischen Gewichts, ihrer nationalen Interessen und Bedrohungswahrnehmungen sowie ihrer strategischen Kultur stark unterscheiden. Die Voraussetzungen dafür haben sich verschlechtert. Mit dem Zusammenbruch des Warschauer Pakts ist der gemeinsame Feind abhandengekommen bzw. die alle betreffende existentielle Bedrohung weggefallen. Zudem wurde die NATO im Zuge ihrer Erweiterungsrunden heterogener. Verbündete reagieren in unterschiedlicher Weise auf die russische Außen- und Sicherheitspolitik sowie den Aufstieg Chinas. Dies liegt auch an den mehr oder weniger stark ausgeprägten gesellschaftlichen Polarisierungen und Re-Nationalisierungen innerhalb der Mitgliedstaaten. All diese desintegrativen Momente tragen dazu bei, dass nicht wenige Verbündete ihre Außen- und Sicherheitspolitik jenseits der NATO, d.h. ohne Konsultationen mit den Verbündeten, gestalten. Manche missbrauchen sogar das Konsensprinzip als eine Art „Vetorecht", um Druck auf Verbündete in anderen, ihnen wichtigen Themenfeldern auszuüben.[217] Nicht immer halten sich Mitgliedstaaten

---

[216] Siehe Johannes Varwick, Die NATO, S. 49. Erneut bekräftigt in NATO 2030, S. 11: „... Allies should redouble their commitment to: ... (...) Enable swift decision-making and policy implementation – preserving the principle of consensus but ensuring the Alliance is equipped to deal with a changing strategic environment." An anderer Stelle bezeichnet das Dokument das Konsensprinzip als „cornerstone" (S. 15).

[217] Siehe NATO 2030, S. 11. NATO-Mitgliedstaaten "... should redouble their commitment to: ... (...) Ensure their actions do not undermine the utility and cohesion of the Alliance for unrelated ends or narrow national goals...". Siehe auch die Ausführungen von Thomas de Maiziere in André Uzulis, Wiederbelebung eines Hirntoten, S. 15.

an gemeinsam gefasste Beschlüsse wie beispielsweise die Erhöhung der Verteidigungshaushalte auf mindestens zwei Prozent des Bruttoinlandsproduktes. Derartige Handlungsweisen von Alliierten schädigen das Zentrum der Kraftentfaltung der Allianz und bedrohen ihre Existenz. Kein Wunder, dass Gegner wie Russland diese Schwäche ausnutzen und darauf ihre hybriden Angriffe konzentrieren. In der Geschichte der NATO sind solche Verhaltensweisen von Verbündeten allerdings nicht neu. Sie enthält zahlreiche Beispiele für Staaten oder Staatengruppen, die Konsultationen vermieden und die Konsensbildung verzögerten oder sogar verhinderten. Schauen wir uns dies einmal näher an.

## Mitgliedstaaten auf Konfrontationskurs

Manche Analysten führen die aktuellen internen Konflikte der NATO darauf zurück, dass die USA als Führungsmacht nicht mehr so präsent sind wie früher. Im Rahmen seiner *„America first"*-Politik zeigte Präsident Donald Trump tatsächlich wenig Bereitschaft, durch bessere Argumente und größere Lastenübernahmen zu führen.[218] Widerspruch und Widerstand von Bündnispartnern versuchte er, durch Druck und Diffamierung zu überwinden oder ihnen durch nationale Alleingänge aus dem Weg zu gehen. Zumal er damit der gesamten Welt die Macht Amerikas vor Augen führen konnte. Wenn US-Präsident Trump die Abhängigkeit der Sicherheit seines Landes von Europa in Frage stellte und US-amerikanischen Beistand für Alliierte an deren Verteidigungsausgaben band, hing dies mehr mit seinen Persönlichkeitseigenschaften und Verhandlungsmethoden als mit einer rationalen Einschätzung der Relevanz der NATO zusammen. Hinsichtlich der Forderung nach einer gerechteren Lastenverteilung innerhalb des Bündnisses setzte er allerdings die Politik seines demokratischen Vorgängers fort. Präsident Barack Obama und sein Verteidigungsminister Robert Gates hatten ab 2009 die europäischen Bündnispartner mehrfach aufgefordert, ihre

---

[218] Zu den historischen Grundlagen der *America first*-Politik siehe Stefan Klein, America first? Isolationism in U.S. Foreign Policy from the 19th to the 21st Century, Berlin 2017. Darin rekonstruiert er die Entwicklung isolationistischen Denkens in der US-amerikanischen Außen- und Sicherheitspolitik, das auch in der Hochphase multilateraler Zusammenarbeit nach dem Zweiten Weltkrieg niemals ganz verschwunden ist.

Verteidigungsausgaben zu erhöhen und mehr Verantwortung zu übernehmen. Schon damals ging es darum, die USA für ihren *Pivot to Asia* zu entlasten. Europa und vor allem Deutschland kamen diesen diplomatisch vorgetragenen Aufforderungen nicht entgegen. US-Präsident Donald Trump wählte daraufhin den Weg der öffentlichen Auseinandersetzung, der wenig Respekt vor der Autonomie von Verbündeten zeigte und deren Souveränität offen in Frage stellte. Das Ziel war jedoch das gleiche.

In seiner Rhetorik nahm der 45. Präsident der Vereinigten Staaten in Kauf, dass das Zentrum der Kraftentfaltung der NATO nach außen hin sichtbar beschädigt wurde. Um Verbündete wie Deutschland unter Druck zu setzen, untergrub seine Administration sogar die militärische Effektivität der NATO. Ein anschauliches Beispiel dafür ist die Übung *Defender 2020*. Diese für die Abschreckung gegenüber Russland wichtige Übung führten die US-Streitkräfte ohne Einbindung der NATO-Hauptquartiere durch. Dabei hätten diese die daraus resultierenden Erfahrungen (*Lessons Identified*) gut gebrauchen können, um ihre Verteidigungsplanungen zu optimieren. Zudem ist es kein guter Stil, Verbündete gerade einmal darüber zu informieren, dass eine Übung eigener Streitkräfte auf deren Territorium stattfinden wird. Die politischen Signale waren deutlich: Die USA dominieren die Verteidigung Europas und setzen sich dafür über diplomatische Gepflogenheiten und militärische Routinen, das Allgemeininteresse der NATO sowie berechtigte nationale Interessen von Verbündeten und deren innenpolitische Besonderheiten hinweg. Die im NATO-Vertrag geregelte Selbstverantwortlichkeit der Nationen sowie ihre Pflicht zur Zusammenarbeit verloren an Bedeutung. Die NATO wurde dadurch gespalten: nicht nur in diejenigen, welche die Zwei-Prozent-Zielmarke erfüllten oder nicht erfüllen wollten, sondern auch in diejenigen, die sich an der NATO oder vorrangig an den USA orientierten. Denn Präsident Trumps Botschaften für die mittelost- und nordosteuropäischen Partner lauteten: (1) Die US-Streitkräfte gewährleisten nicht nur die atomare, sondern auch die konventionelle Abschreckung; andere sind nur Hilfstruppen für deren schnelle Verlegung. (2) Nur auf die USA ist politisch Verlass, weil die europäischen Partner uneinig sind oder sich zu wenig für die kollektive Verteidigung engagieren. Mit seiner Rhetorik richtete US-Präsident

Donald Trump einen Schaden am politischen Kern der NATO an, der sich nicht leicht beheben lässt.

Präsident Trumps Verhalten mag den Blick dafür geschärft haben, dass die USA auch in der Vergangenheit eine Außen- und Sicherheitspolitik mit nur geringer oder höchstens sporadischer Einbindung ihrer Verbündeten betrieben haben. Der Strategiebildungsprozess für Afghanistan unter der Obama-Administration im Jahr 2009 beispielsweise fand weitgehend ohne Beteiligung der NATO statt, obwohl deren Hauptquartiere formal die Militäroperationen führten, Verbündete und Partner einen signifikanten Anteil an der ISAF-Streitmacht stellten und die US-amerikanischen Strategen auch erwarteten, dass sich die europäischen Verbündeten an dem beschlossenen zivilen und militärischen Aufwuchs (*surge*) beteiligten.[219] Einige Jahre zuvor hatte die US-Administration unter George W. Bush ihre Präferenz für Koalitionen der Willigen deutlich zum Ausdruck gebracht. Auch im Kalten Krieg setzten die USA vor allem im Bereich der nuklearen Abschreckung ihre nationalen Interessen durch, was immer wieder Sorgen über deren Verlässlichkeit bei den Verbündeten auslöste.[220] Diese wurden auch dadurch verschärft, dass die USA ihre Verbündeten weder bei den Abrüstungsgesprächen noch bei den Bemühungen um eine Entspannung mit der Sowjetunion konsultierten.

Für die Wahrnehmung ihrer dominanten Führungsrolle kamen den USA mehrere Faktoren zu Hilfe: Erstens die Probleme der Europäer, eine gemeinsame Außen- und Sicherheitspolitik zu betreiben. Bereits die US-Administration unter George W. Bush spielte die europäischen Staaten im Zuge des Irakkrieges 2003 gegeneinander aus. Gleiches gilt auch für die angestrebte europäische Rüstungskooperation. Durch enge Zusammenarbeit vor allem mit osteuropäischen Staaten sichern

---

[219] Siehe die Rekonstruktion des Strategiebildungsprozesses für Krieg in Afghanistan bei Bob Woodward, Obama's Wars.
[220] Dieter Krüger, Am Abgrund?, S. 33, 57, 75, 125-126.

sich die USA nicht nur einen großen Anteil an diesem stark gewachsenen Geschäftsfeld[221], sondern auch besondere politische Einflussmöglichkeiten auf ihre Rüstungspartner. Schließlich haben die Europäer es seit dem Ende des Zweiten Weltkrieges versäumt, eine eigene strategische Kompetenz aufzubauen, um den USA überzeugende Alternativen anzubieten. Analysten sprechen hierbei von einer *„strategic vacation"*[222]. Insgesamt dürfte es den Europäern weiterhin schwerfallen, den Führungsanspruch der USA auszubalancieren. Die USA bleiben daher die unverzichtbare (*„indispensable"*) Führungsmacht, selbst wenn nicht wenige Verbündete mit ihren Strategien und deren konkreter Umsetzung alles andere als glücklich sind.

---

[221] Die globalen Rüstungsausgaben erreichten trotz der Corona-Pandemie 2021 einen Höchststand. Auch die NATO-Verbündeten investierten deutlich mehr in ihre Streitkräfte. Siehe dazu das Stockholm International Peace Research Institut (SIPRI), World military spending rises to almost $ 2 trillion in 2020. https://www.sipri.org/media/press-release/2021/world-military-spending-rises-almost-2-trillion-2020.

[222] Julian Lindley-French, The North Atlantic Treaty Organization, S. 74-92. Zur Debatte über die Verbesserung der Strategiefähigkeit und Anpassung der strategischen Kultur in Deutschland siehe Armin Staigis, Strategiefähigkeit ausbauen und fördern – Den vernetzten Ansatz weiterentwickeln. In: Bundesakademie für Sicherheitspolitik, Arbeitspapier Sicherheitspolitik Nr. 3/2017. https://www.baks.bund.de/sites/baks010 /files/arbeitspapier_sicherheitspolitik_2017_03.pdf. Zuletzt fokussierte die Debatte auf die Einrichtung des Amtes eines Nationalen Sicherheitsberaters bzw. Sicherheitsrates oder eines „Unabhängigen Sachverständigenrates für strategische Vorausschau" (James D. Bindenagel, Philip A. Ackermann, Deutschland strategiefähiger machen. Ein Sachverständigenrat für strategische Vorausschau ist nötig. In: SIRIUS – Zeitschrift für Strategische Analysen, Vol. 2, No. 3, 2018, S. 253-260). Siehe dazu die pro-Argumente von Wolfgang Ischinger, Welt in Gefahr, S. 269-271. Zur strategischen Kultur siehe zuletzt Bastian Giegerich, Maximilian Terhalle, The Responsibility to Protect. Rethinking Germany's Strategic Culture, The International Institute for Strategic Studies, London 2021. Strategiefähigkeit muss dabei mit Agilität bzw. Flexibilität einhergehen. Carlo Masala ist zuzustimmen, wenn er darauf hinweist: „In Zeiten, in denen selbst die einfachsten Parameter für Außen- und Sicherheitspolitik nicht beständigem, sondern erratischem Wandel unterliegen, ergeben große Strategien nicht nur keinen Sinn, sondern sind in letzter Konsequenz auch unproduktiv, weil sie den Akteuren, die sie entwickeln, und auch den Gesellschaften, an die sie sich richten, suggerieren, dass man – wenn man es denn nur klug anstellte – in der Lage wäre, Stabilität und Ordnung mit einem einzigen großen Wurf zu verwirklichen." (Carlo Masala, Weltunordnung, S. 152)

Allerdings haben sich auch europäische Großmächte häufiger als sperrige Verbündete verhalten. Dies trifft besonders auf Großbritannien und Frankreich zu. Deren nach dem Zweiten Weltkrieg zunächst weiterbestehende Kolonialpolitik führte früh zu NATO-internen Auseinandersetzungen, gerade auch mit den USA, die ihr vermeintlich antiimperialistisches Erbe hochhielten, aber gleichzeitig bereit waren, ihren Einfluss in die ehemaligen Kolonialgebiete von Verbündeten auszudehnen. Ein anschauliches Beispiel für die daraus resultierenden Konflikte innerhalb der NATO ist der Krieg Frankreichs und Großbritanniens gegen Ägypten im Jahr 1956. Der ägyptische Staatspräsident Nasser wagte es, den Suez-Kanal zu verstaatlichen. Großbritannien sah darin Gefahren für seine Handelswege, Frankreich befürchtete einen zunehmenden Einfluss Ägyptens auf die innenpolitische Lage in Algerien, das damals noch zu Frankreich gehörte und damit Teil des NATO-Territoriums war. Als die beiden NATO-Verbündeten ihr Militär einsetzten, zunächst ohne die NATO zu konsultieren, wirkten die USA auf ein schnelles Ende der Angriffe ein.[223] Die USA demonstrierten damit nicht nur ihre Vormacht, sondern demontierten auch den Großmachtstatus der beiden anderen Siegermächte im Zweiten Weltkrieg.

Der wohl bekannteste Konflikt innerhalb der NATO war die Debatte über die neue Strategie der Flexiblen Reaktion. Weiter oben wurde bereits darauf hingewiesen, dass die Europäer dem US-amerikanischen Drängen nur nach jahrelangem Widerstand nachgaben. Der französische Präsident Charles de Gaulle zog daraus eine radikale Konsequenz. Er verfügte 1966 den Ausstieg seines Landes aus der militärischen Integration der NATO. Dies implizierte den Abzug aller NATO-Truppen aus Frankreich innerhalb einer Jahresfrist. Sogar das oberste militärische NATO-Hauptquartier (SHAPE), das in Fontainebleau in der Nähe Paris lag, musste verlegen. Es ist seit 1967 im belgischen Mons beheimatet.

Ein besonders interessanter Fall ist die Bundesrepublik Deutschland, die 1955 Mitglied in der NATO wurde. Deren Diplomaten und Offiziere vermittelten in den Konflikten zwischen Washington und Paris

---

[223] Winfried Heinemann, Vom Zusammenwachsen des Bündnisses, S. 250-254; siehe auch Dieter Krüger, Am Abgrund?, S. 65-66.

und setzten sich, nach Ende des Kalten Krieges, als Fürsprecher für die Interessen neu aufgenommener Mitgliedstaaten ein. Deutschland erwarb sich auf diese Weise großen Respekt und galt weithin als ein mustergültiger Verbündeter, der seine Außen- und Sicherheitspolitik mit allen Verbündeten koordiniert. Nach der militärischen und moralischen Katastrophe des Zweiten Weltkrieges waren die Bundesregierungen mehr als die Siegermächte bereit, die NATO als ein *politisches* Bündnis und eine *demokratische* Wertegemeinschaft zu nutzen. Zudem sahen die Bundesregierungen in der Westbindung einen erfolgversprechenden Weg, die heimische Demokratie zu festigen. Allerdings zeigte die deutsche Politik im Zuge der Wiedervereinigung 1989/90, dass auch ihre beispielhafte Konsultationsbereitschaft nicht unbegrenzt war: Der damalige Bundeskanzler Helmut Kohl veröffentlichte seinen 10-Punkte-Plan für die deutsche Einheit, ohne die NATO-Verbündeten vorher zu konsultieren.[224]

Es sind also nicht nur die USA, die Konsultationen vermeiden und die Konsensfindung behindern, wenn vitale nationale Interessen auf dem Spiel stehen. Auch andere Staaten nehmen sich dieses Recht heraus. Manchmal liegt es im Interesse von Mitgliedstaaten, den Nordatlantikrat pro forma zu informieren, ohne diesen um eine Beschlussfassung zu bitten. In der Suez-Krise beispielsweise kam es „London und Paris … darauf an, öffentlich den Eindruck zu erwecken, die Bündnispartner stünden hinter ihnen, ohne sich in ihrer Politik durch die Partner binden zu lassen."[225] Derartige politische Manöver führen zu Vertrauensverlusten unter den Verbündeten, insbesondere zwischen der Führungsmacht und den nächstgrößeren Vormächten.

Manchmal hört man das Argument, dass die Entscheidungs- und Handlungsfähigkeit der Allianz durch die diversen Erweiterungsrunden nach dem Ende des Kalten Krieges gelitten habe. Es wirkt auf den ersten Blick überzeugend. Wenn jedes Land eine Stimme hat und die Anzahl der Mitgliedstaaten auf nunmehr 30 gestiegen ist, dann dürfte der Konsens tatsächlich schwerer fallen. Es scheint allerdings so zu sein, dass Entscheidungen in der NATO weiterhin maßgeblich von den

---

[224] Dieter Krüger, Am Abgrund? S. 125-126, 194.

[225] Winfried Heinemann, Vom Zusammenwachsen des Bündnisses, S. 252.

größeren Mitgliedstaaten USA, Großbritannien, Frankreich, Deutschland und Italien getroffen werden.[226] Sie ziehen die anderen Mitglieder auf ihre Seite, um ihre Positionen in den Verhandlungen zu stärken. Dabei spielt es kaum eine Rolle, ob die NATO 16 oder 30 Mitglieder hat. Hier zeigt sich deutlich die realpolitische Seite der Allianz: Ob Konsultationen und Koordinierungen stattfinden und worüber gemeinsam entschieden wird, bestimmen maßgeblich die größeren NATO-Mitgliedstaaten. Den kleineren bleibt kaum mehr als der Versuch übrig, jene mit ihren guten Argumenten im Vorfeld zu beeinflussen.

Im Nachgang zu internen Konflikten fordern die NATO-Mitgliedstaaten routinemäßig eine verbesserte Nutzung der politischen Konsultationen. Kurz nach der Suez-Krise einigten sie sich auf den Grundsatz, dass „… die Mitgliedsregierungen bei allen Gelegenheiten und unter allen Umständen, bevor sie handeln oder noch bevor sie sich äußern, die Interessen und die Erfordernisse der Allianz vor Augen haben müssen".[227] Auch die NATO-Militärstrategie von 1957 (*„massive retaliation"*) betonte die Bedeutung von politischen Konsultationen. Dies hinderte die US-amerikanische Administration unter J.F. Kennedy nicht daran, in der Kuba-Krise von 1962 weitgehend ohne Beteiligung der NATO-Verbündeten zu handeln. Danach verwies die NATO erneut auf das Konsultationsgebot. Interne Krisen führen also dazu, dass die Verbündeten sich ihres Vertragstextes von 1949 vergewissern und ihr Selbstverständnis als *politisches* Bündnis betonen. Nach den Streitereien während der Präsidentschaft Donald Trumps war es daher erwartbar, dass die *forward looking reflection group* in ihrem Abschlussbericht „NATO 2030" aufzeigen würde, wie weit sich die Verbündeten von dem Konsultationsgebot entfernt hatten. Die Geschichte der NATO könnte auch als eine Geschichte des Verstoßes gegen dieses Gebot geschrieben werden. Schauen wir uns an, warum es den Verbündeten so schwerfällt, es mit Leben zu füllen.

---

[226] Beleg dafür sind die informellen Formate zur internen Abstimmung unter den USA, Großbritannien, Frankreich und Deutschland (QUAD) und Italien (QUINT).
[227] Winfried Heinemann, Vom Zusammenwachsen des Bündnisses, S. 255.

Konsultationen liegen nicht immer im Interesse der größeren Bündnis-partner, da sie deren Handlungsfreiheit einschränken. Appelle zur Intensivierung von Konsultationen stoßen sich daher hart an der realpolitischen Wirklichkeit. Gerade wenn *existentielle* oder zumindest *vitale* Interessen eines Verbündeten betroffen sind, ist die Bereitschaft zu Konsultationen und in deren Folge zu Koordinierung und Kooperation nicht gegeben. Weil die Sowjetunion über Nuklearwaffen verfügte und damit die Existenz der USA bedrohte, war deren Bereitschaft, ihre Verbündeten bei der Ausarbeitung nuklearer Abschreckungsstrategien zu beteiligen, sehr gering. Auch bei den Abrüstungsverhandlungen mit der Sowjetunion blieben Mahnungen der europäischen Verbündeten an die US-Administrationen, das Bündnis zu konsultieren, ungehört.[228]

Die Gefahr eines Atomkrieges ist heute eher gering. Dennoch kann ein nuklearer Schlagabtausch aufgrund von Fehlkalkulationen oder aus Versehen nicht ausgeschlossen werden.[229] Etwas wahrscheinlicher sind Gefechte und Schlachten auch größerer konventioneller Truppenkörper im Zuge einer begrenzten Kriegführung. Dies liegt daran, dass der Besitz von Atomwaffen die Bereitschaft, begrenzte Kriege zu wagen, erhöht. Noch wahrscheinlicher ist allerdings die hybride Kriegführung sowie deren Ausdehnung in öffentliche Räume wie den Welt- oder den Cyberraum. Dies hat Auswirkungen auf Bedrohungswahrnehmungen und damit auf das Verhalten von NATO-Verbündeten.

Je mehr Bedrohungen die NATO erkennt und offiziell anerkennt, desto größer dürften die Unterschiede der Mitgliedstaaten bei deren Gewichtung sein. Uneinigkeit besteht also vor allem in deren Priorisierung.[230] Polen stuft die militärische Bedrohung durch Russland anders

---

[228] Während des Kalten Krieges konnten die US-Administrationen auf die Gefahr eines innerhalb von wenigen Minuten eskalierenden Atomkrieges verweisen. Politische Konsultationen waren damit zumindest nach einem Angriff mit nuklearen Waffen auf das NATO-Territorium unmöglich.

[229] Zur unterschiedlichen Bewertung der Gefahr eines Atomkrieges siehe Carlo Masala, Weltunordnung, S. 149, Wolfgang Ischinger, Welt in Gefahr, S. 19-20 und Wilfried von Bredow, Armee ohne Auftrag, S. 58. Während Masala ausschließt, dass der Großmachtwettbewerb zu einer nuklearen Konfrontation führt, betonen die beiden anderen Analysten die für die Zukunft weiterhin bestehenden Eskalationsgefahren.

[230] NATO 2030, S. 9 spricht von "…different weights that Allies attach to… " den verschiedenen Bedrohungen.

ein als Portugal[231]; Mitgliedstaaten mit russischsprachigen Minderheiten sprechen Moskaus Desinformationskampagnen eine größere Wirkung zu als solche, deren Minderheiten aus anderen Weltregionen stammen. Staaten, die wie Estland in hohem Maße digitalisiert sind, sehen in den russischen Netzangriffen eine größere Bedrohung als weniger digitalisierte Länder. Wer keine eigenen Weltraum-Aktivitäten unternimmt, dürfte auch den Weltraum als neue Domäne weniger stark in den Fokus rücken als Hochtechnologie-Länder wie die USA. Im Kalten Krieg war dies noch ganz anders. Damals waren alle NATO-Mitgliedstaaten durch den ideologischen Weltmachtanspruch und die Befähigung des Warschauer Paktes zu raumgreifenden Militäroperationen nahezu gleichermaßen bedroht.

Die heutigen Bedrohungen durch Russland, China, Terrorismus, disruptive Technologien, hybride Angriffe usw.[232] nehmen die Mitgliedstaaten unterschiedlich wahr. Tatsächlich sind diese Bedrohungen auch nicht für alle gleich. Denn Staaten wie Russland und China oder nichtstaatliche Akteure wie beispielsweise terroristische Gruppierungen analysieren die spezifischen Stärken und Schwächen eines NATO-Verbündeten und greifen diesen mit darauf zugeschnittenen zivilen und militärischen Mitteln an. Das Perfide daran ist: Genau damit treffen sie das Zentrum der Kraftentfaltung der Allianz. Schauen wir uns dies einmal näher an der Reaktion der NATO und ihrer Mitgliedstaaten auf die hybride Kriegführung Russlands an.

Im Anschluss an die Annexion der Krim und das Schüren eines Bürgerkriegs in der Ostukraine erarbeitete die NATO eine Strategie zur Abwehr hybrider Bedrohungen. Darunter versteht sie einen nahtlosen Mix von zivilen und militärischen Mitteln und Wegen, die ein Gegner

---

231 Portugal hat Russland nicht in seine Liste der priorisierten Bedrohungen aufgenommen. Siehe Republica Portuguesa Defesa Nacional. *Portugal Strategic Concept of National.* Lisboa, Portugal. Zu Spanien siehe Anne Applebaum, Die Verlockung des Autoritären, S. 132. Die Idee der Verteidigung des Westens gegen den Islam stößt hier aufgrund der Araberherrschaft (711-1492) auf eine größere Akzeptanz als die Verteidigung gegen Russland.
https://www.defesa.gov.pt/pt/comunicacao/documentos/Lists/PDEFINTER _DocumentoLookupList/20_Strategic-Concept-of-National-Defence.pdf. 22
232 Siehe dazu die umfassende Auflistung in NATO 2030, S. 22-49.

unterhalb der Schwelle des Bündnisfalles (Art. 5) einsetzt, um geostrategische Ziele zu erreichen.[233] Studien betonen, dass es eine Art von Grundrauschen normalen Konkurrenzverhaltens zwischen Staaten gibt und man in der Analyse und Vorhersage einer hybriden Kriegführung sehr genau beurteilen muss, wann eine Eskalation erkennbar ist, welche die eigene Sicherheit gefährdet.[234] Konkret bedeutet dies: In welchen der politischen, militärischen, ökonomischen, sozialen, informationellen und infrastrukturellen Handlungsfelder führt ein Gegner Maßnahmen durch (horizontale Eskalation), und in welcher Intensität werden verfügbare Mittel eingesetzt (vertikale Eskalation). Dies zu beurteilen, ist allerdings trotz großer Investitionen der NATO in ihre Aufklärungs- und Analysefähigkeiten nicht einfach. Da Staaten unterschiedlich von hybriden Bedrohungen betroffen sind und diese nicht einheitlich bewerten, dürfte auch ein Konsens über das ggf. notwendige Ausrufen des Artikel-5-Falles nur schwer zu erreichen sein.

Im Zuge der Analyse der hybriden Bedrohungen führte die NATO den Begriff der Resilienz ein. Sie gibt damit zu, dass sie ihre Mitgliedstaaten nicht gegen alle Gefahren schützen kann; dazu sind die sicherheitspolitischen Herausforderungen zu komplex, d.h. nicht vorhersehbar. Die Verbündeten bleiben trotz Mitgliedschaft im stärksten Militärbündnis aller Zeiten und umfassender gesamtstaatlicher Verteidigungsbemühungen verwundbar. Es kommt daher darauf an, eine Widerstandsfähigkeit zu entwickeln, die es Staaten und Gesellschaften erlaubt, trotz erfolgter Angriffe handlungsfähig zu bleiben. Die NATO dachte dabei

---

[233] Zur Diskussion über die Definition von hybrider Kriegführung siehe Julian Lindley-French, NATO and New Ways of Warfare: Defeating Hybrid Threats, NDC Conference Report, No. 3, Rome May 2015; Christopher S. Chivvis, Understanding Russian "Hybrid Warfare" and What can be done about it, Testimony presented before the House Armed Services Committee on March 22, RAND Corporation, 2017. https://www.rand.org/content/dam/rand/pubs/testimonies/CT400/CT468/RAND_CT468.pdf.
Siehe auch Charles K. Bartles, Getting Gerasimov Right, Military Review, January/February 2016, pp. 30-38. http://usacac.army.mil/CAC2/MilitaryReview/Archives/English/MilitaryReview_20160228_art009.pdf.
[234] Siehe dazu den ausführlichen Bericht der Multinational Capability Development Campaign (MCDC) 2015-2016, Countering Hybrid Warfare (CHW). Baseline Assessment, 31 October 2016. https://www.nupi.no/en/About-NUPI/Projects-centers/Countering-Hybrid-Warfare-Multinational-Capability-Development-Campaign.

zunächst an die Handlungsfähigkeit von Regierungen und die Redundanz kritischer Infrastrukturen, um die Verlegefähigkeit ihrer konventionellen Streitkräfte wie beispielsweise die VJTF sicherzustellen.[235] Später räumte sie auch der „gesellschaftlichen Resilienz" (*„societal resilience"*) einen hohen Stellenwert ein.[236] Immer deutlicher wurde, dass es nicht nur darauf ankommt, Partnerstaaten oder zerfallende Staaten in benachbarten Regionen resilienter zu machen (*„forward resilience"*), sondern auch die Mitgliedstaaten selbst. Es ist daher wenig verwunderlich, dass Nationen in ihren Verteidigungsplanungen sehr stark nationale Interessen in den Vordergrund rücken. Die Investitionen einer recht großen Anzahl von NATO-Mitgliedstaaten in ihre kritischen Infrastruktu-

---

[235] Zur Begriffsdebatte und den Konzepten siehe Michael Hanisch, What is Resilience? Ambiguities of a Key Term, Bundesakademie füer Sicherheitspolitik, Security Policy Working Paper, no. 19 (2016)
https://www.baks.bund.de/sites/baks010/files/working_paper_2016_19.pdf.
In seiner Funktion als Deputy Assistant Secretary General for Emerging Security Challenges betrachtete Jamie Shea Resilienz vor allem im Hinblick auf die Schaffung der Voraussetzungen für die Verlegefähigkeit von NATO-Truppenkörpern im Rahmen der Kollektiven Verteidigung. Zu Recht wies er darauf hin, dass die Voraussetzungen dafür durch das Outsourcen vor allem logistischer Fähigkeiten sowie die Bindung staatlicher Maßnahmen zur Unterstützung militärischer Operationen an eine Kriegsgesetzgebung nicht gegeben seien. Siehe Jamie Shea, Resilience: a core element of collective defense. In: NATO Review Magazine 2016.
http://www.nato.int/docu/Review/2016/Also-in-2016/ nato-defence-cyber-resilience/EN/index.htm. Siehe auch die Erklärung der Staats- und Regierungschefs der NATO, Commitment to enhance resilience. Issued by the Heads of State and Government participating in the meeting of the North Atlantic Council in Warsaw, 8-9 July 2016. https://www.nato.int /cps/su/natohq/official_texts_133180.htm. Siehe dazu Lorenz Meyer-Minnemann, Resilience and Alliance Security: The Warsaw Commitment to Enhance Resilience. In: Forward Resilience: Protecting Society in an Interconnected World. Edited by Daniel S. Hamilton, Johns Hopkins School of Advanced International Studies, Washington 2016, S. 91-98. Zur Zusammenarbeit zwischen NATO und EU siehe NATO 2030, S. 57. Darin findet sich auch der Vorschlag zur Errichtung eines „Centre of Excellence for Democratic Resilience" (S. 14).
[236] Forward Resilience: Protecting Society in an Interconnected World. Executive Summary and Menu of Recommendations. In: Forward Resilience: Protecting Society in an Interconnected World. Edited by Daniel S. Hamilton, Johns Hopkins School of Advanced International Studies, Washington 2016, S. vii-xviii.

ren, Heimatschutzkräfte und gesellschaftliche Resilienz sind dafür anschauliche Belege.[237] Hybride Bedrohungen bewirken also eine deutlich stärkere Hinwendung der Mitgliedstaaten auf eigene Bedürfnisse und Schwächen, was wiederum deren Bereitschaft zu konfrontativer Politik stärkt, wenn es um gemeinsame NATO-Strategien und Streitkräfteplanungsprozesse geht.

Mittlerweile drängt sich der Eindruck auf, dass die Debatte über hybride Bedrohungen und notwendige Resilienzsteigerungen irrationale Züge annimmt. Manche Verbündete fragen kaum mehr nach den Zielen und Zwecken, die beispielsweise Russland mit hybriden Angriffen verfolgen könnte. Vielmehr sehen sie alles russische Tun als hybrid und damit als Bedrohung.[238] Die daraus resultierenden Konzepte einer totalen Verteidigung (*total defense*[239]) stoßen bei manchen Verbündeten auf Befremden, weil sie nur schwer mit demokratisch-rechtsstaatlichen Prinzipien und liberalen Gesellschaftsordnungen in Einklang zu bringen sind. Darüber hinaus werden daraus Forderungen nach Maßnahmen zur Verbesserung von Resilienz abgeleitet, die so umfassend sind, dass weder einzelne NATO-Staaten noch die NATO als Organisation diese erfüllen könnten. Man stelle sich vor, die Verbündeten wären einem Vorschlag der US-amerikanischen *RAND-Corporation* gefolgt und

---

[237] Siehe dazu Alexander Mattelaer, Preparing NATO for the Next Defence-Planning Cycle, The RUSI Journal, Vol 159, no. 3 (June/July 2014), S. 30-35; ders., Revisiting the Principles of NATO Burden-Sharing, Parameters, 46 (1), (2016), S. 25-33.

[238] Ein Beispiel dafür sind russische Hilfslieferungen für Italien im Kampf gegen die Corona-Pandemie. Dies wurde als Element einer hybriden Kriegführung zur Spaltung der EU/NATO gesehen, könnte aber auch als ein Signal der Entspannung gedeutet werden. Siehe dazu Matthias Rogg, COVID-19: Die Pandemie und ihre Auswirkungen auf die Sicherheitspolitik, GIDSStatement 1/2020 (April 2020) https://gids-hamburg.de/wp-content/uploads/2020/04/GIDSstatement2020_1_Rogg_COVID19.pdf.

[239] Zum Konzept der *total defense* in den Baltischen Staaten siehe Marta Kepe und Jan Osburg, Total Defense: How the Baltic States Are Integrating Citizenry Into Their National Security Strategies. In: Small Wars Journal, 24.9.2017. https://smallwarsjournal.com/jrnl/art/total-defense-how-the-baltic-states-are-integrating-citizenry-into-their-national-security-

hätten mehrere Kampfbrigaden permanent in den drei baltischen Staaten stationiert.[240] Dies hätte für viele Jahre die einsatzbereiten Kräfte der NATO gebunden und wäre dennoch nicht ausreichend gewesen, um den umfassenden hybriden Bedrohungen, denen sich die baltischen Staaten auch in zivilen Handlungsfeldern ausgesetzt sehen, angemessen zu begegnen. Zudem wird Russland als Gegner dämonisiert, was einen politischen Dialog mit diesem Land belastet.[241]

Auch in den Streitkräften der USA gibt es deutliche Anzeichen für Panik-Reaktionen. Die US Navy will die Anzahl ihrer seefahrenden Einheiten erhöhen, weil China mittlerweile die größte Seemacht geworden ist. Analysten glauben, dass die chinesische Marine nicht nur die US-amerikanische Seeherrschaft über wichtige Meeresengen und Schifffahrtswege, sondern auch den freien Welthandel gefährde. Zudem seien empfindliche Niederlagen in bewaffneten Konflikten mit China und/oder Russland zu erwarten. Analysten stellen die kritische Frage, wie ein Land mit dem höchsten Verteidigungshaushalt in eine derart benachteiligte Lage geraten könne.[242] Auch im Weltraum sehen US-Militärstrategen die Gefahr einer Dominanz von China und Russland. Zurecht weist Ryan Haas darauf hin, dass Alarmismus, der nur auf die Stärken eines Gegners oder Konkurrenten schaut und dessen Schwächen vernachlässigt, die Strategiefähigkeit eines Landes untergräbt.[243] Vor dem Hintergrund der Ausweitung der *strategic competition* auf den Weltraum rät der Politikwissenschaftler Clay Moltz, nicht nur auf die

---

[240] David A. Shlapak, Michael W. Johnson, Reinforcing Deterrence on NATO's Eastern Flank, RAND Corporation, 2016. https://www.rand.org/pubs/research_reports/RR1253.html

[241] Siehe dazu Michael Rühle, Deterring hybrid threats: the need for a more rational debate, NDC Policy Brief, No. 15 (July 2019). Zum Aufbau von Feindbildern siehe auch Michael Lüders, Die scheinheilige Supermacht, S. 257.

[242] Siehe Jared Keller, Despite Record Spending, the U.S. Military Would Be at 'Grave Risk' in a War with Russia or China. In: Pacific Standard vom 20.11.2018. https://psmag.com/economics/war-experts-are-skeptical-the-american-military-could-defeat-russia-or-china.

[243] Ryan Haas, China is not Ten Feet tall. Ryan Haas sieht hierbei folgende Kausalkette: "Concentrating on China's strength without accounting for its vulnerabilitites creates anxiety. Anxiety breeds insecurity. Insecurity leads to overreaction, and overreaction produces bad decisions that undermine the United States' own competitiveness."

Fähigkeiten der NASA zu schauen, sondern auch die Innovationskraft und Leistungsfähigkeit privatwirtschaftlicher Organisationen in den strategischen Kräftevergleich einzubeziehen.[244] Erwartungen an Verbündete aufgrund von überzogenen eigenen Bedrohungswahrnehmungen führen zu Streit, stellen die Solidarität in Frage und untergraben die politische Handlungseinheit der NATO.

Die spezifische Herausforderung der hybriden Bedrohungen besteht darin, dass der einzelne Staat selbst Lösungen finden muss. Wer kann Deutschland helfen, wenn der Deutsche Bundestag im Cyberraum attackiert wird? Wer kann einem Land wie Italien helfen, wenn sich Russland in seine Wahlen einmischt? Die NATO als Organisation verfügt nur über begrenzte Mittel, um Verbündete und Partner zu unterstützen. Sie beschränkt sich auf die Beratung in der präventiven Steigerung von Resilienz und auf die Unterstützung bei der Abwehr insbesondere von Cyberangriffen.[245] Das Bündnis gewinnt wieder an Relevanz, wenn hybride Angriffe so stark horizontal und vertikal eskalieren, dass eine Erklärung des Bündnisfalles möglich erscheint. Wegen der auf einzelne NATO-Mitgliedstaaten maßgeschneiderten hybriden Angriffe und der mit Unsicherheit behafteten Zurechnung an bestimmte Akteure („attribution") bleibt dies eine unwahrscheinliche Option.

Zudem dürften Verbündete mit Argusaugen darauf achten, trotz gefährlicher hybrider Angriffe souverän zu entscheiden. Sie verbitten sich jede Form der Einmischung, wenn es um den Umgang mit russischsprachigen Minoritäten, den politischen Kampf gegen von Russland unterstützte populistische oder rechtsradikale Parteien oder die Abschaffung bzw. den Kauf russischer Waffen geht. Dies wirkt sich vor allem auf die Solidarität unter Verbündeten aus: Warum sollen sie ein anderes NATO-Mitglied verteidigen, das seine internen Schwächen nicht behebt und durch irrationales Handeln einen Gegner provoziert? Diese kritische Frage weist auf die übergeordnete Zielsetzung der hybriden Kriegführung Russlands hin: Sie zielt darauf ab, die politische Handlungseinheit der NATO zu schwächen.

---

[244] Clay Moltz im Gespräch mit Generalmajor Gert-Johannes Hagemann am 10. März 2020 in der Naval Postgraduate School in Monterey/CA.
[245] NATO 2030, S. 16.

Die Stärkung der politischen Dimension der NATO ist die wichtigste Maßnahme der Reformagenda „NATO 2030". Der kurze Blick in die 70-jährige Geschichte des Bündnisses gibt Hinweise darauf, wie schwierig es sein wird, dieses Ziel zu erreichen. Es ist sehr wahrscheinlich, dass den Verbündeten die Umsetzung dieser Maßnahme noch schwerer fallen dürfte als zu Zeiten des Kalten Krieges. Wenn die Nationen sich aufgrund der spezifischen hybriden Bedrohungen stärker auf sich selbst konzentrieren, lässt sich mit rhetorischen Bekundungen wie beispielsweise einem Versprechen zur intensiveren politischen Zusammenarbeit nicht viel erreichen. Auch der Versuch der NATO, eine Art „überparteiliche" Bedrohungsanalyse zu erstellen, dürfte kaum weiterhelfen. Denn das Problem besteht nicht in der Anerkennung der Bedrohung durch die Verbündeten, sondern in deren unterschiedlicher Priorisierung.

Erschwerend kommen Entwicklungen in den innenpolitischen Umfeldern hinzu. Als Bündnis von Nationen mit parlamentarischen oder präsidialen Demokratien gerät die Handlungsfähigkeit der NATO auch dadurch in Gefahr, dass politische Parteien größeren Zulauf erhalten, welche ein globales Engagement oder sogar die Mitgliedschaft ihres Landes in Frage stellen. Auch wenn 70-80 Prozent der Bürger hinter der transatlantischen Allianz stehen und sich zur Mitgliedschaft ihres Landes bekennen – die Zustimmung in den Bevölkerungen schwindet, wenn es nicht mehr abstrakt um die Idee der kollektiven Verteidigung geht, sondern konkret um die militärische Unterstützung für bedrohte Verbündete wie beispielsweise um die baltischen Staaten[246]. Skepsis an

---

[246] Siehe dazu die PEW-Studien, zuletzt Moira Fagan, NATO seen in a positive light by many across 10 member states. 30. November 2020. https://www.pewresearch.org/fact-tank/2020/11/30/nato-seen-in-a-positive-light-by-many-across-10-member-states. Für Deutschland siehe Timo Graf, Offene Flanke. Zur Bündnistreue der Deutschen. In: IF Zeitschrift für Innere Führung 3/21, S. 32-35. Dies erkläre sich wie folgt: „Je weniger Russland als Bedrohung wahrgenommen wird, umso geringer ist die Bereitschaft zur militärischen Unterstützung der östlichen Bündnispartner." (S. 35). Auf die nur geringe Akzeptanz der Beteilung der Bundeswehr am Schutz der Ostflanke der NATO unter den Deutschen wiesen bereits hin: Heiko Biehl, Chariklia Rothbart, Markus Steinbrecher, Cold War Revisited? Die deutsche Bevölkerung und die Renaissance der Bündnisverteidigung. In: Jahrbuch Innere Führung 2017. Die Wiederkehr der Verteidigung in Europa und die Zukunft der Bundeswehr, Berlin 2017, S. 137-154.

der Bündnissolidarität erschwert die rüstungswirtschaftliche Zusammenarbeit genauso wie die militärische Kooperation in multinationalen Verbänden oder die Fortsetzung von bewährten sicherheitspolitischen Grundsätzen wie beispielsweise die nukleare Teilhabe[247]. Aus Rücksichtnahme auf innenpolitische Gegebenheiten tendieren Politiker dazu, sicherheitspolitische Debatten und militärstrategisches Denken kleinen Expertenkreisen zu überlassen. Wenn Positionierungen unabdingbar sind, verfolgen sie kurzfristige nationale Vorteile, um Wählerschichten zu mobilisieren.[248] Mitgliedstaaten, die einen schärferen Konfrontationskurs einschlagen, können sich also auf ihre demokratische Verfasstheit berufen. In der NATO als einem Bündnis von Demokratien lässt sich dagegen kaum etwas einwenden.

Wenn Staats- und Regierungschefs wie Donald Trump und Emmanuel Macron die NATO öffentlich kritisieren (*obsolet, brain dead*), dann mögen sie in der Sache unrecht haben. Auch mag ihr Kommunikationsstil unangemessen sein. Gleichwohl zeigen sie damit die Ohnmacht der NATO auf, mit konfrontativer Politik aufgrund von Re-Nationalisierung, unterschiedlich priorisierten Bedrohungswahrnehmungen und spezifischen Gefährdungen umzugehen. Zwar ist die Organisationsstruktur der NATO alles andere als ein Geburtsfehler. Gleichwohl zeigen sich deren Schwächen, wenn einzelne Verbündete ihre nationalen Interessen vor das Gesamtwohl der NATO stellen.

Ob die politische Dimension der NATO dadurch gestärkt werden kann, dass mehr Treffen des Nordatlantikrats in seinen verschiedenen Formaten durchgeführt werden, wie es die Autoren der Reformagenda „NATO 2030" vorschlagen, ist zweifelhaft. Sicherlich wäre es hilfreich, dieses Gremium als Ort für den Diskurs statt des Vorlesens von zuvor

---

[247] Zur Debatte in Deutschland siehe grundlegend Heinrich Brauss, Atomdebatte in der SPD: Rolf Mützenich hat Unrecht. In: FAZ vom 7.5.2020; Heinrich Brauss, Christian Mölling, Germany' Role in NATO' Nuclear Sharing. The Purchasing Decision for the Tornado's Successor Aircraft. Siehe auch Rainer L. Glatz, Claudia Major, Wolfgang Richter, Jonas Schneider, Abschreckung und nukleare Teilhabe, SWP-Aktuell, Nr. 48, Berlin im Juni 2020..
https://www.faz.net/aktuell/politik/inland/atom-debatte-in-der-spd-rolf-muetzenich-hat-unrecht-16757761.html.
[248] Siehe dazu die Kritik an der Außenpolitik von US-Präsident Trump von Richard Haas, Present at the Disruption. How Trump Unmade U.S. Foreign Policy, September/Oktober 2020, S. 24-34.

in den Hauptstädten ausgearbeiteten Statements zu nutzen. Das Motto *Let's argue* könnte die Suche nach gemeinsamen Lösungen für außen- und sicherheitspolitische Herausforderungen erleichtern, die den Mitarbeitern in den Ministerien der Hauptstädte nicht eingefallen sind und bei denen das Allgemeinwohl der NATO im Vordergrund steht. Voraussetzung dafür wäre die Auswahl geeigneten Personals und die Bereitschaft der Hauptstädte, die innerhalb der Allianz ausgehandelten Lösungen anzuerkennen und in nationales Handeln umzusetzen. Der politische Wille in den Regierungen der Führungsnation USA sowie der größeren europäischen Partner Großbritannien, Frankreich, Italien und Deutschland dürfte dafür entscheidend sein.

Damit sind wir wieder bei dem Thema der Führung in der NATO angelangt. Wirklich hilfreich für die Verbesserung der politischen Handlungseinheit der NATO wäre es, wenn die USA sich stärker als „wohlwollender Hegemon" verhielten, der seine Positionen nicht egoistisch durchsetzt, sondern einem Diskurs aussetzt und sich an einem Allgemeinwohl orientiert. Sie sollten anerkennen, dass die transatlantischen Beziehungen künftig auf zwei Pfeilern ruhen, die politisch annähernd gleichgewichtig sind, auch wenn weiterhin große Unterschiede in den militärischen Fähigkeiten bestehen. Denn die EU verfügt über komparative Vorteile in ihrer wirtschaftlichen Macht sowie in ihrer Attraktivität. Zudem nimmt die Nützlichkeit des militärischen Instruments für die Politik eher ab. Der europäische Pfeiler der transatlantischen Brücke steht in der Mitte Europas, auch wenn es diplomatisch ungeschickt wäre, dies offen anzusprechen und Großbritannien als traditionellen Juniorpartner der USA zu brüskieren. Deutschland und Frankreich müssen sich über die Führung in Europa bzw. der EU vereinbaren und gemeinsame europäische Positionen er- und vermitteln. Alle NATO-Mitgliedstaaten sollten die Debatten über sicherheitspolitische Bedrohungen in ihren Bevölkerungen intensivieren.

Ganz entscheidend dürfte die Bereitschaft der Verbündeten sein, interne Differenzen und Kontroversen zu diskutieren.[249] Künftig sollten

---

[249] Klaus Wittmann schreibt dazu: „In der Nato gibt es seit jeher eine Debattenkultur, die viele heikle Themen ausspart. Über existenziell wichtige Fragen wie Irans Nuklearwaffenambitionen oder Chinas Aufstieg gab es im Nato-Rat bislang nie ernsthafte Konsultationen. Der Grund scheint eine zweifache Sorge zu sein: Uneinigkeit führe in der Öffentlichkeit zur Vermutung, die Nato stehe vor dem Auseinanderbrechen,

selbst Themen mit enormem Spaltpotenzial auf die Agenden der Ausschüsse und Arbeitsgruppen gesetzt werden, anstatt die Debatte darüber zu verschieben, weil Streit wahrscheinlich ist. Für das Zentrum der Kraftentfaltung wirkt es erodierend, wenn Auffassungsunterschiede nicht adressiert werden oder die Abwendung einzelner Mitgliedstaaten von gemeinsamen Werten unkommentiert hingenommen wird. Die Streitthemen sind in der Öffentlichkeit sowieso bekannt, nicht zuletzt deshalb, weil Gegner diese im Rahmen ihrer Informationsoperationen genüsslich ausbreiten. Weil der NATO-Generalsekretär und seine engsten Mitarbeiter für die Gestaltung der Agenden verantwortlich sind („*agenda setting*"), stehen auch sie im Vordergrund von Reformen, welche die politische Dimension der NATO stärken sollen.

Weiterhin sollte der Austausch von Informationen unter den Verbündeten und Partnern verbessert werden.[250] Die USA und die größeren europäischen Nationen könnten hierbei mit gutem Beispiel vorangehen. Ein gleicher Informationsstand ist Voraussetzung für das Gelingen von Dialogen und Diskursen. Ein verbesserter Informationsaustausch könnte dazu beitragen, unterschiedliche Bedrohungswahrnehmungen zu harmonisieren und überzogene Reaktionen zu vermeiden. Wer die NATO wieder stärker als politisches Bündnis nutzen will, muss realpolitische Erwägungen („Wissen ist Macht" bzw. „Herrschaftswissen") genauso beiseiteschieben wie Bedenken wegen möglicher Daten-Leaks oder fragwürdiger Beziehungen einzelner Verbündeter zu Ländern wie Russland und China.

Auch die Mitarbeiter in den NATO-Hauptquartieren sollten einen Beitrag für verbesserte Konsultationen, Koordinierungen und Kooperationen leisten, indem sie noch mehr als bisher den Dialog suchen und

---

oder die Befassung mit einer Region außerhalb des Nato-Territoriums rufe den Verdacht hervor, die Nato wolle dort militärisch eingreifen. Von solchen Hemmungen muss das Bündnis sich frei machen." (In: Der Tagesspiegel vom 14.2.2020. https://www.tagesspiegel.de/politik/hirntotes-buendnis-die-nato-braucht-eine-neue-strategie/25544522.html.) Siehe auch die Bewertung von Thomas de Maiziere nach Beendigung seiner Tätigkeit in der *forward looking reflection group*: „Es besteht aktuell eher die Tendenz, dass man Probleme und Spannungen lieber nicht anspricht." Siehe dazu André Uzulis, Wiederbelebung eines Hirntoten, S. 15.

[250] Generalleutnant Ulrich Wolf prägte während seiner Dienstzeit als *Director NATO Communication and Information Systems Services Agency* (NCSA) den Leitspruch „*Share to Win*".

Problemlösungen jenseits der nationalen Weisungen der Mitgliedstaaten erarbeiten. Dazu müssten sie über ihre Expertise hinaus mitdenken, Debatten anstoßen und dabei *ad hoc groups*, *think tanks* und *academics* einbeziehen.[251] Diese könnten zudem dafür gewonnen werden, diejenigen kritischen Themen anzusprechen, deren Diskussion nicht im Interesse einzelner Mitgliedstaaten ist und die es daher nicht auf die Agenden offizieller Ausschüsse und Arbeitsgruppen schaffen.

Die zuletzt genannten Vorschläge entstammen einem idealistischen Politikverständnis, wonach Diskurse zu besseren Einsichten und Entscheidungen führen. Das wird nicht immer gelingen. Neben der Durchsetzung eigener Interessen aufgrund von Macht und einem Kuhhandel zwischen solchen Nationen, die ihre Macht bündeln, wird es immer wieder auch Konflikte geben, die sich argumentativ nicht lösen lassen. Was kann die NATO in diesen Fällen tun?

### Internes Krisen- und Anpassungsmanagement

Bereits in der Gründungsphase der NATO entstand die Idee, Streitigkeiten zwischen Mitgliedstaaten im Rahmen des Bündnisses zu schlichten.[252] Die Geschichte der transatlantischen Allianz zeigt allerdings, dass sie eine friedliche Konfliktbeilegung nicht erzwingen kann. Dies liegt nicht zuletzt am strikten Konsensprinzip. Zumindest gehört es zu ihren Konstruktionsprinzipien als einer demokratischen Wertegemeinschaft und eines auf Kooperation angelegten Verteidigungsbündnisses, dass Mitgliedstaaten untereinander keinen Krieg führen.

---

[251] Siehe Heather A. Conley, The strategic argument for a political NATO, S. 4. Zur unzureichenden Berücksichtigung wissenschaftlicher Erkenntnisse in den Strategiebildungsprozessen bzw. der unzureichenden Inklusion von Wissenschaftlern für den NATO-Einsatz in Afghanistan siehe das Interview mit Conrad Schettler, Director for Research am Internationalen Konversionszentrum Bonn (BICC) „Es ging nie um Afghanistan" vom 31. August 2021. Darin sagte er zum Schluss: „Und als Wissenschaftler wünsche ich mir, dass das Wissen über diese Länder nachgefragt und in die Prozesse eingebracht wird. Das findet nicht statt, vielmehr sind es die politischen Logiken, die dominieren." https://www.tagesschau.de/ausland/asien/afghanistan-ende-useinsatz-101.html.

[252] Winfried Heinemann, Vom Zusammenwachsen des Bündnisses, S. 256.

Wenn Verbündete keine Konsultationen, Koordinierungen und Kooperationen wollen, dann werden sie die dafür in der NATO eingerichteten Prozesse nicht nutzen – auch wenn dies dem strategischen Ziel der NATO, nach außen hin Einheit, Solidarität und Kohäsion als Zentrum ihrer Kraftentfaltung zu zeigen, zuwiderläuft. Vitale nationale Interessen schlagen das Allgemeininteresse der Allianz. In diesen Fällen ist öffentlicher Streit bis hin zu militärischen Konfrontationen unter Verbündeten möglich.

Angesichts der zunehmenden Re-Nationalisierung ihrer Außen- und Sicherheitspolitik stellen selbst wohlmeinende Analysten besorgt die Frage, ob die NATO überhaupt noch in der Lage wäre, militärische Einsätze im Rahmen der kollektiven Verteidigung oder des Internationalen Krisenmanagements durchzuführen. Ein Einsatz beispielsweise in Libyen erscheint gegenwärtig nahezu ausgeschlossen. Zu unterschiedlich sind die Positionen von NATO-Mitgliedstaaten, die sich in dem Konflikt engagieren und bereits aneinandergeraten sind. Zudem schrecken einzelne Nationen nicht davor zurück, ihre Zustimmung zu Auslandseinsätzen von beispielsweise der Anerkennung nationaler Verteidigungsplanungen oder der Einstufung von militanten Gruppierungen als Terroristen abhängig zu machen. Alles hängt mit allem zusammen, und Dinge, die bisher als Selbstläufer galten, tauchen plötzlich als Problem für die Konsensbildung auf. Der NATO bleibt kaum anderes übrig, als hinter den Kulissen zu vermitteln und kreative Lösungen für ein gemeinsames Handeln zu finden, das unterschiedliche nationale Interessen weitestgehend berücksichtigt.

Auch die Einhegung einer Führungsmacht, die ihre Interessen egoistisch vertritt, weil sie es kann, ist kaum möglich. Dies liegt vor allem daran, dass die US-Administrationen jederzeit die NATO umgehen und Koalitionen der Willigen gründen können, wenn es ihnen besser passt oder sie den Widerstand von Verbündeten brechen oder ins Leere laufen lassen wollen. Die Chancen für eine erfolgreiche Einhegung würden sich erst verbessern, wenn es den europäischen Verbündeten gelänge, eine gemeinsame Außen- und Sicherheitspolitik zu betreiben sowie für die USA unverzichtbare militärische Fähigkeiten aufzubauen. Die EU bemüht sich, Fortschritte in ihrer Gemeinsamen Außen- und Sicherheitspolitik (GASP) zu erzielen und hat mit der Permanenten

Strukturierten Zusammenarbeit (*Permanent Structured Cooperation; PE-SCO*) einen wichtigen Schritt nach vorn gemacht.[253]

Wie ohnmächtig die NATO im internen Krisenmanagement ist, zeigt vor allem der Umgang mit der Türkei. Seit Zypern im Jahr 2004 Mitglied in der EU geworden ist, verhindert die Türkei jede substanzielle Zusammenarbeit zwischen diesen beiden internationalen Organisationen. Das Berlin plus-Abkommen, das einen Zugriff der EU auf NATO-Planungsressourcen und militärische Fähigkeiten für Auslandseinsätze ermöglicht, wird damit genauso ausgehöhlt wie die während des Warschauer Gipfeltreffens 2016 deklarierte Zusammenarbeit dieser beiden für die Sicherheit in Europa so wichtigen Institutionen.[254]

Zumindest dürfte die NATO kürzlich dazu beigetragen haben, einen Konflikt zwischen den Bündnispartnern Griechenland und Türkei um Schürfrechte im Mittelmeer und zwischen der Türkei und Frankreich über Waffenlieferungen an Kriegsparteien im libyschen Bürgerkrieg zu verhindern. Tatsächlich können Konfliktparteien die NATO mit ihren vielfältigen Dialogforen als Plattform für Krisengespräche nutzen – wenn sie es wollen. Sie dient auch als Frühwarnsystem für potenziell entstehende Konflikte. Unparteiische Verbündete haben genauso wie der NATO-Generalsekretär die Möglichkeit, diplomatisch zu vermitteln. Einzelne Staaten können Verbündete auf Konfrontationskurs

---

[253] "The Permanent Structured Cooperation (PESCO) in the area of security and defence policy was established by a Council decision on 11 December 2017, with 25 EU Member States. It offers a legal framework to jointly plan, develop and invest in shared capability projects, and enhance the operational readiness and contribution of armed forces." (European Defence Agency, Permanent Structured Cooperation). https://eda.europa.eu/what-we-do/EU-defence-initiatives/permanent-structured-cooperation-(PESCO). Dieser Internetauftritt enthält weiterführende Links.

[254] Siehe dazu North Atlantic Treaty Organization. "Joint Declaration". Signed by the President of the European Council, The President of the European Commission, and the Secretary General of NATO. http://www.nato.int/nato_static_fl2014/assets/pdf/pdf_2016_07/20160708_160708-joint-NATO-EU-declaration.pdf. In der Debatte über den misslungenen Abzug der NATO aus Afghanistan wurde zurecht darauf hingewiesen, dass die Abhängigkeit der EU von den USA nicht nur auf einem Defizit an militärischen Mitteln, sondern am fehlenden politischen Willen zu deren Einsatz beruht. Die seit 2005 bestehenden EU Battle Groups wurden bisher nie eingesetzt.

zum Einlenken bewegen, indem sie Anreize für die künftige Ausgestaltung bilateraler Beziehungen geben oder sogar mit deren Abbruch drohen.

Ein weiteres internes Konfliktfeld ist die zerbröckelnde Wertebasis der NATO. Manche Mitgliedstaaten respektieren die im Washingtoner Vertrag von 1949 verankerten Werte nicht mehr und entwickeln sich zu illiberalen Demokratien, die offen mit autoritären Staaten wie Russland und China sympathisieren.[255] Angesichts des globalen Systemwettbewerbs liegt hier die Achillesverse der NATO. Kontrahenten wie China oder Russland verbreiten das Narrativ, dass der Westen uneinig sei, seine Glaubwürdigkeit verloren habe und überhaupt in Gefahr sei zu scheitern.[256] Davon wäre auch die NATO als deren sicherheitspolitisches Aushängeschild betroffen. Abermals sind ihr die Hände gebun-

---

[255] Siehe dazu Celeste A. Wallander, NATO's Enemies Within. How Democratic Decline Could Destroy the Alliance. In: Foreign Affairs, July/August 2018. Zu den Schwächen der westlichen Demokratien im globalen Systemwettbewerb siehe Philipp Ther, Das andere Ende der Geschichte. Er stellt die Frage, ob wir „kurz vor dem Faschismus" stehen (S. 31). Der Wiener Historiker sieht Ursachen für Rechtspopulismus im Westen sowie die Entwicklung zu illiberalen Demokratien wie beispielsweise in Ungarn oder zum Autoritarismus in Russland in der fehlenden sozialpolitischen Abfederung der marktwirtschaftlichen Transformationen durch den Staat (S. 20-33, 58). Die Massenabwanderung vor allem junger Menschen von Ost nach West hatte auch in dieser Hinsicht politische Auswirkungen (S. 78-83). Eine Analyse der wahrgenommenen Attraktivität autoritärer Herrschaftsformen liefert Anne Applebaum, Die Verlockung des Autoritären. Warum antidemokratische Herrschaft so populär geworden ist, München 2021. Siehe auch Wolfgang Ischinger, Welt in Gefahr, S. 22-23. Applebaum und Ischinger betonen die Phänomene von Angst, Zorn und Wut als Ursachen für Nationalismus in Europa. Zum weltweiten Zorn von Menschen, die sich in der globalisierten Welt zurückgelassen oder ausgestoßen fühlen, siehe Pankaj Mishra, Das Zeitalter des Zorns. Eine Geschichte der Gegenwart, Frankfurt/M. [2]2017.

[256] Diese Debatte findet auch in den NATO-Mitgliedstaaten statt, beispielsweise in Deutschland, für das die Westbindung Staatsräson ist. Siehe dazu Hermann August Winkler, Zerbricht der Westen?. Der Historiker Hermann August Winkler zeigt die Gefahren für den Zusammenhalt des Westens auf. Andere Autoren wie zuletzt der Historiker Gregor Schöllgen und Alt-Bundeskanzler Gerhard Schröder beurteilen den Westen bereits als gescheitert. Siehe Gregor Schöllgen, Gerhard Schröder, Letzte Chance, S. 241: „Den Westen, so wie wir ihn fast ein halbes Jahrhundert lang kannten und schätzten, gibt es nicht mehr."

den. Denn Verbündete achten mit Argusaugen darauf, dass ihre inneren Angelegenheiten nicht zu einem Thema der offiziellen Ausschüssen und Arbeitsgruppen in den NATO-Hauptquartieren werden.

Es sei an dieser Stelle erneut darauf hingewiesen, dass Mitglieder das transatlantische Bündnis freiwillig verlassen, aber nicht dazu gezwungen werden können[257]. Die NATO ist also auf diplomatische Selbstheilungskräfte angewiesen. Die EU könnte hierbei unterstützen, da sie über andere Möglichkeiten des Umgangs mit ihren Mitgliedstaaten verfügt als die Allianz. Eine derartige Zusammenarbeit läge allerdings nicht im Interesse derjenigen Staaten, die sich zu illiberalen Demokratien entwickeln.

Es ist daher nicht verwunderlich, dass Konflikte unter NATO-Verbündeten oftmals eingefroren werden. Bereits im Kalten Krieg schreckte die Bedrohung durch die damalige Sowjetunion vor deren Eskalation ab.[258] Seit dessen Beendigung werden Konflikte heruntergespielt oder gedeckt, um die Anpassungs- und Handlungsfähigkeit des Bündnisses in einem veränderten sicherheitspolitischen Umfeld zu demonstrieren. Für die politische Handlungseinheit der NATO hat ihre Unfähigkeit, interne Konflikte beizulegen, allerdings negative Auswirkungen. Die Verbündeten haben sich daran gewöhnt, über Streitkräfteplanungen und Ein-sätze zu entscheiden, ohne das dahinter liegende politische Konfliktpotential zu entschärfen. Auf diese Weise entwickelte sich die NATO weiter weg von ihrer Gründungsidee als einer politischen Allianz. Sie wurde immer mehr zu einem Militärbündnis. Plakativ könnte man sagen: Politik wird durch Organisation und Einsätze ersetzt. Schauen wir uns dies einmal näher an.

Die kontrovers diskutierte Frage, wie es nach dem Ende des Kalten Krieges politisch mit der NATO weitergehen sollte, mündete in ein umfassendes Restrukturierungsprogramm für die Streitkräfte und schließlich in das militärische Engagement auf dem Balkan und danach *out of area* in Afghanistan. Welche politischen Ziele dabei wie erreicht werden sollten, darüber bestand wenig Einigkeit. Im Zuge des Irakkriegs 2003 wurden die tiefen politischen Konfliktlinien dadurch um-

---

[257] NATO-Vertrag Artikel 13.
[258] Dieter Krüger, Am Abgrund?, S. 166.

gangen, dass Deutschland und Frankreich ihr Engagement in Afghanistan erhöhten. Zudem unterstützten sie, dass die NATO die Führung des Einsatzes der Internationalen Schutztruppe in Afghanistan (ISAF) übernahm. Beim Aufbau der auf US-Initiative gebildeten *NATO Response Force* (NRF) übernahm Deutschland eine Führungsrolle. Rund eine Dekade später stand diese Streitkraft im Mittelpunkt des *Readiness Action Plan* (RAP), den die Staats- und Regierungschefs bei ihrem Gipfel in Wales 2014 beschlossen, ohne dass es politische Einigkeit über den Umgang mit Russland oder eine Priorisierung der Bedrohungen aus dem Osten oder dem Süden gegeben hätte.

Tatsächlich sind die organisatorischen Anpassungen der NATO in der Folge der aggressiven russischen Außenpolitik seit 2014 beeindruckend. Den Gipfelerklärungen von Wales (2014), Warschau (2016) und London (2019) folgte eine Vielzahl von Maßnahmen, welche die Bündnissolidarität und Handlungsfähigkeit der NATO eindrucksvoll unterstreichen. Dazu gehören die Erweiterung der *NATO Response Force* (*enhanced* NRF) sowie die Verlegung von Verbänden einer *enhanced Forward Presence* (eFP) ins Baltikum und nach Polen. Die Anpassungen in der NATO-Kommandostruktur (*NATO Command Structure*; NCS)[259] und die Initiativen zum Aufbau von multinationalen Großverbänden (*Framework Nation Concept*; FNC)[260] verdienen genauso Erwähnung wie die NATO-Militärstrategie (NMS) von 2019. Mit all diesen Entscheidungen erzielten die Verbündeten eine grundlegende Einigkeit darüber, was sie in den nächsten zehn Jahren tun wollen, ohne die Konflikte im politischen Überbau zu lösen. Um es auf den Punkt zu bringen: Die erfolgreichen organisatorischen Adaptationen sowie das grundsätzliche Einvernehmen, das Militär für externe Demokratisierung zu nutzen, drängten die schwelenden politischen Fragen in den Hintergrund. Wer heute über eine Stärkung der politischen Dimension der NATO nachdenkt, sollte diese Verdrängungseffekte berücksichtigen.

---

[259] Klaus Wittmann, The Road to NATO's New Strategic Concept, S. 226. Die Anzahl der Hauptquartiere in der NATO-Kommandostruktur wurde von 65 auf 20 und später auf 13 reduziert.

[260] Siehe Rainer L. Glatz, Martin Zapfe, Ambitious Framework Nation: Germany in NATO, SWP Comments 35, September 2017 https://www.swp-berlin.org/fileadmin/contents/products/comments/2017C35_glt_zapfe.pdf

Trotz des Defizits an *politischer* Handlungseinheit ist nicht davon auszugehen, dass die NATO erstarrt, einen langsamen Tod stirbt oder sich plötzlich auflöst. Alle Mitglieder haben weiterhin ein starkes Interesse an der Fortexistenz der transatlantischen Allianz. Wie bereits gesagt, sie ist heute der komparative Vorteil der USA gegenüber aufstrebenden Großmächten. Weder die EU noch Staaten wie Deutschland könnten ihre eigene Sicherheit ohne die US-amerikanische Schutzgarantie gewährleisten.[261] Für sie gibt es keine sinnvolle Alternative zur NATO, was auch die EU in ihrer Strategie aus dem Jahr 2016 anerkennt.[262] Selbst bei Misserfolgen wie in Afghanistan ist die NATO weitaus besser als beispielsweise Koalitionen der Willigen in der Lage, daraus zu lernen und die richtigen Schlussfolgerungen für die Zukunft des Internationalen Krisenmanagements zu ziehen. Zudem wären die Kosten für den Aufbau einer neuen Institution höher als die Beibehaltung und die weitere Anpassung der NATO. Hier mag auch einer der systemischen Gründe dafür liegen, dass das politische Defizit in der NATO nicht beherzter angegangen wird. Wenn die NATO ein „unverzichtbares Bündnis" ist[263], besteht nicht die Not, politische Probleme einer schnellen Lösung zuzuführen. Sie dürfen weiterschwelen. Eine unbeabsichtigte Folgewirkung ist allerdings: Den Militäreinsätzen fehlen gemeinsame, politisch operationalisierbare Ziele, und das Zentrum der Kraftentfaltung der Allianz bietet erneut offene Flanken für hybride Angriffe gegnerischer Akteure.

Umso wichtiger wird es daher, dass die Mitarbeiter in der NATO genauso wie in den Hauptstädten der Verbündeten kreativ Möglichkeiten für gemeinsame *politische* Zielsetzungen und ein darauf beruhendes strategisches Handeln ausloten. Die NATO-Hauptquartiere auf der politischen, militärstrategischen und operativen Ebene sind dafür besonders geeignete Orte. Hier treffen Mitarbeiter aus allen Nationen zusammen,

---

[261] Siehe dazu die Analyse bei Thomas Jäger, Das Ende des amerikanischen Zeitalters, S. 176-177.

[262] Annegret Bendikt, Die Globale Strategie für die Außen- und Sicherheitspolitik der EU. SWP-Aktuell 44, Juli 2016, S. 4. https://www.swp-berlin.org/fileadmin/contents/products/aktuell/2016A44_bdk.pdf

[263] Der Begriff *indispensable nation* stammt von der US-amerikanischen Außenministerin Madeleine Albright und bezog sich auf die USA.

hier können sie in formalen und informellen Gesprächskreisen frühzeitig potenzielle politische Konflikte genauso wie mögliche Kooperationen ausloten und ggf. detailliert analysieren. Es kommt darauf an, dieses Potenzial der NATO als komparativen Vorteil gegenüber Gegnern und Konkurrenten herauszustellen und für eine verbesserte Strategiefähigkeit zu nutzen.

## Militärstrategische Flexibilität

Der Trend zur Re-Nationalisierung führt nicht notwendigerweise zu verzögerten oder gar gescheiterten Entscheidungsprozessen im Bündnis. Die Allianz ist überaus flexibel, um den Wünschen und Zwängen ihrer Mitgliedstaaten gerecht zu werden und damit handlungsfähig zu bleiben. Ein besonders anschauliches Beispiel dafür sind deren Auslandseinsätze. NATO-Mitgliedstaaten sind nicht verpflichtet, sich an gemeinsam beschlossenen militärischen Einsätzen zu beteiligen. Wer einer Operation im Nordatlantikrat politisch zustimmt, muss also nicht notwendigerweise Streitkräfte zur Verfügung stellen. Zwar haben an der ISAF-Mission in Afghanistan alle NATO-Mitgliedstaaten, die über Streitkräfte verfügen[264], teilgenommen. Die von ihnen vorgegebenen Rahmenbedingungen für deren Einsatz (beispielsweise bzgl. Aufgaben und Dauer) waren jedoch sehr unterschiedlich.

Ein besonders interessanter Fall für den Versuch, politische Uneinigkeit nicht auf die Durchführung militärischer Einsätze durchschlagen zu lassen, ist die bereits angesprochene NATO-Operation *Unified Protector* (Libyen). Deutschland enthielt sich bei der Abstimmung im VN-Sicherheitsrat und stand damit an der Seite Russlands und Chinas. Es zog daraufhin sein Personal aus den an der Luftoperation beteiligten NATO-Aufklärungsmaschinen (AWACS[265]) ab, verlegte es jedoch in Flugzeuge, die über Afghanistan zum Einsatz kamen. Das deutsche Personal in den Hauptquartieren der NATO-Kommandostruktur arbeitete indessen auf allen Führungsebenen mit und leistete wertvolle Beiträge zur aus taktisch-operativer Sicht erfolgreichen Luftkriegführung.

---

[264] Island ist NATO-Mitglied und im NAC vertreten, verfügt aber nicht über Streitkräfte.

[265] **A**irborne **W**arning **A**nd **C**ontrol **S**ystem.

Flexibilität zeigt die NATO auch während laufender Einsätze. Mitgliedstaaten können jederzeit aussteigen („*to opt out*"). Frankreich beispielsweise beendete abrupt seine Beteiligung an der ISAF-Mission, nachdem bei einem Gefecht nahe der Hauptstadt Kabul mehrere französische Soldaten getötet worden waren. Diese Option des jederzeit möglichen Ausstiegs dürfte auch dabei helfen, den Führungsanspruch der USA zu akzeptieren. Zudem können Verbündete mit dem vorzeitigen Ende des Einsatzes ihrer Truppen drohen, um mehr Solidarität und Lastenteilung einzuklagen. Diese Karte spielte Kanada während des ISAF-Einsatzes. Als Verbündete nicht in der gewünschten Weise reagierten, zog Kanada bis 2014 seine Soldaten aus den Kampfmissionen in Afghanistan ab.[266]

Auch in der Durchführung NATO-geführter Operationen haben die Nationen das letzte Wort. Die Befugnisse der NATO-Kommandeure finden ihre Grenze an den Entscheidungen nationaler Befehlshaber, wie das Beispiel des britischen Captain James Blunt[267] anschaulich bestätigt. Während des Einmarsches von NATO-Truppen in das Kosovo im Frühjahr 1999 erhielt dieser vom SACEUR, dem US-amerikanischen General Wesley Clark, den Befehl, mit seiner Einheit die Flugbahn des Flughafens in Pristina, den russische Fallschirmjäger überraschend und ohne Absprache besetzt hatten, zu blockieren. Damit sollte deren Nachschub verhindert und schließlich ihr Abzug erzwungen werden. Captain James Blunt beurteilte diesen Auftrag als nicht mandatskonform und meldete dies seinem nationalen Befehlshaber, dem britischen Drei-Sterne General Sir Mike Jackson. Dieser sagte dem SACEUR: „*Sir, I'am not going to start the Third World War for you.*" Er nutzte damit die den Nationen eingeräumte Möglichkeit, die rote Karte („*red card*") zu ziehen. Dabei geht es nicht nur um rechtliche Fragen des Mandats oder der Einsatzregeln (*Rules of Engagement;* RoE), sondern auch um politische und militärische Urteilskraft, wie General Sir Mike Jacksons folgende Mahnung an General Wesley Clark bestätigt: *"Sir,*

---

[266] Zur Rolle Kanadas in der ISAF-Mission siehe Stephen Azzi, Richard Foot, Canada and the War in Afghanistan. In: The Canadian Encyclopedia, last edited 5. Februar 2021. https://www.thecanadianencyclopedia.ca/en/article/international-campaign-against-terrorism-in-afghanistan.
[267] James Blunt machte nach seiner Dienstzeit in der britischen Armee eine imposante Karriere als Popsänger.

*I'm a three-star general; you can't give me orders like this. ... I have my judgment.*[268] General Clark hatte dieses Primat der nationalen Befehlsgewalt zu akzeptieren, auch wenn das britische Streitkräftekontingent ihm formal unterstand.

Zudem können Nationen Einsatzvorbehalte (*„Caveats"*) formulieren, um bestimmte Aufträge für ihre Truppe auszuschließen. In Afghanistan wurde davon reichhaltig Gebrauch gemacht. Vor allem die Deutschen wurden dafür kritisiert. Da sie keine Kräfte in den härter umkämpften Süden verlegen wollten, warfen ihnen Verbündete mangelnde Solidarität vor. Hinzu kamen hässliche Kommentare über das Freizeitverhalten deutscher Soldaten in britischen Medien sowie Zweifel an deren Kampfbereitschaft in einer breit rezipierten norwegischen Analyse.[269] Gleichwohl ist die militärstrategische Bewertung der *Caveats* nicht einheitlich. 2009 sah der damalige US-amerikanische SACEUR, General Banty J. Craddock, darin ein großes Problem, während General Stanley A. McChrystal als Kommandeur von ISAF in seinem Bericht über die Lage in Afghanistan die *Caveats* kaum erwähnte.[270] Auch wissenschaftliche Analysen kommen zu der Schlussfolgerung, dass *Caveats* zwar Planungsprozesse erschwerten und sinnvolle militärische Operationen verhinderten; entscheidend sei allerdings ihr Vorteil, dass Länder wegen akzeptierter Einsatzvorbehalte überhaupt erst an Einsätzen teilnehmen könnten.[271] Problematisch wird es erst, wenn Nationen bewusst Fähigkeiten abbauen oder nicht aufbauen, damit Anfragen

---

[268] Wesley Clark, Waging Modern War. Bosnia, Kosovo, and the Future of Combat, New York 2002, S. 394, 398. Siehe dazu auch David P. Auerswald, Stephen M. Saideman, NATO in Afghanistan, S. 6.

[269] Michael F. Harsch, A Reluctant Warrior. The German Engagement in Afghanistan, Peace Research Institute Oslo, 2011. https://www.cmi.no/publications/file/4471-a-reluctant-warrior.pdf.

[270] Siehe dazu General McChrystals *„ISAF assessment 2010"* http://www.washingtonpost.com/wp-dyn/content/article/2009/09/21/AR2009092100110.html

[271] Siehe David P. Auerswald, Stephen M. Saideman, NATO in Afghanistan, S. 1-29, 217-236; Gale A. Mattox, Going Forward. Lessons Learned. In: Coalition Challenges in Afghanistan. The Politics of Alliance, ed. by Gale A. Mattox and Stephen M. Grenier, Stanford University Press 2015, S. 288-304.

der NATO danach ausbleiben. Dieser Vorwurf wird mehr oder weniger insgeheim Deutschland gemacht.[272] Sollte dies tatsächlich der Fall sein, so läge ein eklatanter Verstoß gegen Geist und Buchstabe von Art. 3 des NATO-Vertrages vor.

Die NATO bietet ihren Mitgliedern Freiheitsgrade, die selbst von der Führungsmacht USA nicht aufgehoben werden können. Geistige Grundlage dafür ist der NATO-Vertrag. Dieser garantiert die Autonomie der Nationen (besonders Art. 3 und 5) und fordert einen respektvollen Umgang unter gleichberechtigten demokratischen Regierungen, die ihren Parlamenten und damit ihren Bürgern gegenüber verantwortlich sind. Damit ist auch klar, dass die NATO nicht mit dem Warschauer Pakt vergleichbar ist, in dem die Sowjetunion eine imperiale Stellung innehatte und in die nationalen Belange der Mitgliedstaaten eingriff, auch mit Waffengewalt. Dieser Respekt vor der Souveränität demokratischer Staaten dürfte ein Grund dafür sein, dass der NATO-Vertrag keinen Artikel enthält, der den Ausschluss eines Mitglieds regelt oder die Möglichkeit dafür vorsieht. Ein Austrittsersuchen wäre eine autonome Entscheidung eines Verbündeten. In der Geschichte der NATO gab es diesen Fall bisher nicht.

Gleichwohl beklagen zahlreiche Stimmen innerhalb und außerhalb der Allianz die immer wieder genutzte Option von Mitgliedstaaten, Konsensentscheidungen zu verhindern oder zumindest zu verzögern und sich nicht an bereits getroffene Entscheidungen zu halten. Besonders stark wuchs die Kritik in den USA nach den Erfahrungen mit den Verbündeten im Kosovo-Krieg. Dieser wurde als *war by committees* abqualifiziert, was kurze Zeit später dazu führte, dass die USA die Kriege in Afghanistan und im Irak als Koalitionen der Willigen führen wollten. General Wesley Clarks Versuch, die Vorteile der schwierigen und zeitintensiven Abstimmungsprozesse in der NATO herauszustellen[273], überzeugte die US-Seite nicht.

---

[272] Siehe dazu Barbara Kunz, The Real Roots of Germany's Defense Spending Problem. In: War on the Rocks, 24 July 2018. https://warontherocks.com/2018/07/the-real-roots-of-germanys-defense-spending-problem/; Michael Rühle, Security Policy as Symbolism. German military and security policy still suffers from serious constraints, Berlin Policy Journal, 11 February 2016. https://berlinpolicyjournal.com/security-policy-as-symbolism/.

[273] Wesley Clark, Waging Modern War. Siehe insbesondere S. xxviii, xxx.

Die Option, Koalitionen der Willigen zu bilden – nicht als Alternative zur NATO, sondern als Möglichkeit, deren strategische Flexibilität zu verbessern – erfährt durch das Reformkonzept „NATO 2030" neue Aufmerksamkeit. Vor allem die USA drängen in diese Richtung. Die Vorteile scheinen auf der Hand zu liegen: politische Handlungseinheit und Verlässlichkeit der teilnehmenden Verbündeten nehmen zu, und sie können all das nutzen, was die NATO operativ auszeichnet: eine Kommandostruktur mit eingespieltem Personal, multinational aufgestellte Aufklärungs- und Analyseinstrumente sowie wertvolle militärische Fähigkeiten.

Der Politologe Carlo Masala prognostiziert, dass Ad-hoc-Kooperation das bestimmende Muster der Zusammenarbeit von Staaten im 21. Jahrhundert sein wird.[274] Er bezeichnet diese als „*coalitions of the willing and able*". Sie verfügen über mehrere Vorteile: Sie setzen reformbedürftige Internationale Organisationen wie die Vereinten Nationen unter Druck und erhöhen den Anreiz für Mitgliedstaaten der Allianz, leistungsfähige Streitkräfte zu unterhalten. „*Free-riding*" fände damit ein Ende. Gleichzeitig liefen die hybriden Kriegführungsstrategien von China und Russlands ins Leere. NATO-Partner, die unter deren Einfluss stehen, kommen für derartige Koalitionen nicht in Frage.

Koalitionen der Willigen sind in politischer Hinsicht überaus problematisch. Die NATO als primäre Plattform für Konsultationen, Koordinierungen und Kooperationen würde durch bi- oder multilaterale Formate der jeweiligen Hauptstädte ersetzt werden. Wenn überhaupt, dann fänden dort die Abstimmungsgespräche über die zu erreichenden politischen Ziele statt. Dies scheint nicht einfach zu sein. Der Luftkrieg gegen Libyen 2011 ist ein Beispiel dafür, dass Koalitionen der Willigen Schwierigkeiten haben, eine gemeinsame politische Zielsetzung zu erarbeiten und umzusetzen. Nationale Interessen stehen im Vordergrund. Dagegen mag man argumentieren, dass derartige Probleme auch in der NATO bestehen. Der Krieg in Afghanistan ist dafür ein anschaulicher Beleg. Gleichwohl erkannte die NATO dies als ihr größtes Problem und versucht seitdem, ihre politische Dimension zu stärken. Zudem verfügen Koalitionen der Willigen nicht über dafür eingespielte Prozesse wie beispielsweise die NATO, die „nur" darunter leidet, dass

---

[274] Carlo Masala, Weltunordnung, S. 94.

ihre Mitgliedstaaten diese nicht nutzen. Wer die politische Dimension der NATO stärken will, dürfte ihre strategische Flexibilität nicht so weit ausdehnen, dass *„coalitions of the willing and able"* innerhalb der NATO auf ihre Kosten und zu ihrem Schaden möglich werden.[275]

## Zusammenfassung

Die Außen- und Verteidigungsminister der NATO-Mitgliedstaaten betonen mit bemerkenswerter Einmütigkeit die Adaptionsfähigkeit der transatlantischen Allianz. Tatsächlich kann sie auf eine beeindruckende Erfolgsgeschichte auch im internen Krisenmanagement zurückblicken.[276] Die Unterschiede der NATO-Mitgliedstaaten hinsichtlich ihrer politischen, wirtschaftlichen und militärischen Macht, ihrer Stellung als Sieger oder Verlierer im Zweiten Weltkrieg, ihres globalen oder regionalen Machtanspruchs, ihrer kolonialen oder anti-imperialistischen Traditionen sowie ihrer strategischen Kulturen tarierte sie aus. Dadurch sicherte sie ihre Handlungsfähigkeit. Manche Krisen wie den „ewigen" Konflikt zwischen Griechenland und der Türkei konnte sie bis heute nicht lösen, weil ihr sowohl vom Geist als auch vom Buchstaben des NATO-Vertrages her die Mechanismen fehlen. Eingefrorene Konflikte stellen die Existenz der NATO nicht in Frage; sie belasten jedoch zunehmend ihre politische Handlungseinheit.

Zur erfolgreichen Adaptierung der NATO trug ihre enorme militärstrategische Flexibilität bei. Ungelöste, gedeckelte oder eingefrorene politische Konflikte hinderten die NATO nicht daran, mehrfach Änderungen in ihrer Kommandostruktur und in ihren Streitkräfteplanungen sowie zahlreiche militärische Einsätze zu beschließen und durchzuführen. Wenn notwendig, schuf sie Sonderregeln für einzelne Länder, auch wenn dies der Solidarität untereinander nicht guttat. Ihre überraschend hohe militärische Handlungsfähigkeit dürfte dazu beige-

---

[275] Hinzu kommen praktische Fragen wie beispielsweise die Vergütung für NATO-Leistungen, die von allen Verbündeten oder, wie bei AWACS, von einer Gruppe von Verbündeten getragen werden. Solche Fragen lenken jedoch von den politischen und militärstrategischen Herausforderungen ab.

[276] Siehe Seth Johnson, How NATO Adapts, S. 1-2: "Yet both adaptation and endurance characterize NATO. (…) As a result, the considerable, frequent, and effective adaptation of NATO is puzzling." Siehe auch S. 176-184.

tragen haben, dass die NATO sich zunehmend zu einem Militärbündnis entwickelte, das seine politische Dimension einbüßte. Den Mitgliedstaaten kam dies entgegen. Sie bewiesen gegenüber ihren Bürgern Handlungsfähigkeit und nutzten das Defizit an politischer Handlungseinheit für das Verfolgen eigener nationaler Interessen. Dadurch verlor die NATO viel von ihrer Gründungsidee: Dem Primat des politischen Bündnisses vor dem militärischen.[277] Hierin dürfte auch eine wesentliche Ursache für die ausgebliebenen Erfolge der NATO in den Auslandseinsätzen sowie ihre tiefsitzende Glaubwürdigkeitskrise liegen.

Durch Stärkung ihrer politischen Dimension soll die NATO die Balance zwischen politischer Einheit und militärischer Handlungsfähigkeit verbessern. Dies wird allerdings nicht einfach sein. Die Rahmenbedingungen für Konsultationen, Koordinierungen und Konsense unter Verbündeten sind nicht besser geworden sind. Ganz im Gegenteil. Die außen- und sicherheitspolitische Lage ist komplexer als jemals zuvor, weil mehrere Konkurrenten oder Gegner beteiligt sind (u.a. Russland, China, Iran). Diese koordinieren sich untereinander oder nutzen Konflikte zwischen den USA und anderen Großmächten opportunistisch aus. Neue Räume – von den *global commons,* den globalen Gemeinschaftsgütern, bis zur eisfreien Arktis – müssen strategisch mitbedacht werden. Die Führungsmacht USA bleibt zwar immer noch eine Supermacht; sie büßte allerdings relativ betrachtet an *Soft- und Hardpower* ein. Zudem nehmen die Vorbehalte der Bevölkerungen in vielen westlichen Demokratien gegenüber einem Einsatz bewaffneter Gewalt zu. Die politische Nützlichkeit des militärischen Instruments, das bisher im Mittelpunkt der NATO stand, nimmt auch in anderer Hinsicht ab. Weder die sicherheitspolitischen Auswirkungen des Klimawandels noch die

---

[277] Es wäre einer weiteren Untersuchung vorbehalten, inwieweit ein mehr an Jomini als an Clausewitz orientiertes strategisches Denken zu dieser Entwicklung innerhalb der NATO beigetragen hat. Zu den Unterschieden dieser beiden Kriegstheoretiker und der Dominanz der mehr operativen Prinzipien Jominis in den US-Streitkräften siehe Uwe Hartmann, Carl von Clausewitz and the Making of Modern Strategy, Berlin 2002; Abenheim, Donald, Halladay, Carolyn, Soldiers, War, Knowledge and Citizenship: German-American Essays on Civil-Military Relations, Berlin 2017, S. 11-32, 97-152.

hybriden, auf den Zusammenhalt von Bündnissen und Staaten abzielenden Angriffe lassen sich durch Panzerdivisionen beheben. Selbst massive Ausbildungsunterstützung für andere Armeen ist, wie der schnelle Zusammenbruch der afghanischen Sicherheitskräfte angesichts der Offensiven der Taliban im Sommer 2021 zeigte, nur wenig nachhaltig, wenn die politischen und gesellschaftspolitischen Rahmenbedingungen in den jeweiligen Einsatzländern ungünstig sind.[278] Die NATO muss also politischer werden, auch in dem Sinne, dass sie andere Instrumente als das militärische in ihr strategisches Denken einbezieht und an gemeinsamen politischen Zielsetzungen ausrichtet.[279] Und sie muss strategischer werden, um politische Ziele realistischer zu definieren.

Wenn dies gelänge, kehrte die NATO zu ihren Wurzeln zurück. Ihre Gründungsväter sahen in ihr kein traditionelles Bündnis, deren Mitglieder trotz einer militärischen Beistandspflicht ihre Außen- und Sicherheitspolitik unabhängig voneinander gestalteten. Für die NATO sollte vielmehr der Grundsatz gelten: *Consultations first*, und diese sollten umfassend sein: Von den Verbündeten wurde erwartet, dass sie Wirtschaft, Soziales, Informationen und Militär in ihren Wechselwirkungsbeziehungen ganzheitlich betrachteten. Diese Sichtweise auf die NATO wurde jedoch nicht Allgemeingut: „Ob sie eine atlantische Gemeinschaft demokratischer Staaten war oder doch nur eine altmodische

---

[278] Zur militärischen Ausbildungsunterstützung der afghanischen Sicherheitskräfte siehe Helmut Fiedler, Military Assistance – eine moderne Einsatzart zwischen Anspruch und Wirklichkeit, Berlin 2019; Torsten Gojowski und Sebastian Koegler, Building Special Operations Relationships with Fragile Partners – Best Practices from Iraq, Syria, and Afghanistan, Berlin 2019.

[279] Zum *Comprehensive Approach* der NATO siehe NATO: a comprehensive approach to crises. https://www.nato.int/cps/en/natolive/topics_51633.htm; David S. Yost, NATO and International Organizations, NDC Research Division, Rome September 2007. https://www.files.ethz.ch/isn/44099/fp_03.pdf; Judy Dempsey, ʻJudy Asks: Can NATO and the EU Cooperate?ʼ Carnegie Europe (7 December 2016) http://carnegieeurope.eu/strategiceurope/66369; Luis Simón, EU-NATO Cooperation in an Era of Great-Power Competition. In: The German Marshall Fund of the United States, Policy Brief 26. November 2019. https://www.gmfus.org/publications/eu-nato-cooperation-era-great-power-competition.

Militärallianz, war eine offene Frage, die je nach Art der Beteiligung in konkreten Situationen zu unterschiedlichem Verhalten führte."[280]

Für die Zukunft der NATO zeichnen sich drei unterschiedliche Wege ab: ein Mehr an politischen Konsultationen, Koordinierungen und Kooperationen unter den Verbündeten, in denen der Austausch von Informationen und Argumenten einen höheren Stellenwert erfährt (der liberal-idealistische Ansatz) oder die zunehmende Re-Nationalisierung, die Koalitionen der Willigen innerhalb der NATO bevorzugt (der realpolitische Ansatz). Als dritte Option böte sich an, beide Wege gleichzeitig zu beschreiten.

Das Führungsverhalten der USA (und, wie wir zuvor gesehen haben, Deutschlands in Europa bzw. der EU) dürfte die künftige Entwicklung der NATO entscheidend beeinflussen. Die Administration unter Präsident Joe Biden versprach in den ersten Monaten seit Übernahme der Regierungsgeschäfte, dass sie die transatlantische Allianz als *die* Plattform für ihre global ausgerichtete Außen- und Sicherheitspolitik nutzen wird. Die Debatte der Außenminister im Nordatlantikrat über den Abzug der Truppen aus Afghanistan schien dies genauso zu bestätigen wie die gemeinsamen Auftritte des US-amerikanischen Außenministers und des NATO-Generalsekretärs im Frühjahr 2021. Zwar dürften die USA bei den Konsultationen über Afghanistan den Ton angegeben haben. Nach außen hin wurde jedoch der Eindruck erweckt, als wäre der beschlossene Abzug der Streitkräfte eine gemeinsame Entscheidung gewesen, bei der die Interessen aller Verbündeten berücksichtigt wurden. Doch der nur wenig später erneut vorverlegte Zeitpunkt des Abzugs bestätigte, dass die USA, wenn sie dies für notwendig erachten, weiterhin Entscheidungen auch ohne Konsultationen mit Verbündeten treffen werden.

Die Bereitschaft von NATO-Mitgliedstaaten, bewusst auf Konsultationen zu verzichten, hängt auch mit einer spezifischen Stärke der Allianz zusammen. Sie ist eine derartig leistungsfähige „Kompromissmaschine", dass Ideen und Initiativen, die Nationen in deren Arbeitsprozesse einspeisen, zu bisweilen deutlich veränderten Entscheidungen führen. Auch wenn die Mühlen der NATO langsam mahlen, so lassen ihre Mahlzähne einmal eingebrachte Positionen nicht mehr los: Papiere

---

[280] Wilfried Heinemann, Vom Zusammenwachsen des Bündnisses, S. 265-266.

als Grundlagen für neue Strategische Konzepte, Auslandseinsätze oder Streitkräfteplanungen werden so lange hin und her bearbeitet, bis von allen mitgetragene Lösungen dabei herauskommen. Das liegt nicht immer im Interesse vor allem größerer Mitgliedstaaten, was deren Bereitschaft, ohne Konsultationen und Kompromisse mit Verbündeten zu handeln, erhöht.[281] Staaten unabhängig von ihrer Größe müssen jederzeit abwägen, ob sie andere Staaten beteiligen wollen und dafür bereit sind, einen Verlust an eigener Handlungsfreiheit hinzunehmen. Ist diese Bereitschaft nicht gegeben, dann ergibt es keinen Sinn, die Kompromissmaschine anzuwerfen oder überhaupt Konsultationen einzuberufen. Gerade die weltweit engagierten Vereinigten Staaten von Amerika überlegen sich genau, ob sie sich durch Konsultationen über Gefährdungen, die räumlich nicht auf das NATO-Territorium begrenzt sind, in ihrer Handlungsfreiheit einschränken lassen wollen. Zudem könnten Mitgliedstaaten zu dem Urteil gelangen, dass es für eine von ihnen angestrebte Lösung eines sicherheitspolitischen Problems keinen Konsens unter den Verbündeten geben wird.

Werfen wir daher einen Blick auf die NATO als Kompromissmaschine. Im nächsten Kapitel geht es darum, wie diese funktioniert und welche Rolle dabei die Mächte und Menschen spielen.

---

[281] Carlo Masala versetzt sich in die Schuhe der US-amerikanischen Strategen und fragt: „Warum sollten sich die Vereinigten Staaten, so lauteten die Überlegungen in Washington, durch Vetorechte und Einsprüche sowie komplizierte Aushandlungsprozesse in ihren Aktivitäten binden lassen, wenn doch die Möglichkeit vorhanden war, internationale Ordnungspolitik auch im Alleingang und außerhalb der etablierten Institutionen zu betreiben." Carlo Masala, Weltunordnung, S. 51.

# Die NATO als „Kompromissmaschine"

## Kompromisse ohne „einigende Bedrohung"

Die Geschichte der NATO ist eine Erfolgsgeschichte. Dies liegt auch daran, dass das Bündnis es immer wieder schaffte, aus Krisen gestärkt hervorzugehen – selbst aus der existenzgefährdenden Nahtodsituation im Jahr 2003, als sich ihre Mitgliedstaaten über den Irakkrieg entzweiten. Auch 30 Jahre nach dem Ende des Kalten Krieges profitiert die NATO davon, dass viele Staaten eine NATO-Mitgliedschaft anstrebten und einige weiterhin anstreben, und dass es keine ernsthaften institutionellen Alternativen zu ihr gibt. Nur einmal, Anfang der 1950er Jahre, als die Europäer die Pläne für eine supranationale Europäische Verteidigungsgemeinschaft (EVG) schon weit vorangetrieben hatten, bestand die Aussicht auf eine mögliche Konkurrenz zur NATO.[282] Die EVG scheiterte ironischerweise an Frankreich, an der Nation, dessen Außen- und Sicherheitspolitiker die Ideen dazu entwickelt hatten. Mittlerweile hat die EU einige Fortschritte in ihrer Gemeinsamen Außen- und Sicherheitspolitik (GASP) erzielt, was die politische Handlungseinheit der europäischen NATO-Verbündeten verbessern dürfte. Auch die Analysen des Rückzugs aus Afghanistan im Sommer 2021 werden für neue Impulse sorgen. Von einer realistischen Alternative zur NATO ist sie allerdings noch weit entfernt.

Es ist also davon auszugehen, dass die NATO weiterexistieren wird. Deren Mitgliedstaaten haben ein vitales Interesse daran. Dies gilt für die USA als Führungsmacht genauso wie für mittlere und kleinere Staaten. Da deren physische Existenz von den politischen Entscheidungen der USA abhängt, bietet ihnen die NATO-Mitgliedschaft mehr Einflussmöglichkeiten, als sich ausschließlich auf bilaterale Beziehungen zur Führungsmacht des Westens zu verlassen.

Dies ist eine gute Ausgangslage dafür, dass die NATO-Mitgliedstaaten sich auch künftig auf gemeinsames Handeln einigen werden und die transatlantische Allianz damit handlungsfähig bleibt. Deren Entscheidungen werden oftmals Kompromisse sein. Daher versteht sich die

---

[282] Johnson, How NATO Adapts, S. 39-79. Die EDC war keine Alternative zur NATO. Sie wäre in die NATO integriert worden. Nur deshalb fand die EDC auch die Unterstützung der US-Administration unter Präsident Truman.

NATO sich als Instrument zur „… Organisation eines Interessenaus-gleichs zwischen ihren Mitgliedstaaten"[283]. Das vorherige Kapitel zeigte auf, dass die zunehmende Bereitschaft der Verbündeten zu einer kon-frontativen Politik diese Kompromissfindung erschwert. Eine „eini-gende Bedrohung", die wie im Kalten Krieg divergierende Interessen einhegen könnte, ist nicht in Sicht. Ganz im Gegenteil: Die Verbünde-ten priorisieren die zahlreichen und miteinander vernetzten Bedrohun-gen unterschiedlich. Andererseits kann die NATO darauf vertrauen, dass ihre über 70 Jahre hinweg entwickelten Organisationsstrukturen und -kulturen auch weiterhin gemeinsame Entscheidungen ermögli-chen – wenn sie denn von den Verbündeten genutzt werden. Schauen wir uns deshalb den „Maschinenraum" der NATO und dessen Struk-turen und Prozesse zur Konsens- durch Kompromissfindung einmal genauer an.

## Der „Maschinenraum" der NATO

Zuvor sei der Hinweise gestattet, dass der „Maschinenraum" der NATO zunächst gar nicht auf dem Zettel ihrer zwölf Gründungsnati-onen stand. Im Vertrag von 1949 wird nur der Nordatlantikrat (*North Atlantic Council*; NAC) explizit benannt. Darin sind die NATO-Bot-schafter der Mitgliedstaaten vertreten. Allerdings wurde dem NAC be-reits damals eingeräumt, für einen angemessenen Unterbau zu sor-gen.[284]

Der Ausbruch des Korea-Krieges im Juni 1950 zwang die NATO dazu, schnell zivile *und* militärische Organisationsstrukturen aufzubauen, um die Verteidigungsplanungen zu koordinieren und im Fall der Fälle auch tatsächlich durchzuführen. Da Demokratien das Primat des Politischen pflegen und dieses Primat auch Grundprinzip der NATO sein sollte, musste dem NAC ein ziviler Arbeitsmuskel zur Verfügung gestellt wer-den. Dies ist der Internationale Stab (*International Staff*; IS) mit dem NATO-Generalsekretär an dessen Spitze (*Secretary General*; SG). Der IS ist beispielsweise für die Vorbereitung der Tagungen der NATO-Staats- und Regierungschefs sowie ihrer Außen- und Verteidigungsmi-

---

[283] Johannes Varwick, Die NATO, S. 45.
[284] Siehe Artikel 9 des NATO-Vertrages von 1949.

nister zuständig. Diese geben durch ihre regelmäßigen Treffen den Mitarbeitern im NATO-Hauptquartier eine Art „Plan für die Stabsarbeit" (*battle rhythm)* vor.

Auch die militärische Seite muss angemessen im Hauptquartier vertreten sein, um dem NAC einen militärischen Ratschlag zu geben und die Verbindung zu den militärischen Hauptquartieren der militärstrategischen Ebene herzustellen. Dazu sind die Generalstabschefs (*Chiefs of Defense*; CHOD) der NATO-Mitgliedstaaten im NATO-Hauptquartier mit ihren Nationalen Militärischen Repräsentanten (*National Military Representative*; NMR) vertreten. Als deren Arbeitsmuskel fungiert der Internationale Militärstab (*International Military Staff*; IMS).

Erneut sei hier der Hinweis auf das Primat der Nationen gegeben. Die NATO ist „Kompromissmaschine" *ihrer Mitgliedstaaten.* Deren Repräsentanten sollen im NATO-Hauptquartier eng und vertrauensvoll zusammenarbeiten. Jede Nation ist mit einer politischen sowie einer militärischen Seite vertreten, wobei erstere das Primat innehat. Die Außenminister entsenden einen Botschafter als ständigen Vertreter und die Verteidigungsminister einen Nationalen Militärischen Repräsentanten (*National Military Representative; NMR*) als Vertreter des CHOD. Beide verfügen über einen recht umfangreichen Unterbau an zivilen und militärischen Mitarbeitern. Damit wird deutlich, welche Rolle der IS und der IMS spielen: Deren Angehörige sollen die Kompromissfindung zwischen den Nationen erleichtern und sich dabei an einem übergreifenden Bündnisinteresse orientieren.

Die Organisationsstruktur der NATO veränderte sich im Laufe der Zeit. Nach dem Ende des Kalten Krieges entschieden die Verbündeten, mehrere militärische Hauptquartiere auf der operativ-taktischen Ebene abzubauen. Sie verringerten auch die Anzahl der für spezifische Aufgaben zuständigen Agenturen (*Agencies*). Damit einher ging ein starker Personalabbau. Seit 2014 steigt die Anzahl der Hauptquartiere und des dort arbeitenden Personals erneut.[285]

---

[285] Zur NATO-Kommandostruktur siehe das NATO Fact Sheet https://www.nato.int/nato_static_fl2014/assets/pdf/pdf_2018_02/1802-Factsheet-NATO-Command-Structure_en.pdf. Zu den Unterschieden zur NATO-Streitkräftestruktur siehe den Internetauftritt des BMVg https://www.bmvg.de/de/aktuelles/unterschied-zwischen-ncs-und-nfs-21976.

Mit dieser kurzen Beschreibung der NATO-Organisation haben wir bereits die wesentlichen Akteure benannt. Dies sind das NATO-Hauptquartier mit dem Nordatlantikrat, dem NATO-Generalsekretär mit seinem Internationalen Stab sowie dem Militärausschuss mit seinem Internationalen Militärstab. Hinzu kommen die Nationalen Delegationen mit den zivilen und den militärischen Vertretungen sowie die dahinterstehenden Hauptstädte mit ihren Außen- und Verteidigungsministerien. Wichtige Akteure sind zudem die beiden militärstrategischen Hauptquartiere (*Allied Command Operations* ACO in Mons/Belgien[286] und *Allied Command Transformation* ACT in Norfolk/USA). Deshalb sind auch sie mit großen Abteilungen im NATO-Hauptquartier in Brüssel/Belgien vertreten.

### Die Pflicht zum Konsens

Bei den Beschlüssen der NATO handelt es sich in der Regel um Kompromisse. „Konsens und Kompromiss sind zwei Seiten derselben Medaille."[287] Was sind nun die Leitlinien für die Konsens- bzw. Kompromissfindung? Und wie arbeiten die strategischen Akteure innerhalb der NATO so zusammen, dass sie wie eine große „Kompromissmaschine" funktionieren?

Im Anfang steht der politische Impuls.[288] Für die Arbeit im NATO-Hauptquartier besteht eine „Pflicht zum Konsens"[289], weil sich zuvor schon die Staats- und Regierungschefs und/oder die Minister oder, als deren permanente Vertreter im Nordatlantikrat, die NATO-Botschafter darauf geeinigt haben, ein bestimmtes Thema anzugehen. Oder weil Entscheidungen zu einem bestimmten Thema bei der nächsten Sitzung des Nordatlantikrats von den Staats- und Regierungschefs bzw. den Außen- und Verteidigungsministern getroffen werden sollen. Diese

---

[286] Das ACO ist auch unter seiner ursprünglichen Bezeichnung SHAPE (*Supreme Headquarters Allied Powers Europe*) bekannt.

[287] Heinrich Brauss, Sitzungen chairen: Die anspruchsvolle Kompetenz zwischen Leiten und Moderieren – ein Interview. In: Martin Hartmann, Alexander Zoll, Rüdiger Frank: mini-handbuch Meetings leiten, Weinheim/Basel 2017, S. 148.

[288] Der politische Impuls kann auch von der militärischen Seite aus gesetzt werden. Beispiele sind das sog. Wittmann-Papier und die NATO Militärstrategie von 2019.

[289] Heinrich Brauss, Sitzungen chairen: Die anspruchsvolle Kompetenz zwischen Leiten und Moderieren – ein Interview, S. 148.

„Pflicht zum Konsens" ist strukturell und prozessual verankert, sie muss sich allerdings auch in den Einstellungen aller Mitarbeiter im NATO-Hauptquartier widerspiegeln. Wir werden uns daher im nächsten Kapitel mit der Frage beschäftigen, wie diese DNA der NATO das Verhalten von Soldaten und Diplomaten bestimmt, die zuvor Jahrzehnte in ihren Heimatländern sozialisiert wurden und auch von den dortigen Re-Nationalisierungstrends beeinflusst sind.

Bei der Erarbeitung von Papieren, die als Grundlage für Diskussionsprozesse dienen und einen Konsens bzw. Kompromiss ermöglichen sollen, ist in der Regel der IS als Arbeitsmuskel des Generalsekretärs federführend. Der entscheidende Vorteil der Organisationsstruktur der NATO besteht darin, dass diese Papiere nicht von Hauptstadt zu Hauptstadt versandt werden müssen. Denn die Nationen sind vor Ort präsent und können sofort mit der Arbeit beginnen. Zudem erfahren Mitgliedstaaten früh über Entwicklungen im strategischen Denken von Verbündeten. Dieses „Frühwarnsystem" gibt ihnen Zeit, sich national vor allem gegenüber den Initiativen der Führungsmacht USA zu positionieren oder sich untereinander abzustimmen. Das NATO-Hauptquartier in Brüssel ist also so etwas wie eine Mini-transatlantische Allianz. Hier arbeiten der IS und der IMS, das MC mit den beiden strategischen Hauptquartieren sowie die nationalen Delegationen eng zusammen. Dabei können sich alle Akteure formell in Ausschüssen und Arbeitsgruppen oder in informellen Gesprächsformaten beraten. Sie haben nicht nur die Möglichkeit, sich jederzeit intensiv über nationale Positionen und Perspektiven auszutauschen, ohne den Weg von Hauptstadt zu Hauptstadt zu suchen; ihre Gespräche dienen auch dem Aufbau von persönlichen, vertrauensvollen Beziehungen, deren Pflege angesichts von Re-Nationalisierung und schärferen Konfrontationskursen so wichtig ist. Hier liegt der entscheidende Mehrwert der NATO gegenüber den parallel stattfindenden bilateralen Regierungskonsultationen oder General-/Admiralstabsgesprächen.

Hilfreich für die Kompromissfindung ist das sog. „Verschweigeverfahren" (*silent procedure*). Dieses läuft folgendermaßen ab: Die in Ausschüssen und Arbeitsgruppen erarbeitete Version eines Dokumentes wird den Nationen zugesandt. Fordern diese vor Ablauf der Verfahrensfrist keine Änderungen, gilt der Text als angenommen. Für einen Konsens müssen also nicht alle NATO-Mitgliedstaaten explizit zustimmen. Sie dürfen nur nicht Einspruch erheben, d.h. das Verschweigen brechen. Dies erleichtert es ihnen, einem Kompromiss auch dann zuzustimmen, wenn eigene nationale Positionen darin nicht vollumfänglich abgedeckt sind. Für dieses Verfahren ist es sehr hilfreich, wenn Dokumente den Respekt vor den nationalen Interessen von Verbündeten widerspiegeln und deren berechtigte Interessen darin weitestmöglich berücksichtigt sind.[290]

Bevor ein Dokument den Hauptstädten zur Prüfung vorgelegt wird, ist dieses bereits über Wochen und Monate und manchmal auch Jahre hinweg sowohl im NAC als auch im MC mit ihren Arbeitsmuskeln IS und IMS sowie im Austausch mit den zivilen und militärischen Repräsentanten und deren Stäbe diskutiert und verhandelt worden. Wird das Verschweigen dennoch gebrochen, so ist dies eine „Notbremse" von Nationen, die sich übervorteilt fühlen oder wo sich im Laufe des Prozesses politische Positionen verändert haben. Brechen eine oder mehrere Nationen das Verschweigen, wird das Dokument wieder in die Ausschüsse zurückgegeben. Der Prozess beginnt von vorne.

Schauen wir uns diese Kompromissfindungsverfahren anhand einiger Beispiele genauer an.

### 1) Militärische Einsätze

Bereits während des Kalten Krieges hatte die NATO zahlreiche Auslandseinsätze im Rahmen der Katastrophenhilfe durchgeführt. Seit 1991 nahm die Zahl der Militäroperationen sprunghaft zu.[291]

Grundsätzlich werden Entscheidungen über militärische Einsätze im Nordatlantikrat getroffen. Hier haben die Nationen die Möglichkeit, ihre nationalen Interessen einzubringen. Ein politischer Konsens unter den Verbündeten ist Voraussetzung für die Erarbeitung von militärischen Operationsplänen. Dies gilt auch für Einsätze, an denen sich nicht alle NATO-Mitgliedstaaten beteiligen. Für diese Staaten ist es einfacher, die Verschweigefrist verstreichen zu lassen, als explizit ihre Zu-

---

[290] Siehe Heinrich Brauss, Sitzungen chairen: Die anspruchsvolle Kompetenz zwischen Leiten und Moderieren – ein Interview, S. 152-153.
[291] Zu den Einsätzen der NATO siehe Varwick, NATO in (Un-) Ordnung, S. 146-166.

stimmung zu erteilen. Sie können sich sogar bei Abstimmungen in anderen Organisationen wie beispielsweise den Vereinten Nationen enthalten. Ein prominentes Beispiel dafür ist die Enthaltung Deutschlands bei einer Abstimmung im VN-Sicherheitsrat über ein Mandat, das den militärischen Einsatz der NATO in Libyen im Jahre 2011 legitimierte.

Der Weg bis zur Verlegung von Streitkräften in Einsatzgebiete ist klar geregelt: „Vom NATO-Rat geht, um einen Einsatz zu initiieren, eine umfassende, die wichtigsten politischen Rahmenvorgaben umfassende Weisung (*NATO Initiating Directive*) an den Oberbefehlshaber der NATO-Streitkräfte in Europa (SACEUR). Von diesem wird dann ein Konzept für die Operation (*Concept of Operations*) entwickelt, anschließend müssen erst der Militärausschuss und dann der NATO-Rat dieses Konzept billigen. Nach Billigung durch diese Gremien erhält der SACEUR mit ergänzenden Auflagen den Auftrag, einen Operationsplan (*OPLAN*) zu entwerfen, der unter anderem die aus seiner Sicht erforderlichen militärischen Kräfte beinhaltet, die Räume, Verhaltensregeln für die Durchführung des Einsatzes (*Rules of Engagement*) und vieles mehr. Er hält alle Bedingungen fest, die der militärische Befehlshaber für die anstehende Operation braucht. Dieser Plan geht ebenfalls zur Billigung über den Militärausschuss an den Rat. Geben beide ihre Zustimmung, erteilt der NATO-Rat an den SACEUR einen Aktivierungsbefehl (*Activation Order*). Der SACEUR beginnt jetzt mit der Einleitung der Operation und beruft die sogenannte Force-Generation-Conference ein. In dieser Konferenz stellt er auf der Grundlage des von ihm für notwendig erachteten und vom Rat gebilligten detaillierten Kräfteumfangs (*Combined Joint Statement of Requirement*) Mittel und Kräfte für den bevorstehenden Einsatz aus Kräftezusagen der Mitgliedstaaten zusammen.“[292]

In diesem Prozess arbeiten das NATO-Hauptquartier in Brüssel und die militärstrategischen Hauptquartiere in Mons und Norfolk eng zusammen. Die Nationen beteiligen sich intensiv, da sie am Ende die geforderten militärischen Fähigkeiten bereitstellen sollen. Daher haben sie bei jedem der einzelnen Prozessschritte die Möglichkeit, das Verschweigen zu brechen. Deutlich wird hier, dass neben den Strukturen und Prozessen auch der *NATO-spirit* unverzichtbar ist. Ohne eine enge

---

[292] Johannes Varwick, Die NATO, S. 67.

und vertrauensvolle Zusammenarbeit zwischen den zivilen und militärischen Akteuren innerhalb der NATO sowie zwischen dem NATO-Hauptquartier und den Hauptstädten der Verbündeten und dort wiederum zwischen den Außen- und Verteidigungsministerien sind Entscheidungen ohne Bruch des Verschweigeverfahrens kaum erwartbar. Aufgrund der Komplexität der Prozesse kommt es allerdings immer wieder zu Überraschungen. Dies ist beispielsweise dann der Fall, wenn Nationen mit dem Bruch des Verschweigens drohen, um Zugeständnisse von Verbündeten bei ganz anderen Themen zu erreichen. Dieses Verhalten kommt so häufig vor und beeinträchtigt die Handlungsfähigkeit der NATO so stark, dass die Reformagenda „NATO 2030" explizit darauf hinweist.[293]

Auch in den Entscheidungsprozessen über militärische Einsätze und deren Durchführung haben die Nationen große Freiräume. Selbst wenn sie das Verschweigen nicht brechen, müssen sie nicht an der Operation teilnehmen und eigene Streitkräfte in den *Force-Generation-Process* einmelden. Die Nationen können auch nicht dazu gezwungen werden, die von der NATO geforderten Kräfte vollumfänglich zu stellen – obwohl sie zuvor im NAC den geforderten Kräfteumfang gebilligt haben. Oftmals genügen die tatsächlich verlegten Streitkräftekontingente nicht allen Forderungen des *Combined Joint Statement of Requirement.*[294]

Schauen wir uns nun etwas näher an, wie das Verfahren bei der *enhanced Forward Presence* (eFP) ablief. Während des Gipfeltreffens 2014 in Wales beschlossen die Staats- und Regierungschefs die Erweiterung der bereits existierenden schnellen Eingreiftruppe (*enhanced NATO Response Force*; eNRF). Diese besteht aus einer *Very High Readiness Joint Task Force* (VJTF), die für ein Jahr mit einer hohen Einsatzbereitschaft von zwei bis fünf Tagen verfügbar ist. Die jeweilige VJTF aus dem Vorjahr sowie

---

[293] NATO 2030, S. 11: „Ensure their actions do not undermine the utility and cohesion of the Alliance for unrelated ends or narrow national goals without prejudice to their sovereign rights and core national interests."

[294] Siehe dazu das klare Statement von General Rainer Schuwirth während seiner Amtszeit als Chef des Stabes in SHAPE in seinem Beitrag „Internationale Einsätze - Herausforderungen für die Zukunft. In: Europäische Sicherheit, Nr. 7/2005, S. 15-18."

die VJTF des nachfolgenden Jahres stehen mit einer abgestuften Einsatzbereitschaft von 30 bzw. 45 Tagen bereit. Insgesamt verfügt die NATO damit über ein Divisionsäquivalent von Land-, Luft- und Seestreitkräften. Analysen zeigten jedoch sehr schnell, dass die VJTF nicht schnell genug vor Ort wäre, um im Falle eines Angriffs NATO-Bündnispartner wie beispielsweise die drei Baltischen Staaten zu verteidigen. Russland wäre damit die strategische Option eines *fait accompli* gewährt. Daher haben die nordost- und mittelosteuropäischen Staaten das Interesse an einer permanenten Stationierung von NATO-Streitkräften in ihren Ländern, ähnlich wie es im Kalten Krieg in Deutschland der Fall gewesen war. Viele NATO-Partner reagierten darauf sehr verhalten. Sie brachten rechtliche Bedenken wegen der NATO-Russland-Grundakte vor[295], sahen Gefahren für das künftige Verhältnis zu Russland oder machten sich Sorgen um die strategische Flexibilität der NATO, wenn ein Großteil der verfügbaren Streitkräfte im Nordosten ihres Territoriums gebunden wäre. Allerdings war eine Ablehnung der Forderungen der baltischen Staaten nicht so einfach. Eine 2016 veröffentlichte Studie der *RAND-Corporation* empfahl, dort sieben Brigaden zu dislozieren, darunter drei schwere Kampfverbände, die Verbündete stellen müssten.[296] Mehrere sicherheitspolitische Einrichtungen in NATO-

---

[295] Siehe dazu die Grundakte über Gegenseitige Beziehungen, Zusammenarbeit und Sicherheit zwischen der Nordatlantikvertrags-Organisation und der Russischen Föderation vom 27. Mai 1997 (https://www.nato.int/cps/en/natohq/official_texts_25468.htm?selectedLocale=de). Darin steht u.a.: „Die NATO wiederholt, dass das Bündnis in dem gegenwärtigen und vorhersehbaren Sicherheitsumfeld seine kollektive Verteidigung und andere Aufgaben eher dadurch wahrnimmt, dass es die erforderliche Interoperabilität, Integration und Fähigkeit zur Verstärkung gewährleistet, als dass es zusätzlich substantielle Kampftruppen dauerhaft stationiert. Das Bündnis wird sich dementsprechend auf eine angemessene, den genannten Aufgaben gerecht werdende Infrastruktur stützen müssen. In diesem Zusammenhang können, falls erforderlich, Verstärkungen erfolgen für den Fall der Verteidigung gegen eine Aggressionsdrohung und für Missionen zur Stützung des Friedens im Einklang mit der Charta der Vereinten Nationen und den Leitprinzipien der OSZE sowie für Übungen im Einklang mit dem angepassten KSE-Vertrag, den Bestimmungen des Wiener Dokuments von 1994 sowie gegenseitig vereinbarten Transparenzmassnahmen. Russland wird sich bei der Dislozierung konventioneller Streitkräfte in Europa entsprechende Zurückhaltung auferlegen."

[296] David A. Shlapak, Michael W. Johnson, Reinforcing Deterrence on NATO's Eastern Flank, S. 1.

Mitgliedstaaten beauftragten hochrangige ehemalige NATO-Botschafter und -Militärs oder ausgewiesene Politikwissenschaftler mit Studien über die erforderlichen militärischen Anpassungen der NATO, um ihre Verteidigungsfähigkeit im Osten zu verbessern.[297] Deren Ergebnisse wurden unmittelbar vor dem Gipfeltreffen in Warschau im Sommer 2016 veröffentlicht. Sie setzten vor allem die größeren Verbündeten unter Druck, spiegelten allerdings auch wider, wie weit die Nationen in dieser Frage auseinanderlagen.

Hier setzte nun die NATO als „Kompromissmaschine" an. Der IS suchte nach einem gemeinsamen Nenner der Vorstellungen der NATO-Bündnispartner, der als Kompromisslinie dienen konnte. Es entstand die Idee der eFP mit multinational zusammengesetzten Kampfverbänden in Bataillonsstärke, die durchrotieren, um die NATO-Russland-Grundakte zu respektieren. Dieser Kompromiss überzeugte nicht zuletzt deshalb, weil er bewährtes strategisches Denken der NATO geschickt integrierte: Er ist eine Kombination aus

- der Militärstrategie der *flexible response* (MC 14/3) mit der Triade und der Unberechenbarkeit über die Reaktionen der NATO,
- der Funktion der zwischen 1961 und 2001 existierenden *Allied Mobile Force* (AMF) als „Stolperdraht", der gleichwohl das Versprechen kollektiver Verteidigung unterstreicht[298],

---

[297] Siehe u.a. die für die Foundation for Polish-German Co-operation erstellte Studie des Politikwissenschaftlers Julian Lindley-French, NATO: The Enduring Alliance 2016 – a report for the Warsaw Summit (2016), June 2016. http://atahq.org/wp-content/uploads/2016/06/FWPN-JLF-NEA-2016-FINAL-230616.pdf; weiterhin die von dem Altantic Council / dem Brent Scowcroft Center on International Security erstellte Studie des ehemaligen NATO-Botschafters R. Nicolas Burns mit dem ehemaligen SACEUR James L. Jones, Restoring the Power and Purpose of the NATO Alliance. Deter Our Adversaries, Stabilze Our Partners, and Strengthen the North Atlantic Area through US Leadership in NATO, June 2016 https://www.atlanticcouncil.org/wp-content/uploads/2016/06/Restoring_the_Power_and_Purpose_of_the_NATO_Alliance_web_0624.pdf; siehe auch die Studie von hochrangigen NATO-Militärs, die im Auftrag eines estnischen *think tank* erstellt wurde: Wesley Clark, Jüri Luik, Egon Ramms, Richard Shirreff, Closing the Baltic Gap, International Center for Defense and Security, Estonia, May 2016. https://icds.ee/wp-content/uploads/2015/ICDS_Report-Closing_NATO_s_Baltic_Gap.pdf.
[298] Zur AMF siehe grundlegend Bernd Lemke, Die Allied Mobile Force 1961 bis 2002.

- dem Harmel-Bericht von 1967 mit der Forderung nach hinreichenden, nicht bedrohlich wirkenden Verteidigungsanstrengungen und dem gleichzeitigen Angebot des politischen Dialogs mit einem Gegner und
- neueren Überlegungen zur Resilienz der Bevölkerung angesichts hybrider Bedrohungen.[299]

Die Entscheidungen der NATO-Staats- und Regierungschefs auf dem Gipfel in Warschau spiegelten also tradierte Denkprinzipen wider, die wiederbelebt, aktualisiert und erweitert wurden.[300] Den NATO-Mitgliedstaaten fällt ein Kompromiss deutlich leichter, wenn er auf strategischen Denktraditionen beruht.

Dabei darf allerdings nicht der Eindruck entstehen, dass immer eines politischen Auftrags bedarf, um das strategisch-operative Denken in Gang zu setzen. Die NATO ist hier freier als viele Nationen, die eng durch ihre Parlamente kontrolliert werden und in denen die militärische Autonomie gering ausgeprägt ist.[301] Der Internationale Stab und der Internationale Militärstab können pro-aktiv tätig werden und beispielsweise Überlegungen anstellen, welche Einsätze der NATO im Rahmen des Internationalen Krisenmanagements vor dem Hintergrund der nationalen Interessen von Verbündeten künftig möglich werden könnten.

2) Strategische Dokumente

Schauen wir uns nun an, wie die „Kompromissmaschine NATO" bei der Erarbeitung von strategischen Dokumenten funktioniert. Beginnen

---

[299] Zur Steigerung der Resilienz der baltischen Staaten und ihren Bevölkerungen durch die eFP siehe Steve Maguire, The Positive Impact of NATO's Enhanced Forward Presence. https://thestrategybridge.org/the-bridge/2019/9/3/the-positive-impact-of-natos-enhanced-forward-presence#

[300] Der Rekurs auf in der NATO-Geschichte bewährtes politisch-strategisches Denken wird auch in den Ausführungen von Klaus Wittmann, The Road to NATO's New Strategic Concept, S. 222ff. deutlich.

[301] Zu diesen Ländern zählt beispielsweise Deutschland. Siehe dazu Tom Dyson, Managing Convergence: German Military Doctrine and Capabilities in the 21st Century. In: Defence Studies, Juni 2011, S. 244-270.
http://epubs.surrey.ac.uk/27638/2/Managing%20Convergence%20-%20German%20Military%20Doctrine%20and%20Capabilities%20in%20the%2021st%20Century%20Final%20Versio.pdf

wir mit den Strategischen Konzepten und werfen anschließend einen Blick auf die Strategien *Countering Hybrid Warfare* und die neue NATO-Militärstrategie (*NATO Military Strategy*, NMS). Da die beiden zuletzt genannten Dokumente geheim eingestuft sind, müssen wir uns auf das beschränken, was darüber in der Öffentlichkeit bekannt wurde.

Strategische Konzepte sind wichtig, weil sie den Zweck der NATO bestimmen, ihre Aufgaben definieren, Wege aufzeigen und die erforderlichen Mittel benennen. Als politisch-strategische Leitlinien geben sie Orientierung für die Arbeit in den NATO-Hauptquartieren und Agenturen sowie in den Hauptstädten der Mitgliedstaaten. Ihnen liegen umfassende und weit in die Zukunft reichende Bedrohungsanalysen zugrunde.[302] Da es die Mitgliedstaaten sind, welche den größten Teil der Mittel für die Umsetzung von Strategien bereitstellen und da diese durchaus unterschiedliche Interessen, Bedrohungswahrnehmungen und Lastenteilungsvorstellungen haben, sind Prozesse zur Erarbeitung von Strategien immer auch ein Weg, Unterschiede offen auf den Tisch zu legen und Kompromisse zu suchen. Sie stellen also eine „einigende Anstrengung" auf höchster politisch-strategischer Ebene dar.[303]

Die NATO verabschiedete nach dem Ende des Kalten Krieges drei Strategische Konzepte (1991, 1999, 2010). Sie ersetzten die Militärstrategien aus der Zeit des Kalten Krieges. Im Unterschied zu den geheim eingestuften Militärstrategien veröffentlicht die NATO ihre Strategischen Konzepte. Sie erfüllen also eine weitere wichtige Funktion: neben der Selbstvergewisserung nach innen dienen sie als strategische Kommunikation nach außen. Unmittelbarer Anlass dafür dürfte die Identitäts- und Existenzkrise der NATO nach dem Ende des Kalten Krieges gewesen sein. Damals musste es darum gehen, die Bürger der Mitgliedstaaten davon zu überzeugen, dass die NATO unverzichtbar bleibt. Die Glaubwürdigkeitskrise[304], in welche die NATO durch öffentlich ausgetragene Streitigkeiten über Lastenteilung und gescheiterte

---

[302] Zum *Strategic Forecast* siehe den Internetauftritt des Allied Command Transformation (ACT) https://www.act.nato.int/futures-work.

[303] Siehe Klaus Wittmann, Ein neues strategisches Konzept. In: Frankfurter Allgemeine Zeitung vom 7. Juli 2007; siehe auch Bastian Giegerich, Die NATO, S. 31.

[304] Siehe Reinhard Meier-Walser, Die NATO im Funktions- und Bedeutungswandel. Veränderungen und Perspektiven transatlantischer Sicherheitspolitik, Wiesbaden 2018, S. 22-24. Zur Glaubwürdigkeitskrise US-amerikanischer Sicherheitsgarantien

Auslandseinsätze hineingeraten ist, dürfte mit ein Grund dafür sein, dass auch künftig Strategische Konzepte veröffentlicht werden.

Schauen wir uns nun die Strategischen Konzepte der NATO von 1991, 1999 und 2010 kurz an. Das erste Konzept erarbeitete die NATO in einer Umbruchsituation historischen Ausmaßes. Das Ende des Kalten Krieges kam für die NATO und ihre Mitgliedstaaten völlig unerwartet. Nicht nur in den NATO-Hauptquartieren, auch in den Hauptstädten fragten viele nach Orientierung. Im IMS wurde sehr früh ein *Food for Thought-Paper* erarbeitet und zirkuliert, welches als Grundlage für den weiteren Diskussionsprozess diente. Um diesen zu steuern, wurden im NATO-Hauptquartier drei Arbeitsgruppen eingerichtet. Diese repräsentierten dessen politische und militärische Seite sowie die Nationen.[305] Sie arbeiteten nicht nacheinander, sondern parallel. So hoch war der Zeitdruck.[306] Dies erklärt wohl auch, warum die damals 16 NATO-Mitgliedstaaten überraschend schnell einen Konsens erreichten. Das erste Strategische Konzept der NATO konnte bereits ein gutes Jahr später auf dem Gipfel in Rom verabschiedet werden.

Der inhaltliche Paradigmenwechsel des ersten Strategischen Konzepts war bereits in dem *Food for Thought-Paper* des IMS vorweggenommen. Es sollte künftig nicht mehr allein darum gehen, Gefahren für das NATO-Territorium zu minimieren, sondern die NATO auf das vorzubereiten, was gut laufen könnte.[307] Auch wenn der optimistische und geradezu philosophische Grundton dieses Dokumentes nicht auf ungeteilte Zustimmung stieß, so waren doch bereits sehr früh die wesentlichen Aspekte des neuen strategischen Denkens definiert: (1) Abkehr von den bisherigen konfrontativen Militärstrategien mit eindeutiger Be-

---

siehe auch Carlo Masala, Weltunordnung, S. 80-83; Michael Lüders, Die scheinheilige Supermacht. Lüders hebt dabei vor allem auf Doppelmoral der USA und in deren Folge des Westens ab. Deren Werteorientierung sei ein Schutzmantel für knallharte Realpolitik.

[305] Siehe dazu im Detail Rob de Wijk, NATO on the Brink of the New Millenium. The Battle for Consensus, London 1997.

[306] Klaus Wittmann, The Road to NATO's New Strategic Concept, S. 221. Siehe auch Helmut R. Hammerich, Jeder für sich und Amerika gegen alle?, S. 233.

[307] Ausführlicher dazu Klaus Wittmann, Ein neues Strategisches Konzept, S. 9; ders., The Road to NATO's New Strategic Concept.

nennung eines Gegners zu einer „Strategie ohne Gegner". (2) Ein umfassender Sicherheitsbegriff statt Vorneverteidigung und flexibler Reaktion. Seitdem besteht unter den NATO-Mitgliedstaaten ein breiter Konsens, dass militärische Bedrohungen nur einen Teil des Bedrohungsspektrums ausmachen. Es gibt daher auch keine rein militärischen Lösungen für außen- und sicherheitspolitische Herausforderungen. (3) Ergänzung der militärstrategischen Säulen von Verteidigung und Dialog um die Kooperation mit den ehemaligen Gegnern des Warschauer Paktes. (4) Stärkere Betonung der Flexibilität und Mobilität von Streitkräften, um deren politische Nützlichkeit zu erhalten. (5) Eine noch stärkere Akzentuierung der politischen Rolle von nuklearen Waffen. Deren Einsatz erschien als nahezu abwegig („*remote*").

Geradezu revolutionär ist die Begrifflichkeit dieses strategischen Dokuments. Clausewitz'sche Kategorien wie Ungewissheit und Unsicherheit bestimmten dessen Duktus. Die Rede war nun von Komplexität und diffusen Risiken anstelle der zuvor betonten eindimensionalen Bedrohung durch den Warschauer Pakt. Dieses Dokument lieferte zudem die Basis für die späteren militärischen Interventionen und Stabilisierungseinsätze auf dem Balkan, das *Partnership for Peace (PfP)*-Programm, die NATO-Erweiterung mit den zuvor beschlossenen Kooperationsformaten mit Russland und der Ukraine sowie für die Zusammenarbeit mit anderen internationalen Organisationen, vor allem mit der sich sicherheits- und verteidigungspolitisch entwickelnden EU[308]. Neu war auch die Sichtweise auf die Bevölkerungen in den Mitgliedstaaten. Sie galten nunmehr als ein eigenständiger strategischer Akteur, der die Zukunftsfähigkeit der NATO wesentlich mitbestimmt.[309] Dieses von der Komplexität sicherheitspolitischer Herausforderungen ausgehende vernetzte Denken zieht sich seitdem wie ein roter Faden durch alle strategischen Dokumente der NATO.

---

[308] Die NATO bezeichnet die Zusammenarbeit mit Internationalen Organisationen wie die EU oder die Vereinten Nationen und die OSZE als *Comprehensive Approach* (CA). Siehe dazu grundlegend David S. Yost, NATO and International Organizations, NATO Defense College, Research Division, Rom September 2007. http://www.ndc.nato.int/download/publications/fp_03.pdf

[309] Die Bedeutung kritischer Medien für die NATO und insbesondere deren Kriegsführung wurde im Kosovo-Krieg 1999 besonders deutlich. Siehe dazu Wesley Clark, Waging Modern War, S. xxiiif.

Das erste Strategische Konzept der NATO ist das wohl beste Beispiel für strategische Weitsicht.[310] Es erstaunt noch heute, wie eine derartige gedankliche Meisterleistung möglich war. Wir werden darauf zurückkommen, wenn es um die Rolle der Menschen in der NATO geht.

Das zweite Strategische Konzept, das im Mai 1999 während des laufenden Kosovo-Krieges auf dem Washingtoner Gipfel zum fünfzigsten Bestehen der Allianz verabschiedet wurde, sollte eine Aktualisierung des ersten sein. Der Auftrag der Staats- und Regierungschefs an das NATO-Hauptquartier lautete: „to examine, and where necessary update".[311] Es ging also um eine behutsame Weiterentwicklung eines als grundsätzlich tragfähig beurteilten Konzepts. Allerdings war zwischenzeitlich doch einiges passiert: die Einsätze auf dem Balkan, der Ausbau der GASP im Rahmen der EU und die zunehmende Bedrohung durch den internationalen Terrorismus. Trotz eines großen Einvernehmens unter den Verbündeten im neuen strategischen Denken gab es einige harte Nüsse zu knacken. Dazu gehörte die Frage, ob die NATO sich weiterhin auf den euroatlantischen Raum und die Peripherie Europas konzentrieren oder zu einer globalen Allianz (*global NATO*) mit der Rolle eines Weltpolizisten weiterentwickeln sollte. Vor allem die USA setzten sich dabei für eine Abkehr von der regionalen Begrenzung ein.[312] Unterschiedliche Positionen gab es auch in der Frage nach der Notwendigkeit einer Mandatierung militärischer Einsätze der NATO durch die Vereinigten Nationen (VN). Im NATO-Vertrag von 1949 war das Primat der VN klar geregelt. Während des Kalten Krieges war deren Sicherheitsrat jedoch weitestgehend gelähmt. Als der Konflikt um das Kosovo ausbrach, widersetzten sich Russland und China einem Mandat, das eine militärische Intervention autorisiert hätte. Die NATO begann schließlich Luftkriegsoperationen gegen Serbien ohne Mandatierung durch den Sicherheitsrat. Dieses Vorgehen wurde in Politik und Gesellschaft vieler NATO-Mitgliedstaaten und besonders auch von Russland und China kritisiert. Damit stand die Frage im Raum, wie künftig damit umzugehen sei. Im Strategischen

---

[310] Klaus Wittmann, The Road to NATO's New Strategic Concept, S. 220.

[311] Klaus Wittmann, The Road to NATO's New Strategic Concept, S. 227.

[312] Ivo H. Daalder, James Goldgeier, Global NATO. In: Foreign Affairs, September/Oktober 2006 https://www.foreignaffairs.com/articles/2006-09-01/global-nato.

Konzept von 1999 einigten sich die NATO-Mitgliedstaaten darauf, dass grundsätzlich ein VN-Mandat erforderlich, gleichwohl eine Selbstmandatierung als Ausnahme möglich ist. Unterschiedliche Auffassungen im Sicherheitsrat der VN sollten also nicht zu einer Lähmung der NATO führen. Der US-amerikanische Vorschlag, Selbstmandatierung als Grundsatz festzuschreiben, fand keine Unterstützung bei den europäischen Verbündeten.[313]

Der Bearbeitungsprozess des zweiten Strategischen Konzeptes unterschied sich deutlich von dem seines Vorgängers. Es war nunmehr der IS und nicht der IMS, der einen ersten Entwurf erstellte. Rein formal betrachtet ist dies auch der richtige Startpunkt; denn bei den Strategischen Konzepten handelt es sich um eine politisch-strategische Leitlinie; d.h. die zivile Seite des Hauses sollte grundsätzlich die Federführung innehaben. Auch die Anzahl der notwendigen Entwürfe bis zum finalen Produkt unterschied sich deutlich. Beim ersten Strategischen Konzept wurden insgesamt 14 Entwürfe erstellt und zirkuliert; das 1999er Konzept war bereits nach drei Entwürfen unterschriftsreif. Zwei Gründe dürften dabei eine Rolle gespielt haben: Erstens war der Auftrag begrenzt; es handelte sich um eine Anpassung eines bereits bestehenden Strategischen Konzepts. Zweitens band die Kosovo-Krise mit dem anschließenden Luftkrieg viele Ressourcen in den NATO-Hauptquartieren.[314] Zeitdruck und Ressourcenknappheit können also zu einer beachtlichen Beschleunigung von Bearbeitungsprozessen führen. Allerdings darf nicht verhehlt werden, dass letzte Streitpunkte erst kurz vor dem Gipfeltreffen der Staats- und Regierungschefs ausgeräumt wurden. Auch dies scheint ein Charakteristikum der „Kompromissmaschine NATO" zu sein.

Mit den terroristischen Anschlägen vom 11. September 2001 hatten sich nur zwei Jahre nach der Verabschiedung des zweiten Strategischen Konzeptes die sicherheitspolitischen Verhältnisse erneut radikal geändert. Es dauerte allerdings noch knapp neun Jahre, bis die Staats- und Regierungschefs auf ihrem Gipfeltreffen in Lissabon das dritte und

---

[313] Zur Kritik an der Missachtung des Völkerrechts durch die USA seit dem Kosovokrieg siehe Michael Lüders, Die scheinheilige Supermacht. Warum wir aus dem Schatten der USA heraustreten müssen, S. 25-27.

[314] Klaus Wittmann, The Road to NATO's New Strategic Concept, S. 229.

noch heute (August 2021) gültige Strategische Konzept verabschiedeten. Gründe für die Verzögerung gab es viele. Die USA unter der Bush-Administration vertraten in vielen Politikfeldern, die vom Umgang mit dem Klimawandel bis zu Fragen der internationalen Rechtsordnung reichten, deutlich andere Positionen als viele europäische Verbündete. Enormes sicherheitspolitisches Spaltpotenzial hatten nicht nur der Irakkrieg 2003, sondern auch Aspekte der damaligen US-amerikanischen Nationalen Sicherheitsstrategie wie beispielsweise die präemptiven Militärschläge[315]. Da US-amerikanische Entscheidungen die strategische Debatte bestimmten, war die Gefahr groß, dass die Arbeit an einem neuen Strategischen Konzept ein „entzweiender Prozess" werden könnte. Einigkeit, Solidarität und Kohäsion als Zentrum der Kraftentfaltung der NATO wären damit für die Weltöffentlichkeit sichtbar unterhöhlt worden. Vor diesem Hintergrund war es von untergeordneter Bedeutung, dass eine der Streitfragen des 1999er Strategischen Konzeptes von der Realität zwischenzeitlich eingeholt worden war: Mit dem *out of area*-Einsatz in Afghanistan wurde die NATO zu einer globalen Organisation. Ihr traditioneller Eurozentrismus war beendet.

Erst unter der Obama-Administration ab 2009 schien die Zeit reif gewesen zu sein, mit der Arbeit an einem neuen Strategischen Konzept zu beginnen. Wie vorsichtig und skeptisch die NATO war, zeigt sich nicht zuletzt daran, dass eine Kommission unter Leitung der ehemaligen US-amerikanischen Außenministerin Margaret Albright beauftragt wurde, erste Ideen zu erarbeiten[316]. Schließlich band der damalige Generalsekretär der NATO, Anders Fogh Rasmussen, die finalen Stufen des Prozesses eng an sich. Wir sehen hier also den Versuch des Generalsekretärs, angesichts von „Richtungsdebatten"[317] als Ausdruck einer zunehmenden konfrontativen Politik unter den Verbündeten durch geschicktes Manövrieren innerhalb des Maschinenraums der NATO ein

---

[315] Siehe dazu die historische Rekonstruktion von Heinrich August Winkler, Zerbricht der Westen?, insbesondere S. 81-92, 235-268. Zu der Präemptivstrategie der USA siehe Karl-Heinz Kamp, Von der Prävention zur Präemption. Die neue amerikanische Sicherheitsstrategie. In: Internationale Politik, 12. Dezember 2002, S. 19-24 https://internationalepolitik.de/de/von-der-praevention-zur-praeemption.

[316] Zur Albright-Kommission siehe Johannes Varwick, NATO in (Un-)Ordnung, S. 94.

[317] Johannes Varwick, NATO in (Un-)Ordnung, S. 92.

konsensfähiges Papier zu erarbeiten. Auch darauf werden wir näher zurückkommen, wenn von den Menschen in der NATO die Rede ist.

Wo lagen die Bruchstellen, bei welchen Themen gab es Diskussionsbedarf, und was ist das Neue an dem 2010er Strategischen Konzept? Streitpunkte waren insbesondere der Umgang mit Russland, die Bedeutung von Raketenabwehrsystemen, die Rolle von Nuklearwaffen und deren Stationierung, die Behandlung neuer Themen wie Cyberangriffe, Energiesicherheit und der Schutz von Seeverbindungen sowie die Ausgestaltung der globalen Partnerschaften. Fragen der Zusammenarbeit mit der EU standen in einem engen Zusammenhang mit der kontrovers diskutierten Frage, ob die NATO über eigene Fähigkeiten und Instrumente aus der gesamten Bandbreite der vernetzten Sicherheit, also auch über zivile Mittel verfügen sollte.[318] Die *Lessons Identified* des Militäreinsatzes in Afghanistan unterstrichen den akuten Handlungsbedarf.

Schließlich einigten sich die NATO-Mitgliedstaaten auf ein Strategisches Konzept, das auf drei Säulen beruht: Kollektive Verteidigung, Internationales Krisenmanagement sowie Kooperative Sicherheit. Diese standen gleichrangig nebeneinander. Das Verhältnis zu Russland sollte durch Kooperation gekennzeichnet sein, was nicht zuletzt durch die Teilnahme des russischen Präsidenten am Gipfel unterstrichen wurde. Die NATO einigte sich weiterhin darauf, dass sie eine nukleare Allianz bleibt und ein Raketenabwehrsystem aufbaut. Im Bereich des Internationalen Krisenmanagements sollten die Fähigkeiten zur Aufstandsbekämpfung verbessert und zivile Aspekte noch stärker berücksichtigt werden. Zur Förderung der Kooperativen Sicherheit einigten sich die Bündnispartner auf eine intensivere Zusammenarbeit mit Internationalen Organisationen und auch mit Nicht-Regierungsorganisationen.[319]

Seit der Zeitenwende von 2014 nahmen die Stimmen zu, die ein neues Strategisches Konzept der NATO forderten. Erneut verstrichen mehrere Jahre, ohne dass die NATO einen Beschluss herbeiführen konnte, mit der Arbeit daran zu beginnen. Diese Verzögerung darf allerdings

---

[318] Varwick, NATO in (Un-)Ordnung, S. 93.
[319] Johannes Varwick, NATO in (Un-)Ordnung, S. 95-96.

nicht darüber hinwegtäuschen, dass die NATO mit den Gipfelentscheidungen in Wales (2014) und Warschau (2016)[320] die wohl größte Anpassung ihrer Streitkräfte seit dem Ende des Kalten Krieges eingeleitet hat. Der *Readiness Action Plan* (RAP) mit der *enhanced NATO Response Force* (eNRF) und die rotierende Stationierung von Kampftruppen in den Baltischen Staaten sowie in Polen (*enhanced Forward Presence*; eFP) wurden hier bereits vorgestellt. Hinzu kamen vielfältige Maßnahmen zur Beschleunigung von Entscheidungsprozessen sowie zur Steigerung von Einsatzbereitschaft, Mobilität und Resilienz. 2018 entschied die NATO über eine *Readiness Initative* (NRI). Sie sieht vor, dass die Verbündeten 30 Bataillone, 30 Flugstaffeln und 30 Kriegsschiffe innerhalb von 30 Tagen verfügbar machen.[321]

Die NATO ist also auch ohne aktualisiertes Strategisches Konzept handlungsfähig. Damit stellt sich grundsätzlich die Frage, wofür es gut ist und ob die NATO so etwas überhaupt noch benötigt. Reichen die letzten Gipfelerklärungen oder die NATO-Militärstrategie (NMS) nicht aus, um das Bündnis an Veränderungen im sicherheitspolitischen Umfeld anzupassen? Es wurde schon darauf hingewiesen, dass Strategische Konzepte für die Kommunikation nach außen und dabei vor allem für die Zusammenarbeit mit externen Partnern wichtig sind. Dazu gehören nicht-verbündete Staaten in den verschiedenen Kooperationsformaten, Internationale und Nicht-Regierungsorganisationen sowie – dies wurde im Rahmen der Bemühungen um die Steigerung von Resilienz deutlich – kommunale Träger, Unternehmen der Privatwirtschaft sowie die Bevölkerung insgesamt. Auch für interne Prozesse

---

[320] NATO Summit Communiqués Wales 2014, para. 1-14, 64, 102-104. https://www.nato.int/cps/ic/natohq/official_texts_112964.htm, Jeffrey A. Larsen, NATO, Russia, and the Warsaw Summit: The Return of Deterrence. In: *Vox Collegii*, Volume XIV, S. 6-9. NATO Summit Communiqués Warsaw 2016, para. 1-24, 34-42, 50-69, 72-73, 137. https://www.nato.int/cps/en/natohq/official_texts_133169.htm ; NATO-EU joint declaration. https://www.nato.int/cps/ic/natohq/official_texts_133163.htm; Leo Michel, Challenges within and outside the alliance. An appraisal of the Warsaw Summit, https://www.atlcom.nl/upload/trans-atlantisch-nieuws/Michel_AP_3 2016. James Stavridis, "The NATO Summit's Winners and Losers," http://foreignpolicy.com/2016/07/11/the-nato-summits-winners-and-losers/
[321] Zur NRI siehe den NATO-Internetauftritt https://www.nato.int/nato-static_fl2014/assets/pdf/pdf 2018_06/20180608 _1806-NATO-Readiness-Initiative_en.pdf

wie beispielsweise den Streitkräfteplanungsprozess (*NATO Defense Planning Prozess*; NDPP) sind Strategische Konzepte eine unverzichtbare begründende Unterlage. Die Nationen wissen aber nur zu gut, dass es hierbei auf den richtigen Zeitpunkt ankommt. Die strategische Arbeit muss nach innen und nach außen als eine *erfolgreiche* „einigende Anstrengung" wahrgenommen werden. Es nützt nichts, damit zu beginnen und die Pflicht zum Konsens in Verbindung mit einem engen Zeitplan als Druckmittel aufzubauen, wenn die Unterschiede zu groß sind. Das Risiko eines Scheiterns muss minimal sein.

Mitte 2021 schien die Zeit reif zu sein für die Erarbeitung eines neuen Strategischen Konzeptes. Die Einigkeit über die zu diskutierenden Inhalte dürfte groß gewesen sein. Einige sind bereits durch die weit vorangeschrittene Praxis vorgegeben. Denn im Unterschied zu dem 1991er Strategischen Konzept folgten die Inhalte der Nachfolgekonzepte den Verlautbarungen der Staats- und Regierungschefs, die sich alle zwei Jahre in den Hauptstädten und Hauptquartieren treffen, und auch der praktischen strategischen Arbeit, die ja nicht aufhört, weil der Startschuss für die Erarbeitung eines neuen Strategischen Konzeptes noch nicht gegeben wurde.[322].

Einigkeit dürfte auch darin bestehen, wo die Streitpunkte liegen. Dazu gehören die Fragen (1) der Gewichtung der drei Säulen Kollektive Verteidigung, Internationales Krisenmanagement und Kooperative Sicherheit[323]; (2) des Umgangs mit Russland, insbesondere mit der neuen Bedrohung durch atomar bestückbare Mittelstreckenraketen sowie mit Überschallwaffen (*hypersonic weapons*), die Raketenabwehrsysteme der NATO überwinden können; (3) des Verhältnisses zu China und der Bewertung der vom Reich der Mitte ausgehenden Bedrohung; und (4)

[322] Klaus Wittmann, Ein neues Strategisches Konzept, S. 9.

[323] Klaus Wittmann, Die NATO braucht eine neue Strategie. In: Der Tagesspiegel vom 14.2.2020. Der Autor fordert, „...'Konsultation' zu einer neuen Kernfunktion der Nato zu erheben – neben den im strategischen Konzept von 2010 festgelegten drei Kernfunktionen kollektive Verteidigung, Krisenbewältigung und kooperative Sicherheit. Das wäre eine explizite Aufwertung und Aktivierung von Artikel 4 des Nato-Vertrags von Washington." Zum Thema der Resilienz als der vierten Säule des Strategischen Konzepts siehe Uwe Hartmann, The Evolution of the Hybrid Threat, and Resilience as a Countermeasure, NDC Research Paper 139, September 2017. https://www.ndc.nato.int/news/news.php?icode=1083.

der weiteren Ausgestaltung der strategischen Partnerschaft mit der EU[324]. Wichtige Diskussionsthemen sind u.a. die *Lessons Identified* aus dem zwanzigjährigen Einsatz in Afghanistan, vor allem über den Verlust der NATO an Glaubwürdigkeit, das Wiedererstarken terroristischer Gruppierungen, die Effektivität der Ausbildungsunterstützung von Sicherheitskräften in Einsatzgebieten (*partnering*[325]) sowie der Beitrag der NATO zur Bekämpfung von Pandemien.

Die Zeit vom Juni 2021 bis zum September 2022 ist ein Testfall für die NATO. Sie setzt sich selbst unter Zeitdruck, weil sie weiß, dass auf diese Weise die Bearbeitungsprozesse beschleunigt werden und die letzten strittigen Fragen ggf. noch während des nächsten Gipfeltreffens gelöst werden können. Das Risiko des Scheiterns bleibt allerdings.

Werfen wir nun einen kurzen Blick auf die Erarbeitung von zwei Strategien, die als geheim eingestuft sind. Es handelt sich hierbei um die NATO-Strategie des *Countering Hybrid Threats* sowie die neue NMS.

Die Analyse der russischen hybriden Kriegführung offenbart eine ernsthafte Bedrohung nicht nur für einzelne NATO-Mitgliedstaaten, auf die Angriffe zugeschnitten werden, sondern auch für den Zusammenhalt der Allianz. Das NATO-Hauptquartier reagierte darauf, indem es unter Federführung des IS eine Strategie zur Abwehr hybrider Bedrohungen entwarf. Im Kern sollte es darum gehen, Angriffe schnell zu erkennen, sie einem Akteur zweifelsfrei zuzuordnen und umfassende Gegenmaßnahmen zu treffen. Die Strategie beruht, soweit sie öffentlich bekanntgegeben wurde, auf den drei Handlungsmaximen der

---

[324] Luis Simón, EU-NATO Cooperation in an Era of Great-Power Competition file:///D:/NATO/NATO-EU/Simon%20-%20EU-NATO%20Cooperation%20-%2026%20Nov_0%20(1).pdf

[325] Zum Partnering siehe Torsten Gojowski und Sebastian Koegler, Building Special Operations Relationships with Fragile Partners – Best Practices from Iraq, Syria, and Afghanistan, Berlin 2019; Helmut Fiedler, Military Assistance – eine moderne Einsatzart zwischen Anspruch und Wirklichkeit, Berlin 2019. Der schnelle Zusammenbruch der afghanischen Sicherheitskräfte während der Taliban-Offensiven im Sommer 2021 löste neue Debatten über die Effektivität der Ausbildungsunterstützung innerhalb der NATO aus.

Vorbereitung, der Abschreckung und der Verteidigung, falls die Abschreckung versagen sollte (*prepare – deter – defend*)[326]. Im Vordergrund stehen Mittel und Wege, die bereits im Strategischen Konzept von 2010 verankert waren. Dazu gehören die intensivierte Zusammenarbeit mit der EU, die bessere Koordinierung von ziviler und militärischer Analyse und die Beschleunigung von internen Entscheidungsprozessen. Ein neues Element im strategischen Denken ist dagegen die Betonung von Resilienz, d.h. der Fähigkeit, Schläge einzustecken und schnell wieder handlungsfähig zu werden. Seitdem gilt Resilienz als die erste Verteidigungslinie der NATO (*„first line of defense"*). Wie bereits ausgeführt, ging es dabei zunächst um den Schutz kritischer Infrastrukturen für die schnelle Verlegung von Truppenkörpern. Später rückte die Kontinuität der Regierungsführung sowie der gesellschaftliche Zusammenhalt in den Vordergrund. Auch für die notwendige Steigerung von Resilienz gilt das Prinzip der Selbstverantwortlichkeit der Nationen. Dafür bietet die NATO ihren Mitgliedstaaten zahlreiche Unterstützungsleistungen an.

Die Strategie des *Countering Hybrid Threats* ist Beleg dafür, dass die NATO über die Prozesse und intellektuellen Kapazitäten verfügt, um schnell auf neue Herausforderungen zu reagieren. Innerhalb kürzester Zeit wurden die Vorbereitung, Abschreckung und Verteidigung gegen hybride Angriffe in strategisch-operative Doktrinen überführt. Jede NATO-Übung berücksichtigt diese neue Dimension von Kriegführung. Gleichwohl zeigte die Arbeit an dem Strategiepapier die Grenzen der NATO als Kompromissmaschine auf. Die Verbündeten konnten sich nicht auf Maßnahmen einigen, welche die Innenpolitik und damit den Kern nationaler Souveränität berührten. Maßnahmen zum Umgang mit Minderheiten (beispielsweise den russischsprachigen Minderheiten in den Baltischen Staaten) oder zu Rüstungsprojekten (beispielsweise die Ausschleusung oder Nichtanschaffung von Rüstungsgütern aus russischer Produktion) waren nicht kompromissfähig. Die Strategie zur Abwehr hybrider Bedrohungen ist nach hiesiger Erkenntnis nicht über das Entwurfsstadium hinausgekommen.

---

[326] Siehe dazu die NATO-webpage https://www.nato.int/cps/en/natohq/topics_156338.htm#:~:text=Since%202015%2C%20NATO%20has%20had,necessary%2C%20will%20defend%20Allies%20concerned.

Werfen wir nun einen kurzen Blick auf die 2019 vereinbarte NATO-Militärstrategie (NMS). Um die radikal veränderte geopolitische Lage abzubilden und daraus Folgerungen zu ziehen, beauftragte das MC den IMS mit der Erarbeitung einer neuen Militärstrategie. Diese sollte im Anschluss durch die militärstrategischen Hauptquartiere in weitere militärstrategisch-operative Konzepte umgesetzt werden. Wie bei der Erarbeitung des ersten Strategischen Konzepts im Jahre 1991, ging auch diesmal die Initiative nicht von der zivilen, sondern von der militärischen Seite der NATO aus. Der Militärausschuss, der aufgrund beschleunigter Entscheidungsprozesse bereits marginalisiert zu werden drohte[327], zeigte Führungsstärke und wertete damit seine Rolle im Machtgefüge des NATO-Hauptquartiers auf. Die NMS ist Beleg dafür, dass Nationen einvernehmliche Strategien unterhalb der politischen Ebene erarbeiten und damit das Zentrum der Kraftentfaltung der NATO stärken können. Problematisch sind allerdings die daraus resultierenden Belastungen für die sensiblen zivil-militärischen Beziehungen. Demokratisch verfasste Staaten müssen penibel darauf achten, dass sie jederzeit die politische Kontrolle über die aus Militärstrategien resultierenden Anforderungen an Auftrag und Ausstattung ihrer Streitkräfte behalten. Zudem liegt es in ihrem Interesse, bei der Lastenteilung nicht übervorteilt zu werden. Aus Sicht der politischen Seite des NATO-Hauptquartiers sowie der Mitgliedstaaten ist diese Eigeninitiative der militärischen Seite ein zweischneidiges Schwert – nicht zuletzt deshalb, weil politisch kein Einvernehmen über den Umgang mit Russland unter den Verbündeten besteht. Es ist daher nicht verwunderlich, dass der Nordatlantikrat die NMS nur zur Kenntnis genommen und ausdrücklich nicht gebilligt hat.[328] Auch dieses Beispiel zeigt, wie wichtig es ist, die politische Dimension der NATO zu stärken. Sonst kommt es zu Verselbständigungen auf militärischer Seite, wodurch politische Konflikte ausgelöst und die vertrauensvollen zivil-militärischen Beziehungen belastet werden.

---

[327] Die Beschleunigung von NATO-internen Entscheidungsprozessen ist ein wesentliches Element der Strategie zur Abwehr hybrider Bedrohungen. In der Praxis führte dies dazu, dass der NATO-Oberbefehlshaber häufiger im Nordatlantikrat als im Militärausschuss vortrug.

[328] Über diese Frage gab es innerhalb des Nordatlantikrates eine intensive Diskussion, die mit dem Kompromiss endete, die NMS „nur" zur Kenntnis zu nehmen.

### 3) NATO-Streitkräfteplanungsprozess (*NATO Defense Planning Prozess*; NDPP)

Im NDPP verhandeln die Verbündeten die Fähigkeiten (*capabilities*), die sie bereitstellen, damit die NATO ihre in den Strategischen Konzepten und Militärstrategien vereinbarten Aufgaben erfüllen kann. Ein funktionierender Planungsprozess trägt also zu ihrer Nützlichkeit und damit auch zu ihrer Zukunftssicherheit bei. Er gewann nach dem Ende des Kalten Krieges an Bedeutung, weil alle Verbündeten einschließlich der USA ihre Streitkräfte weitgehend ohne Koordinierung restrukturierten, um u.a. die sogenannte „Friedensdividende" (*peace dividend*) einzuholen.[329]

Zu Recht wird der Streitkräfteplanungsprozess als der „Klebstoff" bezeichnet, der die NATO zusammenhält. Er unterstreicht nach innen und nach außen die Glaubwürdigkeit der Artikel 3 und 5 des NATO-Vertrages. Dies gilt allerdings nur so lange, wie er funktioniert. Stellen Nationen eigene Interessen in den Vordergrund oder halten sie eingegangene Verpflichtungen nicht ein, leidet nicht nur der Prozess als solcher, sondern auch die Glaubwürdigkeit des gesamten Bündnisses und die Solidarität unter den Verbündeten.

Im NDPP liegt zudem ein wesentlicher Ursprung für den organisatorischen Ausbau der Allianz. Um ihre nationalen Streitkräfteplanungen aufeinander abzustimmen, einigten sich die Gründungsmitglieder darauf, die Stelle eines Generalsekretärs einzurichten und diesem einen Stab an die Seite zu stellen. In der gemeinsamen Streitkräfteplanung kristallisierten sich also die Strukturen und Prozesse heraus, welche die Arbeit im NATO-Hauptquartier bis heute bestimmen.[330]

Der NDPP erfolgt in einem vierjährigen Rhythmus. Die Umsetzung der Planung wird nach zwei Jahren einem *review*-Prozess unterzogen.[331]

---

[329] Klaus Wittmann, The Road to NATO's New Strategic Concept. In: Gustav Schmidt (ed.), A History of NATO. The First Fifty Years, London 1999, S. 225.

[330] Hammerich, Jeder für sich und Amerika gegen alle?, S. 6. Die Organisationsstruktur und -kultur wurden maßgeblich durch die Arbeit des Temporary Council Committee von 1949 bis 1954 bestimmt. Siehe dazu insbesondere die Seiten 303-304.

[331] Jonathan Parish, NATO on NATO Defense Planning https://www.nato.int/cps/en/natohq/topics_49202.htm; Jonathan Parish, The NATO Defense Planning Process. Transcript for the Cardiff University conference on NATO After the Wales Summit (2014).

Für den gesamten Prozess ist der Internationale Stab (IS) im NATO-Hauptquartier federführend.

Eine wesentliche Voraussetzung für das Funktionieren des NDPP ist die Bereitschaft der Nationen, militärische Fähigkeiten wahrheitsgemäß zu melden, Streitkräfteplanungen mit anderen zu koordinieren und durch das NATO-Hauptquartier vorgenommene Bewertungen über erreichte Fortschritte zu akzeptieren. Allerdings gilt auch hier das Primat der Nationen. Die NATO kann ihnen nicht befehlen, bestimmte Fähigkeiten bereitzustellen bzw. aufzubauen. Das, was die Hauptstädte an einsatzbereiten Streitkräften melden, stellt die NATO nicht in Frage, selbst wenn deren Bearbeiter insgeheim wissen, dass die Meldungen „geschönt" sind. Ein ehemaliger Vorsitzender des Militärausschusses sagte dazu einmal: „Wenn die Nationen die NATO belügen wollen, dann tun sie dies."[332] Seit 2014 scheint diese zuvor durchaus gängige Praxis geschönter Meldungen vorbei zu sein. Es herrscht nunmehr ein „heiliger Ernst" in den Korridoren des NATO-Hauptquartiers.

Im NDPP sind mehrere strategische Akteure auf enge Zusammenarbeit angewiesen. Den Prozess startet die politische Seite im NATO-Hauptquartier. Der Nordatlantikrat entscheidet über Zweck und Ziele der NATO sowie ihren *Level of Ambition* (LoA). Letzterer beantwortet die Frage, wie viele größere oder kleinere militärische Operationen sie zur gleichen Zeit durchführen können soll. Danach setzt die Arbeit der militärstrategischen Hauptquartiere ACO und ACT ein. Sie legen fest, welche Fähigkeiten dazu benötigt werden (ACO) und welche Nation welche Fähigkeiten dafür zur Verfügung stellen könnte (ACT). Alle zwei Jahre wird dieser Prozess überprüft, d.h. der IS des NATO-Hauptquartiers ermittelt, bis zu welchem Grad die einsatzbereiten Kräfte der Nationen den Forderungen der politischen Richtlinie genügen (*Defence Planning Capability Survey*). Dazu treten die verantwortlichen Mitarbeiter im NATO-Hauptquartier in einen engen Dialog mit den Planungsabteilungen der Verteidigungsministerien aller Verbündeten. An dieser Stelle verfügt die NATO über ein Instrument, mit dem sie

---

[332] Aussage des ehemaligen Vorsitzenden des NATO-Militärausschusses Knud Bartels gegenüber dem Autor im Frühjahr 2017.

das Primat der Nationen umgehen kann: Für den *Defence Planning Capability Survey* gilt die Regel „30 minus 1". Dies bedeutet: Die Nation, über die berichtet wird, muss den Aussagen des Berichts nicht zustimmen. Der NDPP mit seiner Transparenzpflicht und seinem Überprüfungsprozess stellt also durchaus einen Eingriff in die nationale Souveränität der Bündnispartner dar.[333]

Auch wenn dieser Prozess das Herzstück bzw. den Klebstoff der NATO darstellt, so steht er doch vor einigen prozessualen Herausforderungen. Das fängt schon beim Planungshorizont an. Rüstungsprojekte der NATO-Mitgliedstaaten dauern oftmals zehn und noch mehr Jahre von der Planung bis zur Einsatzreife. Um vor die nationalen Planungszyklen zu kommen, muss die NATO politisch und auch militärisch weit in die Zukunft schauen. Darüber Einigkeit zu erzielen, ist allerdings nicht leicht, wenn Bedrohungen unterschiedlich wahrgenommen werden und strategische Vorausschauen auf Annahmen beruhen, die nicht immer geteilt werden. Die Nationen selbst stellen nicht selten eigene rüstungswirtschaftliche oder verteidigungspolitische Ziele in den Vordergrund. Diese müssen nicht notwendigerweise mit den NATO-Planungen übereinstimmen.

Auf dem Gipfel in Wales im Herbst 2014 einigten sich die NATO-Verbündeten darauf, die Verteidigungsausgaben auf zwei Prozent des Bruttoinlandproduktes (BIP) zu erhöhen und davon mindestens 20 Prozent in Rüstungsprojekte zu investieren.[334] Mehr in den Verteidigungshaushalt eingespeistes Geld führt allerdings erst mit deutlicher Verzögerung zu neuen militärischen Fähigkeiten. Zudem erklärten einige NATO-Mitgliedstaaten, die in Wales eingegangene Verpflichtung nicht einzuhalten. Neben Nationen mit kleineren Verteidigungshaushalten gehört dazu auch Deutschland. Bei diesem NATO-Mitgliedstaat würde eine Erhöhung des Verteidigungshaushaltes tatsächlich einen deutlichen Unterschied an Fähigkeiten, die für die NATO verfügbar wären, machen. Dies erklärt die Frustration bei den Prozessverantwortlichen in der NATO. Erschwerend kam der Entschluss der USA hinzu,

---

[333] Helmut R. Hammerich, Jeder für sich und Amerika gegen alle?, S. 143 und S. 292.
[334] Siehe die Erklärungen des NATO-Gipfels von Wales 2014.
(https://www.nato.int/cps/en/natohq/official_texts_112964.htm).

künftig nicht mehr als 50 Prozent der von der NATO eingesetzten militärischen Fähigkeiten zur Verfügung zu stellen. Sie setzten damit die europäischen Partner unter Druck.

Die NATO verfügt über das Druckmittel, in seinen Überprüfungsberichten das Nichterfüllen von Planungszielen deutlich herauszustellen. Betroffene Nationen fühlen sich dadurch an den Pranger gestellt. Dennoch erkennen sie die Notwendigkeit dieses Prozesses an, und sie nutzen ihn auch zu ihrem Vorteil. Denn der NDPP zeigt ihnen auf, wo es Möglichkeiten gibt, finanzielle oder militärische Mittel effizienter zu nutzen. Dazu gehören Projekte für die multilaterale Kooperation unter Mitgliedstaaten oder gemeinsame, aus dem NATO-Haushalt finanzierte Fähigkeiten *(common military solutions)*. Zudem nutzen die Verteidigungsministerien den NATO-Planungsprozess, um militärisch unerlässliche Fähigkeiten vor den Reform- oder Abrüstungsinitiativen ihrer Sicherheits- und Verteidigungspolitiker zu schützen und damit in ihrem Bestand zu sichern.

Der NDPP bildet den Ursprung der NATO-Organisationskultur, welche die Souveränität der Nationen garantiert und auf die Prinzipien von Selbstverantwortung *(self-help)* und Zusammenarbeit *(mutual aid)* setzt. Auch wenn ACO und ACT Planungsziele den NATO-Mitgliedstaaten zuordnen, besteht keine Gewähr, dass diese von den jeweiligen Staaten tatsächlich umgesetzt werden. Wie bei der Kräftegenerierung für Auslandseinsätze der NATO werden auch in diesem Prozess nicht alle Forderungen erfüllt. Deutschland erweist sich hierbei als ein sperriger Partner, hinter dem sich kleinere Nationen, die ihre Verteidigungshaushalte ebenfalls nicht auf die Zwei-Prozentmarke erhöhen wollen, verstecken. Da das NATO-Hauptquartier im Rahmen des NDPP nur die Möglichkeit hat, die Defizite im Review-Bericht aufzuzeigen (eine Art „Negativliste"), werden Streitigkeiten schnell auf die politische Ebene gehoben.

Die hier vorgenommenen Analysen über Einsätze, strategische Dokumente und Streitkräfteplanungen veranschaulichen, wie die NATO als Kompromissmaschine bemüht ist, Einvernehmen unter den Verbündeten herzustellen. Die beteiligten strategischen Akteure arbeiten dabei eng zusammen. Die „Pflicht zum Kompromiss" ist ein wesentlicher Treiber ihres Tuns. Allerdings gibt es Grenzen der Zusammenarbeit, die selbst auf höchster politischer Ebene nicht immer gelöst werden können.

## Zusammenfassung

Die NATO entwickelte unmittelbar nach ihrer Gründung im Jahre 1949 tragfähige Strukturen und Prozesse, die das Primat der Nationen garantieren und gleichzeitig Konsense bzw. Kompromisse erleichtern. In den über 70 Jahren ihres Bestehens bildete sie eine eigenständige Organisationskultur, die durch demokratische Werte, gegenseitigen Respekt sowie gemeinsame politische und militärische Ziele gekennzeichnet ist. Dabei konnte die „... für die NATO typische Kompromissfindung ... nur durch die Aufgabe nationaler Empfindlichkeiten und das Zurücknehmen nationalstaatlicher Eigeninteressen erreicht werden."[335]

Gleichwohl können die Nationen jederzeit die „Pflicht zum Konsens" missachten und das Konsens-Prinzip als Veto-Recht missbrauchen. Zudem verfügt die NATO über keine rechtliche Handhabe, die Einhaltung von Beschlüssen von Gipfeln oder Ministertreffen einzuklagen oder Mitgliedstaaten zu zwingen, Streitkräfte für gemeinsam beschlossene Einsätze zur Verfügung zu stellen.

Grundsätzlich verfügt die NATO über geeignete Mechanismen, um Kompromisse unter den Verbündeten zu erzielen. Wie die hier vorgestellten Anwendungsfälle der militärischen Einsätze, der strategischen Dokumente sowie der Streitkräfteplanungen anschaulich belegen, funktionieren diese recht gut. Grenzen sind dann erreicht, wenn Nationen „nationale Empfindlichkeiten" und „nationalstaatliche Eigeninteressen" über das Allgemeinwohl der NATO stellen. Dann werden die Konsultationsmechanismen nicht genutzt oder sie werden ausgenutzt, um eine Kompromissbildung zu verhindern.

Insgesamt ist die Arbeit im Maschinenraum der NATO ein komplexes Geschehen. Wo Kompromisse möglich werden und ob sie überhaupt möglich sind, ist nicht immer vorhersehbar. Überraschungen können bis zuletzt nicht ausgeschlossen werden. Auch dadurch geraten die

---

[335] Helmut R. Hammerich, Jeder für sich und Amerika gegen alle?, S. 10.

Strukturen und Prozesse der Kompromissmaschine NATO an ihre Grenzen.

Die Reformagenda "NATO 2030" enthält zahlreiche Vorschläge, wie die Arbeitsprozesse im Bündnis optimiert werden könnten. Dessen Autoren regen an, die exekutive Rolle des NATO-Generalsekretärs zu stärken, die Anzahl der formellen und informellen Sitzungen von Staats- und Regierungschefs sowie von Ministern und Botschaftern zu erhöhen und dabei einen offenen Informations- und Meinungsaustausch zu pflegen. Die Konsensbildung sollte durch höhere Hürden für das Brechen des Verschweigens erleichtert werden. Bei Konflikten unter Verbündeten sollen informelle Mediatoren zum Einsatz kommen. Das gewünschte Verhalten der Mitarbeiter in der NATO solle durch eine Selbstverpflichtung (*„pledge"*) gefördert werden.[336]

Damit kommen wir zum letzten Kapitel: Zur Rolle der Menschen in der Kompromissmaschine NATO. Vorgestellt werden Mitarbeiter, die hohe Ämter in der NATO bekleiden. Aber auch diejenigen auf den unteren Ebenen, im „Maschinenraum", sollen näher betrachtet werden. Damit kommen Stärken der NATO in den Blick, die ihr Alleinstellungsmerkmal sind und wichtige komparative Vorteile im globalen Konkurrenzkampf der Großmächte darstellen: das durch persönliche Kontakte, informellen Meinungsaustausch sowie gemeinsame Ausbildungen und Einsätze gestärkte Vertrauen unter den Diplomaten, Beamten und Soldaten sowie ihre Bereitschaft, dem Allgemeinwohl der Allianz zu dienen.[337] Dies ist der Betriebsstoff, der die NATO als Kompromissmaschine am Laufen hält und ihre politische Handlungseinheit stärkt. Schauen wir uns dies näher an.

---

[336] NATO 2030, S. 14: "Maintaining political cohesion and unity must be an unambiguous priority for all Allies. Allies on both sides of the Atlantic must reaffirm their commitment to NATO as the principal institution for the defence of the Euro-Atlantic area. Allies should pledge themselves to a code of conduct to abide by the spirit as well as the letter of the North Atlantic Treaty."

[337] Wilfried Heinemann, Vom Zusammenwachsen des Bündnisses, S. 240-241.

# Menschen in der NATO

## Ausgangslage

Für die Menschen in der NATO stellt sich die Lage wie folgt dar: Die NATO als eine internationale Organisation ist ein Ort des Interessenausgleichs unter souveränen Nationen. Dies ist von ihren Gründungsvätern so gewollt; daran haben sich die Architekten für den organisatorischen Ausbau der NATO zu Beginn der 1950er Jahre orientiert; dies hat die NATO durch viele interne Krisen geführt; und hierin liegt eine wesentliche Ursache für die außergewöhnliche Adaptionsfähigkeit der NATO. Auf diese Erfolgsgeschichte können alle stolz sein.

Seit rund zwanzig Jahren machen sie jedoch die Erfahrung, dass Mitgliedstaaten zunehmend nationale Interessen verfolgen, ohne dabei die berechtigten Interessen von Verbündeten oder das Allgemeinwohl der NATO ausreichend zu beachten. In der gegenwärtigen Umbruchs- und Krisensituation mit ihren geopolitischen Machtverschiebungen, komplexen Bedrohungen sowie zahlreichen gleichzeitigen Krisen und Kriegen erleben sie, dass ein politischer Konsens bzw. Kompromiss unter den NATO-Mitgliedstaaten nicht mehr oder nur sehr schwierig möglich ist. Sie verzichten sogar auf politische Konsultationen, wenn sie vermuten, dass ein Kompromiss ihren Interessen zuwiderläuft oder keine Chancen für ein gemeinsames Handeln bestehen. Handlungsfähigkeit bewies die NATO vor allem in militärischen Angelegenheiten wie beispielsweise bei der Durchführung von Auslandseinsätzen. Allerdings waren es vor allem diese Militäroperationen, die das Defizit an gemeinsamer *politischer* Zwecksetzung offenbarten. Heute fragen sich viele, ob die NATO überhaupt noch in der Lage wäre, einen Konsens über Einsätze im Rahmen des Internationalen Krisenmanagements herbeizuführen oder sich auf eine gemeinsame Strategie gegen China zu einigen, die politische Ziele definiert und dafür konkrete Mittel und Wege benennt. Es ist daher nicht verwunderlich, dass manche Verbündete dazu drängen, die NATO mehr als Plattform für Koalitionen der Willigen und Befähigten (*Coalitions of the Willing and Able)* zu nutzen denn als ein *politisches* Bündnis. Die Allianz entwickelte sich so zu einem *think tank* mit einer Abteilung für die Bereitstellung interoperabler

Streitkräfte von Mitgliedstaaten. Die Entscheidungen über deren Einsatz würden dann in den Hauptstädten derjenigen Länder getroffen werden, die ähnliche politische Ziele vertreten und gemeinsam militärisch handeln wollen. Dies wäre eine andere NATO.

Angesichts dieser Gefahr einer Abwertung der NATO von einer politisch-militärischen Sicherheitsorganisation, die das Allgemeinwohl aller Verbündeten im Blick hat, zu einem Serviceprovider, der vor allem die Interessen einzelner Mitgliedstaaten bedient, kommt es mehr denn je auf die Menschen in den Hauptquartieren des Bündnisses und den Ministerien der Hauptstädte an. Sie müssen sich der besonderen Anstrengungen bewusst sein, die sie in Zeiten wie diesen leisten müssen, um die „Pflicht zum Konsens" wieder mit Leben zu füllen. Sie müssen den NATO-*Spirit* hochhalten und mit ihrem Tun beweisen, dass Konsens trotz aller politischen Auseinandersetzungen möglich und die Allianz in einer Welt in Unordnung weiterhin nützlich ist.

Dafür wären zwei Dinge hilfreich. Zum einen der Wille der Regierungen von Bündnisstaaten.[338] Es sind deren Staats- und Regierungschefs sowie deren Außen- und Verteidigungsminister, die Themen und Leitlinien vorgeben. Auf ihren regelmäßigen Treffen (Staats- und Regierungschefs alle zwei Jahre, Minister 2-3 mal im Jahr) geben sie „… die große Linie für die Entwicklung der NATO vor und beauftragen den Generalsekretär und ihre Permanenten Vertreter im Rat, die NATO-Botschafter, mit der Umsetzung."[339] In ihren Weisungen an die nationalen Delegationen können sie den Spielraum für die Kompromissfindung erweitern; sie können sich für die Umsetzung gemeinsam getroffener Entscheidungen in ihren Ländern einsetzen, auch wenn es

---

[338] Regierungen wissen sehr wohl, dass Entscheidungen beispielsweise über nukleare Rüstung oder gescheiterte Einsätze ihre Wiederwahl gefährden. Das wohl bekannteste Beispiel ist Bundeskanzler Helmut Schmidt, der auf eine Lücke in der nuklearen Abschreckung der NATO hinwies, den sog. NATO-Doppelbeschluss voranbrachte und deswegen politisch scheiterte. Wesley K. Clark weist darauf hin, dass bei einem Misserfolg der Luftkriegsoperationen gegen Serbien manche europäische Regierung gestürzt worden wäre. Siehe Wesley Clark, Waging Modern War, S. XXXVIII. Umgekehrt gilt, dass Staats- und Regierungschefs durch ein bestimmtes Verhalten gegenüber Verbündeten auch bei Wählern punkten können.

[339] Heinrich Brauss, Sitzungen chairen: Die anspruchsvolle Kompetenz zwischen Leiten und Moderieren – ein Interview, S. 146.

oftmals die Parlamente sind, die das letzte Wort haben und auch innenpolitische Faktoren mitberücksichtigt werden müssen.

Ganz entscheidend ist die Auswahl des richtigen Personals für Führungspositionen innerhalb der NATO. Führungskräfte dienen allen Mitarbeitern als Vorbild für die Arbeit in einer Allianz, die so ganz anders ist als frühere Militärbündnisse und in der sich Soldaten und Beamte, die in ihren Nationen sozialisiert wurden, eingewöhnen müssen. Die Art und Weise, wie der NATO-Generalsekretär, der Vorsitzende des Militärausschusses und der SACEUR ihre Verantwortung wahrnehmen, dient ihnen als Beispiel: für den kritisch-konstruktiven Umgang mit den Beschränkungen ihrer Handlungsfreiheit und Wirkungsmacht, für den reflektierten Umgang mit inhärenten Dilemmata ihres Dienstpostens, für die Pflicht zum Konsens und für den jederzeit respektvollen Umgang untereinander. Die Führungspersönlichkeiten beeinflussen maßgeblich die Organisationskultur in der NATO. Sie sind wichtige Leuchttürme, die ihren Mitarbeitern gerade in Zeiten des rasanten Wandels Orientierung bieten und ihnen helfen, ihre Rolle zu finden und Verantwortung selbständig und initiativreich wahrzunehmen.

Schauen wir uns an, wie Amtsinhaber auf den Spitzendienstposten des Generalsekretärs, der Beigeordneten Generalsekretäre, des Vorsitzenden des Militärausschusses und des NATO-Oberbefehlshabers Europa handeln, um den NATO-*Spirit* zu pflegen und ein Beispiel zu geben für den gesamten Maschinenraum des IS und IMS sowie der nationalen Delegationen im NATO-Hauptquartier.

**Das Führungspersonal**

### 1) Generalsekretär *(General Secretary; SG)*

Der NATO-Generalsekretär ist zweifelsfrei die wichtigste Person auf der zivilen Seite des NATO-Hauptquartiers. Als die Verbündeten dieses Amt einrichteten, legten sie großen Wert darauf, dass künftige Amtsinhaber über ausreichend Entscheidungsbefugnisse und vor allem den direkten Zugang zu den Staats- und Regierungschefs verfügten. Sie sollten allerdings nicht so mächtig sein, dass sie den Nationen Weisungen erteilen durften. Als „höchste Angestellte der NATO" („*highest ranking official*") sind sie eben nur „Angestellte".[340] Ihnen steht es nicht zu, politische Initiativen ohne Rücksprache mit den Nationen zu ergreifen oder Verbündete öffentlich zu kritisieren. Ihre Aufgaben bestehen vor allem darin, Konsultationen, Koordinierungen und Konsensbildungen unter den Mitgliedstaaten zu erleichtern und für die politische Einheit der transatlantischen Allianz zu werben.[341]

Ein Blick in die Geschichte der NATO zeigt allerdings, dass NATO-Generalsekretäre trotz ihrer eingeschränkten Machtbefugnisse außerordentlich großen Einfluss auf die politische Ausrichtung, die Organisation und sogar die militärischen Operationen des Bündnisses nehmen konnten.[342] Wie war dies möglich?

Grundlage für eine erfolgreiche Amtszeit ist zunächst einmal der persönliche Führungsstil des Generalsekretärs. Respekt vor den Nationen unabhängig von ihrer Größe, diplomatisches Geschick und kommunikative Kompetenzen sind Voraussetzungen für Führungserfolg. Bisweilen tragen das vorgelebte Arbeitsethos und die Leidenschaft des Amtsinhabers dazu bei, dass Nationen ihr Abstimmungsverhalten ändern und einen Konsens doch noch ermöglichen.[343]

Seine organisatorische Macht beruht vor allem darauf, dass er über den Zeitpunkt der Treffen des Nordatlantikrates entscheidet, deren Agenden erstellt („*agenda-setting*") und diese dann auch selbst leitet. Die ihm

---

[340] Zur Debatte über die Einführung des Amtes eines Generalsekretärs siehe Helmut R. Hammerich, Jeder für sich und Amerika gegen alle?, S. 285-291. Ryan C. Hendrickson bewertet seine Rolle wie folgt: "A secretary general is by definition a representative of all the allies, and has little independent authority apart from his ministerial organizational powers at NATO." (Ryan C. Hendrickson, Diplomacy and War at NATO, S. 41).

[341] Ryan C. Hendrickson, Diplomacy and War at NATO, S. 2.

[342] Den oftmals unterschätzten Einfluss des NATO-Generalsekretärs zeigt die vergleichende Studie aller NATO-Generalsekretäre bis einschließlich Lord George Robertson durch Ryan C. Hendrickson, Diplomacy and War at NATO. Hendrickson kommt zu dem Ergebnis, „… that the individuals who served as NATO's secretary general had substantial effects on NATO policy and were critical players in its post-Cold War evolution." (S. 5).

[343] Als Referenzmodell dafür gilt Generalsekretär Manfred Wörner. Siehe dazu die Bewertung von Ryan C. Hendrickson, Diplomacy and War at NATO, S. 144: „… Wörner leaves a commendable moral legacy."

von den Nationen erteilten Aufträge kann er selbständig innerhalb der NATO-Bürokratie umsetzen. Diese Befugnis darf nicht unterschätzt werden. In der Kompromissmaschine NATO kommt es darauf an, die richtigen Themen zum richtigen Zeitpunkt von den richtigen Menschen bearbeiten zu lassen. Ob und wann der Nordatlantikrat zu Sitzungen zusammenkommt, kann in Kriegszeiten sogar die militärische Operationsführung beeinflussen.[344]

Ein weiteres wichtiges Führungsmittel ist die Befugnis des Generalsekretärs, Kommissionen einzuberufen. Kommissionen spielten in der Geschichte der NATO eine wichtige Rolle. Immer dann, wenn Entscheidungen über die zukünftige strategische Ausrichtung des Bündnisses anstanden, suchten die Staats- und Regierungschefs Rat von außen. Dazu gehörten beispielsweise die *Three Wise Men*[345], die bereits angesprochene Arbeitsgruppe unter Leitung des belgischen Außenministers Pierre Charles José Marie Harmel, die sog. Albright-Kommission der früheren US-amerikanischen Außenministerin Margaret Albright oder zuletzt die *forward-looking reflection group*. Der NATO-Generalsekretär kann Einfluss auf deren personelle Besetzung nehmen sowie ihre Unterstützung durch seine Mitarbeiter und die Berücksichtigung ihrer Arbeitsergebnisse anweisen.

Sodann ist der NATO-Generalsekretär Aushängeschild und Sprachrohr der NATO – nach innen wie nach außen. Nach innen soll er beispielhaft agieren im Sinne der Organisationskultur der NATO. Er dient also als Referenzmodell (*„role model"*) für ein Denken und Handeln jenseits der Einzelinteressen von Nationen und im übergreifenden Gesamtinteresse der NATO. Sodann ist er das Sprachrohr der transatlantischen Allianz nach außen. Pressekonferenzen sind sein wesentliches Kommunikationsmittel. Der amtierende NATO-Generalsekretär Jens Stoltenberg kommt auf rund 350 Pressekonferenzen im Jahr.

Die Möglichkeiten des NATO-Generalsekretärs, aktiv Politik zu betreiben, scheinen, wie bereits angesprochen, begrenzt zu sein. Selbst

---

[344] Siehe dazu Seth Johnson, How NATO Adapts, S. 73-74; Ryan C. Hendrickson, Diplomacy and War at NATO, S. 142-151. Im Nordatlantikrat hat der Generalsekretär allerdings keine Stimme.

[345] Zur Rolle der *Three Wise Men* siehe Seth Johnson, How NATO Adapts, S. 66-67; Ryan C. Hendrickson, Diplomacy and War at NATO, S. 19.

Kritik und Lob von Mitgliedstaaten für deren Verhalten stehen ihm nicht zu. Diese würden es nicht tolerieren, wenn er einzelne oder eine Gruppe von ihnen kritisierte. Als der US-amerikanische Präsident Donald Trump NATO-Generalsekretär Jens Stoltenberg vor laufender Kamera mit einer harschen Kritik an Deutschland konfrontierte,[346] wich dieser dessen Vorwürfen geschickt aus und wies stattdessen auf die bereits erzielten Erfolge bei der Erhöhung der nationalen Verteidigungshaushalte hin. Auch mit Lob müssen Amtsinhaber vorsichtig sein, um Verbündete, die sie dabei unerwähnt lassen, nicht zu brüskieren.

Der US-amerikanische Historiker Ryan C. Henrickson zeigt in seiner Studie über die NATO-Generalsekretäre bis 2006, wie diese vor allem in Situationen, wo Unsicherheit herrschte und Wandel unausbleiblich war, politische Akzente setzten. Dies war besonders nach dem Ende des Kalten Krieges der Fall. Der Deutsche Manfred Wörner, der das Amt von 1988 bis zu seinem Tode 1994 bekleidete, ragte unter ihnen besonders heraus: Als treibende Kraft hinter der Transformation der NATO ermutigte er das kreative Denken, stellte durch mutige Reden die Weichen für die Osterweiterung und setzte sich mit größtem persönlichen Engagement für ein Eingreifen des Bündnisses in den jugoslawischen Bürgerkrieg ein.[347]

Ein weiteres Beispiel für die unerwartet hohe politische Handlungsfähigkeit des NATO-Generalsekretärs ist der ehemalige EU-Außenbeauftragte Javier Solana. Während seiner Amtszeit von Ende 1995 bis Herbst 1999 beeinflusste er die militärischen Operationen des Bündnisses zunächst in Bosnien und später im Kosovo durch kluge politische Weisungen. Dazu zählte auch der Rat, welche Formen der militärischen Operationsführung bis hin zu Fragen des Einsatzes von Waffensystemen und der Auswahl von Angriffszielen politisch akzeptabel

---

[346] Siehe dazu das Youtube-Video Trump and Stoltenberg get into tense exchange at NATO summit. https://www.youtube.com/watch?v=Vpwkdmwui3k.
[347] Ryan C. Hendrickson, Diplomacy and War at NATO, S. 39-65. Siehe auch Bastian Giegerich, Die NATO, S. 48; Seth Johnson, How NATO Adapts, S. 182.

waren. Der damalige SACEUR General Wesley Clark bestätigte in seinem Buch „Waging Modern War", wie wichtig und hilfreich diese vertrauensvolle Zusammenarbeit mit Javier Solana für ihn war.[348]

Ob und inwieweit die NATO-Generalsekretäre politisch aktiv werden können, hängt wesentlich von dem Verhalten der USA als der Führungsmacht in der NATO ab. Grundsätzlich gilt: die NATO-Generalsekretäre benötigen für ihren Führungserfolg die Unterstützung durch die USA. Andererseits gilt: Suchen sie zu sehr die Nähe zur Führungsmacht, erschweren sie ihre übergeordnete Aufgabe, die Kompromissbildung unter den Verbündeten zu erleichtern und die Interessen aller Alliierten zu respektieren.

US-Administrationen, die sich entscheiden, Koalitionen der Willigen zu bevorzugen, Militäreinsätze ohne Konsultationen mit Verbündeten durchführen und das Risiko einer politischen Spaltung der NATO einzugehen, erschweren die Amtsführung von NATO-Generalsekretären. Zuvor bestehende politische Handlungsfreiräume schließen sich; ihre originäre Aufgabe, Konsense unter Verbündeten herbeizuführen, wird zu einer Sisyphos-Arbeit. Ein förderliches Umfeld bieten dagegen US-Administrationen, die ihre Außen- und Sicherheitspolitik über die NATO mit Verbündeten und Partnern abstimmen. Dann fällt es Generalsekretären auch leichter, politische Initiativen zu ergreifen und damit die US-Administration unter Entscheidungsdruck zu setzen, wie es beispielsweise Manfred Wörner gegenüber der Clinton-Administration gelang.[349]

Die Generalsekretäre haben kaum Befugnisse, wenn Mitgliedstaaten sich untereinander in konfrontativer Politik verhaken oder sich sogar, wie es zwischen den NATO-Mitgliedstaaten Griechenland und Türkei passierte, mit Krieg drohen. Sie dürfen nicht Partei ergreifen. Ihr vermittelndes Wirken bleibt hinter den Kulissen. Gleichwohl schadet es dem Amt und dem persönlichen Ansehen des Amtsinhabers, wenn Konsultationen unter Verbündeten ausbleiben, sie keinen Kompro-

---

[348] Wesley Clark, Waging Modern War, S. 134; siehe auch Ryan C. Hendrickson, Diplomacy and War at NATO, S. 89-116, insbesondere S. 113: "… Solana and Clark stood more as equals, striving to win the war while maintaining alliance solidarity."
[349] Ryan C. Hendrickson, Diplomacy and War at NATO, S. 143-144.

miss finden oder gemeinsam getroffene Entscheidungen nicht umgesetzt werden. Wenn, wie in der Reformagenda „NATO 2030" empfohlen, die Möglichkeiten für die Nationen, Entscheidungen zu blockieren, erschwert würden und der Generalsekretär die Möglichkeit erhielte, kontroverse Themen öffentlich anzusprechen, würde dies dem Ansehen seines Amtes helfen und vor allem die Diskurskultur in der NATO stärken.[350]

2) Beigeordneter Generalsekretär *(Assistant Secretary General; ASG)*
Die Bedeutung der Beigeordneten Generalsekretäre kann nicht überschätzt werden. Im Auftrag des NATO-Generalsekretärs sind sie die Hauptträger der Stabsarbeit im NATO-Hauptquartier. Neben ihrer jeweiligen Abteilung haben sie den Vorsitz in den ihnen zugeordneten Ratsausschüssen inne, in denen alle Nationen vertreten sind. Dort sollen sie zu den jeweiligen Themen ihres Verantwortungsbereichs einen Konsens der Nationen herbeiführen. Diese Ausschüsse treten mehrmals pro Woche zusammen. In der Vorbereitung von Gipfeltreffen der Staats- und Regierungschefs oder Ministertagungen nimmt die Häufigkeit der Treffen noch zu und sie dauern nicht selten viel länger als sonst.[351]

Am Beispiel der ASG lässt sich sehr anschaulich aufzeigen, wie stark die Entscheidungs- und Handlungsfähigkeit der NATO von den in ihr tätigen Menschen abhängt. Ob es den ASG gelingt, trotz divergierender Interessen der Nationen einen Konsens herbeizuführen, hängt in hohem Maße von ihrer Moderation und Leitung der Arbeit in den Ausschüssen ab. Dazu sind breite fachliche Fähigkeiten, eine intensive Vorbereitung auf die Sitzungen sowie Seitengespräche ganz entscheidend.[352] Heinrich Brauss, ehemaliger ASG der Abteilung für Verteidigungspolitik und Planung *(Defense Policy and Plans;* DPP), schreibt dazu:

---

[350] NATO 2030, S. 15: NATO „... should consider bolstering the Secretary General's chief executive role in order to make decisions on routine matters and to bring difficult issues into the open at an early stage."

[351] Heinrich Brauss, Sitzungen chairen: Die anspruchsvolle Kompetenz zwischen Leiten und Moderieren – ein Interview, S. 146.

[352] Dies gilt selbstverständlich auch für die NATO-Generalsekretäre selbst. Zu den Unterschieden in der Amtsführung siehe Ryan C. Hendrickson, Diplomacy and War at NATO, S. 142-151.

„Ein guter Chairman kennt sein Sujet, und zwar bis ins Detail. Konkret heißt das für mich, dass ich die Historie meiner Themen kenne, also weiß, warum und in welchem Zusammenhang sie entstanden sind. Ich kenne die Hintergründe und natürlich den Kontext, in den jede Fragestellung einzuordnen ist. Ich muss mich auf jede Sitzung inhaltlich vorbereiten, die relevanten Dokumente gelesen haben und die Bezugsdokumente kennen. Zur inhaltlichen Vorbereitung gehört auch, dass wir, meine Mitarbeiterinnen und Mitarbeiter und ich, im Gespräch uns die jeweiligen strategischen Sichtweisen, Prioritäten und vorrangigen Sicherheitsinteressen eines jeden NATO-Mitglieds bewusst machen. Dazu gehört, Geschichte und politische Kultur zu verstehen, um die Positionen und Argumentationen der Nationen in einen größeren Zusammenhang einordnen zu können und dann die Korridore für die Richtung der Verhandlungen oder einen Kompromiss zu identifizieren. Dazu gehört weiterhin, die erwarteten Einlassungen der in dem jeweiligen Thema besonders engagierten Nationen zu antizipieren und Argumente zurückzulegen, um diesen Einlassungen begegnen oder sie aufnehmen und in das große Ganze integrieren zu können."[353] Neben diesem umfassenden historisch-politischen Fachwissen und einem ausgeprägten Talent zur Verhandlungsführung sind intellektuelle Fähigkeiten und bestimmte Charaktereigenschaften unverzichtbar: Wichtig sind Urteilskraft, wie das Gesamtinteresse der NATO mit den berechtigten Einzelinteressen von Mitgliedstaaten versöhnt werden kann, und auch Beharrlichkeit und Entschlossenheit in der Verfolgung eines sich abzeichnenden Kompromisses. Multikulturelle Bildung bedeutet nicht nur das Kennen von kulturellen Unterschieden zwischen den Nationen, sondern umfasst auch das tiefe Verständnis für deren strategische Kulturen sowie Respekt vor nationalen Interessen und daraus abgeleiteten Positionen. Es geht hier um Wertschätzung und inhaltliche Überparteilichkeit. Dementsprechend stellte Heinrich Brauss für seine Arbeit als ASG klar: „Mein Fokus liegt also darauf, was die NATO als ganze weiterbringt", ohne die berechtigten Interessen der Nationen abzuwürgen. „Jede Nation hat Anspruch auf meine Hilfe und Fürsprache, wenn ein Anliegen für die betreffende Nation sehr wichtig ist und der

---

[353] Heinrich Brauss, Sitzungen chairen: Die anspruchsvolle Kompetenz zwischen Leiten und Moderieren – ein Interview, S. 155-156.

gemeinsamen Sache nicht schadet."[354] Aufgrund ihrer zentralen Rolle in der Stabsarbeit im NATO-Hauptquartier sind die ASG das wohl am deutlichsten wahrnehmbare und persönlich erfahrbare Rollenmodel, an dem sich alle Mitarbeiter im Maschinenraum in ihrem Selbstverständnis orientieren können.

Schwierigkeiten entstehen vor allem dann, wenn Weisungen der Hauptstädte ihren Mitarbeitern in den nationalen Delegationen wenig Spielraum lassen oder wenn eine Nation gar nicht will, dass die NATO eine Entscheidung trifft. In letzterem Fall wird die Konsenspflicht als Vetorecht missbraucht, was ab und zu passiert. Manchmal helfen dann mahnende Hinweise darauf, dass der über den NATO-Generalsekretär übermittelte Auftrag des Nordatlantikrats nicht erfüllt werden kann (einen Konsens zu erreichen) sowie Zeitdruck. Um Blockaden zu überwinden, besteht die Möglichkeit eines Ausweichens in informelle Treffen. Wie die Vorstellung der NATO-Strategie zur Abwehr hybrider Bedrohungen zeigt, gibt es Widerstände, die auch durch die beste Verhandlungsführung nicht überwunden werden können.

Hilfreiche Dienste leisten die ASG für die interne Kommunikation im NATO-Hauptquartier. Da die politischen Dokumente des Nordatlantikrates und die militärischen Ratschläge des Militärausschusses in „unterschiedlichen Sprachen" verfasst sind, ist bisweilen „Übersetzungsarbeit" erforderlich. Diese Arbeit ist ein wichtiger Beitrag zur Pflege belastbarer zivil-militärischer Beziehungen.

Für das Erreichen von Kompromissen trotz zunehmender konfrontativer Politik unter den Verbündeten sind die ASG die wichtigsten Personen. Sie können sich dabei nicht auf Amtsautorität, sondern „nur" auf ihre Persönlichkeit, ihr ganzheitliches Wissen und ihre kommunikativen Kompetenzen abstützen. Die NATO legt daher besonderen Wert auf ihre Auswahl.

### 3) Vorsitzender Militärausschuss (*Chairman Military Committee; CMC*)

Weiter oben haben wir schon darauf hingewiesen, dass der Militärausschuss der NATO das Bindeglied zwischen der zivilen Seite des

---

[354] Heinrich Brauss, Sitzungen chairen: Die anspruchsvolle Kompetenz zwischen Leiten und Moderieren – ein Interview, S. 153.

NATO-Hauptquartiers, das nach politischen Vorgaben arbeitet, und den militärstrategischen Hauptquartieren ACO und ACT sowie zu den Hauptstädten mit deren Verteidigungsministerien ist. Sein Hauptprodukt ist der militärische Ratschlag (*military advice*). Aufgrund der Auslandseinsätze der NATO seit Mitte der 1990er Jahre nahm die Bedeutung des Militärausschusses zunächst zu. Die im Zuge der hybriden Bedrohungen erkannte Notwendigkeit, Entscheidungsprozesse innerhalb der NATO zu beschleunigen, führte zu der Frage, ob der Militärausschuss als Bindeglied zu den militärstrategischen Hauptquartieren erforderlich oder eine direkte Zusammenarbeit des Nordatlantikrats mit diesen möglich sei. Dies würde allerdings zu seiner Marginalisierung führen und auch die Rolle der Verteidigungsministerien schmälern. Daran dürften die Nationen kein Interesse haben.

Auch für den militärischen Ratschlag gilt das Konsensprinzip. Es ist eine wesentliche Aufgabe des *Chairman* des Militärausschusses, diesen Konsens zu ermöglichen. Er sollte dafür über politisches Verständnis und diplomatisches Geschick verfügen. Diese Qualifikationen sind auch bei der Formulierung des militärischen Ratschlags erforderlich; denn er muss nicht nur militärisch eindeutig, sondern auch für die zivile Seite verständlich sein.

Der CMC kann ohne politische Weisung Initiativen starten. Ein Beispiel dafür die ist Erarbeitung der bereits mehrfach angesprochenen NATO-Militärstrategie (NMS). Um die zivil-militärischen Beziehungen innerhalb des NATO-Hauptquartiers nicht zu belasten, kommt es darauf an, bei allen Initiativen die zivile Seite des Hauses zu beteiligen und eine politische Billigung einzuholen. Möglichst konfliktfreie zivil-militärische Beziehungen sind ein wichtiger Bestandteil der Organisationskultur in der NATO. Dass Diplomaten, Militärs und Beamte permanent in den Ratssitzungen, Ausschüssen und Arbeitsgruppen zusammenarbeiten, sich informell treffen und vertrauensvolle Arbeitsbeziehungen entwickeln, ist dafür sehr hilfreich.

## 4) Oberster NATO-Befehlshaber Europa (*Supreme Allied Commander Europe*; SACEUR)

Der NATO-Oberbefehlshaber ist verantwortlich für die Planung, Vorbereitung und Führung aller vom Nordatlantikrat autorisierten Militäreinsätze. Damit ist er der erste Ansprechpartner für den Generalsekretär, die Beigeordneten Generalsekretäre und den Vorsitzenden des Militärausschusses für die Durchführung von militärischen Einsätzen. Er repräsentiert die militärstrategische Führungsebene und die ihm unterstellten operativen Hauptquartiere. Innerhalb des NATO-Hauptquartiers trägt er zur Erarbeitung von militärpolitischen Konzepten bei. Er berät den NATO-Militärausschuss sowie den NATO-Generalsekretär aus militärstrategischer Sicht. Viele Informationen, welche die politisch-zivile Seite des NATO-Hauptquartiers nutzt, stammen aus dem Verantwortungsbereich des SACEUR.[355]

Eine seiner Hauptaufgaben ist die Erarbeitung der militärischen Anforderungen für das Erreichen politisch vorgegebener Ziele. Hierbei kann es sich um Pläne für die Verteidigung des gesamten NATO-Territoriums, um Notfallpläne für bestimmte Regionen oder auch um Auslandseinsätze im Rahmen des Internationalen Krisenmanagements handeln. Damit bewegt sich der NATO-Oberbefehlshaber qua Amt auf einem verminten Feld. Wenn die militärischen Forderungen so hoch sind, dass die Nationen diese mit verfügbaren Mitteln nicht erfüllen können oder ihre Mittel dafür nicht einsetzen wollen, führt dies zu Streit über gerechte Lastenteilung (*burden sharing*). Die Geschichte der NATO zeigte immer wieder, dass dieses Thema ein hohes politisches Desintegrationspotential besitzt.[356] Militärische Operationspläne betreten immer das Gebiet der Politik, selbst wenn sich die Planer noch so sehr darum bemühen, nach rein militärischen Kategorien zu beurteilen. Streit über die gerechte Verteilung von militärischen Aufgaben unter den Verbündeten kann politisch so eskalieren, dass die Kohäsion der NATO untergraben und dies auch in der Öffentlichkeit so wahrgenommen wird. Berücksichtigt der SACEUR in seinen militärischen Forderungen dagegen zu stark die politischen Interessen von Verbün-

---

[355] Wesley Clark, Waging Modern War, S. xxxvi, xxxix.
[356] Helmut R. Hammerich, Jeder für sich und Amerika gegen alle?, S. 5.

deten, stehen die militärischen Planungen auf dünnem Eis, das einbricht, wenn diese tatsächlich umgesetzt werden müssen. Der SACEUR bewegt sich also auf einem schmalen Grat, und manche Inhaber dieses Dienstpostens wurden auf Druck der Nationen vorzeitig abgelöst.[357]

Die Befugnisse des SACEUR sind vor allem in Friedenszeiten begrenzt, was erneut das Primat der Nationen innerhalb der NATO unterstreicht. Befehlsgewalt über nationale Verbände erhält er erst mit Übernahme des „*operational command*". Im Zuge der NATO-Anpassungen an das veränderte sicherheitspolitische Umfeld seit 2014 erhielt er mehr Befugnisse für die Herstellung der Einsatzbereitschaft der Schnellen Eingreifkräfte der NATO (eNRF). Hintergrund für diese Neuregelung ist die Notwendigkeit, nicht zu viel Zeit durch politische Entscheidungsprozesse zu verlieren. Der SACEUR darf den Marschbefehl allerdings nicht ohne Aktivierungsbefehl des Nordatlantikrates und damit ohne Zustimmung der Nationen geben. Dies war bei der *Allied Mobile Force* (AMF), einer schnell verlegbaren Streitmacht in Divisionsgröße, die zwischen 1961 und 2001 existierte, noch anders. Damals durfte der SACEUR diese selbständig verlegen, weil sie ihm direkt unterstellt war. Zuvor rückversicherte er sich allerdings beim jeweiligen US-amerikanischen Präsidenten. Diese hatten verlangt, selbst bei Übungen der AMF rechtzeitig informiert zu werden.[358]

Damit sind wir bei einer zentralen Herausforderung des Amtes des SACEUR angelangt. Der *Supreme Allied Commander Europe* ist seit Bestehen der NATO ein US-amerikanischer General, der gleichzeitig Befehlshaber der US-amerikanischen Streitkräfte in Europa ist (*U.S. Commander in Chief, European Command*). Aufgrund dieser Doppelfunktion („*dual-hatted*") besitzt er unmittelbaren Zugang nicht nur zum NATO-Generalsekretär, sondern auch zum US-Präsidenten, was ihm Prestige und Macht verleiht. Gleichzeitig ist er in die Hierarchie der US-amerikanischen Streitkräfte eingebunden und dem Pentagon unterstellt, was seinen Handlungsfreiraum einschränkt. Er kann zudem nicht wie der SG oder ein ASG eine NATO-Identität entwickeln; er ist immer

---

[357] Ein Beispiel ist General Ridgway. Siehe dazu Helmut R. Hammerich, Jeder für sich und Amerika gegen alle?, S. 339f.
[358] Bernd Lemke, Die Allied Mobile Force 1961 bis 2002, S. 3, 220, 230.

NATO-Kommandeur und US-amerikanischer Kommandeur zugleich. Damit dient er zwei Herren, die nicht selten unterschiedliche Interessen vertreten.

Innerhalb der NATO ist der SACEUR wahrscheinlich am stärksten von der strategischen Dominanz der USA sowie der konfrontativen Politik unter Verbündeten betroffen. Stellt er das Gesamtinteresse der NATO in den Vordergrund seines Handelns, wie es beispielsweise der SG und die ASG tun, kann er damit in einen Konflikt mit seinem Präsidenten und dessen Verteidigungsminister geraten. Dies ist insbesondere dann der Fall, wenn existenzielle US-amerikanische Interessen berührt sind oder auf US-amerikanischer Seite die Meinung vorherrscht, dass die eigenen Streitkräfte übermäßig belastet sind im Vergleich zu europäischen Partnern. Dieses Problem wird für den SACEUR dadurch verschärft, dass die Europäer in ihm den Treuhänder ihrer Sicherheitsinteressen gegenüber den USA sehen. Tatsächlich haben einige SACEUR sich auf Konflikte mit ihren jeweiligen Präsidenten bzw. dem Pentagon eingelassen, um die aus ihrer Sicht berechtigten Interessen der europäischen Verbündeten zu vertreten und ihre strategischen Kulturen zu respektieren. Der SACEUR steckt damit in einem unlösbaren Dilemma: Um die Kohäsion der transatlantischen Allianz zu verbessern und ihr Zentrum der Kraftentfaltung zu schützen, muss er die Interessen der Verbündeten auch gegenüber Washington vertreten. Persönliche Beziehungen zu Entscheidungsträgern in den jeweiligen Administrationen helfen, finden aber eine Grenze an deren Bereitschaft, die US-amerikanische Außen- und Sicherheitspolitik innerhalb der NATO abzustimmen.

Jederzeit können US-Präsidenten bzw. ihre Administrationen die jeweiligen NATO-Oberbefehlshaber umgehen, um ihre Entscheidungen an ihnen vorbei durchzusetzen. Dies passierte beispielsweise General Lauris Norstad[359], als die US-Administration von J.F. Kennedy 1961 an die Schalthebel der Macht kam. Vor dem Hintergrund des militärischen Debakels in der Schweinebucht von Kuba und der sich abzeichnenden Konflikte mit der Sowjetunion, die ein hohes, die USA existenziell bedrohendes Eskalationspotential in sich trugen, wollte Kennedy mehr politische Kontrolle ausüben und die Handlungsfreiheit des SACEUR

---

[359] Siehe dazu Robert S. Jordan, Norstad.

in Europa einschränken. Dies ging so weit, dass er General Norstads Aktivitäten auf dem politisch-diplomatischen Parkett unterbinden wollte. Der Konflikt spitzte sich zu, als Präsident John F. Kennedy die gültige NATO-Strategie der Massiven Vergeltung (*massive retaliation*) aus Gründen der nationalen Sicherheit durch die Strategie der Flexiblen Reaktion (*flexible response*) ersetzen wollte. Dies löste Befürchtungen bei den Europäern aus, die General Norstad in seinem Tun berücksichtigte. General Norstad wurde daraufhin von Präsident Kennedy aus seinem engsten Beraterkreis ausgeschlossen.

Ähnlich erging es General Wesley Clark. Dieser war NATO-Oberbefehlshaber während der Luftoperationen gegen Serbien im Frühjahr 1999. General Clark hatte ein ausgeprägtes Verständnis für die strategischen Kulturen und berechtigten Interessen der europäischen Verbündeten. Er erkannte die Vorteile moderner Kriegführung im Rahmen der NATO, konnte aber nicht verhindern, dass Mitarbeiter im Pentagon diese als „*Warfare by Committee*" diffamierten. Schließlich wurde er vorzeitig seines Amtes enthoben. Als der Krieg gegen den internationalen Terrorismus begann und US-Streitkräfte die Taliban sowie Al Quaida in Afghanistan angriffen, unterstrich er öffentlich, wo die Vorteile der NATO liegen und wie diese im Krieg gegen den internationalen Terrorismus nützlich gewesen wären. Die Kriege in Afghanistan und im Irak begannen die USA in bewusster Abwendung von der NATO. Sie führten diese als *Coalitions of the Willing*.[360] Erst als sich beide Kriege ungünstig entwickelten, wuchs die Bereitschaft der USA, die NATO stärker einzubinden.

Der SACEUR gehört zu den Amtsträgern mit größtem Einfluss innerhalb der NATO. Seine Einbindung in die US-amerikanische Befehlskette ist ein zweischneidiges Schwert: Einerseits engt sie seine Möglichkeiten, das Bündnisinteresse in Washington durchzusetzen, deutlich ein. Andererseits bietet sie ihm ein Netzwerk, mit dem er die Erarbeitung US-amerikanischer Interessen beeinflussen kann. Die Art und

---

[360] Wesley Clark, Waging Modern War, S. xxvii. "Although European leaders sought to help, and NATO declared that the attack on the United States represented an attack on every member of NATO, the strategic direction of the campaign seemed to be purely American. The NATO decision-making structure wasn't used; instead, NATO was essentially bypassed."

Weise, wie er in Konflikten zwischen nationalem Eigensinn und Bündnisinteresse navigiert, ist vor allem für Soldaten, die von ihren Nationen in die NATO-Hauptquartiere entsandt werden, ein wichtiger Bezugspunkt für ihr eigenes Selbstverständnis.

## Der Maschinenraum

1) <u>Internationaler Stab (IS)/Internationaler Militärstab (IMS)</u>

Kommen wir nun zum eigentlichen „Maschinenraum", zu den Mitarbeitern im Bereich des IS und IMS. Der Eindruck, dass diese nur kleine Rädchen in einer großen Maschine sind, die von den Führungskräften ganz oben gesteuert wird, ist falsch. Referenten, Referats- und Abteilungsleiter haben vielfältige Möglichkeiten, Entscheidungen der Führungsspitze zu beeinflussen. Sie wirken über die Beratung ihrer Vorgesetzten, die Mitarbeit in den diversen Ausschüssen und Arbeitsgruppen, die Vor- und Nachbereitung von Treffen sowie die Erstellung von Dokumenten. Das ist normale Stabsarbeit, und wer über das Fachwissen verfügt und dieses zum richtigen Zeitpunkt an den richtigen Mann im richtigen Ton bringen kann, kann viel bewegen. Die Qualität von Papieren ist dabei wichtig: Sie sollten schon im Zielfeld liegen, nach allen Seiten abgeklopft sein, bevor sie von den Nationen verhandelt werden. Denn deren Mitarbeiter fangen mit ihrer Arbeit erst an, wenn sie glauben, dass ein Papier tragfähig ist, man damit arbeiten kann und am Ende ein Konsens wahrscheinlich ist.

Manchmal gelingt es Mitarbeitern aus dem „Maschinenraum", durch Eigeninitiative große Dinge in Bewegung zu setzen. Ein bekanntes Beispiel dafür ist der damalige Dr. Klaus Wittmann, der 1989 auf einen neu geschaffenen Dienstposten im IMS zum Obersten befördert worden war.[361] Sein Aufgabenbereich umfasste die militärische Bewertung der Abrüstungsverträge mit der damaligen Sowjetunion, insbesondere

---

[361] Siehe Ralph Erlmeier, Ideengeber der historischen NATO-Transformation. In: LOYAL 10/2016, S. 66. Siehe auch Seth Johnson, How NATO Adapts, S. 180. Seth Johnson sieht in dem Wittmann-Papier den Beleg dafür, dass die politische Seite der militärischen Freiräume gewährt für politisch relevante Initiativen ("... policy was not a tyrant in the process, and input from the military authorities in particular has played an important role in the adaptation of NATO strategies...") (S. 180).

bei den konventionellen Waffen (*Conventional Armed Forces Treaty*; CFE). Kernfrage war, welche Waffensysteme für die Verteidigung Europas unverzichtbar waren und daher nicht Gegenstand des CFE-Vertrages werden durften. Unmittelbar nach seinem Dienstantritt fiel die Mauer; die Einheit Deutschlands und das Ende des Kalten Krieges zeichneten sich ab. Bereits im Januar 1990 legte Oberst i.G. Dr. Klaus Wittmann ein rund sechzigseitiges Papier über die zukünftige Ausrichtung der NATO vor. Darin empfahl er eine Überprüfung und, wo nötig, Anpassung der NATO-Militärstrategie MC 14/3 „*flexible response*". Nach interner Abstimmung ging sein Papier am 15.2.1990 als *IMS Working Group Memorandum* sowohl zum MC als auch zum SACEUR. Es fand Kritik und Zustimmung zugleich und regte die Debatte innerhalb des NATO-Hauptquartiers sowie in den Hauptstädten der Bündnisstaaten an. Dass dieses Papier so schnell durch die Hierarchien nach oben weitergereicht wurde, lag daran, dass in dieser Umbruchsituation die NATO und ihre Mitgliedstaaten nach Orientierung suchten. Klaus Wittmanns Papier war das erste und einzig verfügbare auf dem Markt. Und natürlich gehörte auch Glück dazu. Klaus Wittmanns unmittelbarer Vorgesetzte, der deutsche Generalmajor Dietrich Genschel, stimmte zwar nicht in allen Punkten des Papiers überein, fand es aber hilfreich und leitete es an das MC und auch an den damaligen NATO-Generalsekretär Manfred Wörner weiter. Dieser lobte das Papier ausdrücklich, ermutigte das Vorausdenken und sorgte dafür, dass es Grundlage für die weitere Stabsarbeit im NATO-Hauptquartier wurde. Eine kürzere Version wurde dann in enger Zusammenarbeit mit den militärischen Vertretungen am 27. April 1990 vom MC gebilligt. Es enthielt die Empfehlung an den NATO-Generalsekretär, „that a review of the overall strategic concept for the defence of the NATO area be conducted".

Auch in der NATO sind Fragen nach der Zuständigkeit überaus wichtig. Der Epochenumbruch von 1989 war so umfassend, dass eine Beurteilung der Folgen für die NATO nicht allein durch die militärische Seite des Hauptquartiers erfolgen durfte. Sie musste also wieder „eingefangen" werden. Dazu wurden verschiedene Arbeitsgruppen eingerichtet, die parallel arbeiteten und sich informell austauschten („... *with the opportunity offered of mutual influence to be exercised at the individual level").*[362] Der Militärausschuss mit dem IMS blieb weiterhin beteiligt; die Federführung lag jedoch bei der zivilen Seite (IS). Während des NATO-Gipfels in Rom im November 1991 verabschiedeten die Staats- und Regierungschefs das erste Strategische Konzept der NATO.

Der Entstehungsprozess zeigt sehr anschaulich, dass die NATO-Organisationskultur Freiräume bietet für das selbständige Engagement von Mitarbeitern aller Hierarchieebenen. In diesem hier geschilderten Beispiel kam die Initiative aus dem IMS; aber auch andere Bereiche des Hauptquartiers einschließlich der zivilen und militärischen Vertretungen der Nationen hätten ein derartiges Papier erstellen können. Ohne Zweifel erleichterte die Umbruchsituation neues Denken und Initiativbereitschaft „von unten". Es darf allerdings nicht verhehlt werden, dass eine gehörige Portion Mut dazugehört, um mit eigenen Ideen die Arbeit im NATO-Hauptquartier zu befruchten. Umso wichtiger ist es, dass die Verbündeten ihre in die NATO entsandten Offiziere und Beamte nicht am Gängelbande führen.

Tatsächlich gehören Thesenpapiere (*food for thought*) zur Organisationskultur der NATO. Nicht nur Mitarbeiter auf untergeordneten Führungsebenen, sondern auch die dahinterstehenden Nationen haben die Möglichkeit, an Diskursen teilzunehmen und dadurch ihr Gewicht innerhalb der NATO zu erhöhen. Über den Stellenwert eines Verbündeten im NATO-Machtgefüge entscheiden nicht nur seine militärischen Fähigkeiten oder die auf seinem Territorium befindlichen NATO-Einrichtungen, sondern auch seine intellektuellen Beiträge.

Die Mitarbeiter im Maschinenraum können dabei auf Netzwerke zurückgreifen, die sie bereits vor ihrer Verwendung auf einem NATO-Dienstposten aufgebaut haben: indem sie Lehrgänge an Ausbildungs- und Bildungseinrichtungen von Verbündeten oder am NATO Defense College (NDC) besuchten und durch die Teilnahme an Auslandseinsätzen der NATO. Der Aufbau und die Pflege dieser Netzwerke sind eine entscheidende Voraussetzung dafür, dass mehr konfrontative Politik nicht die vertrauensvolle Zusammenarbeit stört und die Suche nach gemeinsamen Lösungen möglich bleibt.

---

[362] Klaus Wittmann, The Road to NATO's New Strategic Concept, S. 222.

Eine weitere Möglichkeit, Themen und Arbeitsprozesse innerhalb des NATO-Hauptquartiers zu beeinflussen, besteht darin, Artikel und Bücher zu veröffentlichen. Die NATO stellt hierfür mehrere Veröffentlichungsreihen zur Verfügung und verfügt mit dem NDC über eine akademische Lehreinrichtung, der ein wissenschaftlicher Forschungsbereich angegliedert ist.[363]

## 2) Nationale Delegationen

Im NATO-Hauptquartier in Brüssel sind alle Mitgliedstaaten mit teilweise sehr umfangreichen zivilen und militärischen Vertretungen repräsentiert. Die Botschafter sowie die Nationalen Militärischen Vertreter sind Ausdruck dafür, dass die Verbündeten ihre nationalen Interessen (nicht nur die militärischen, sondern auch die politischen, wirtschaftlichen und sozialen) wahren wollen. Es kann nicht oft genug betont werden: Der entscheidende Vorteil der NATO als eines politischen und militärischen Bündnisses ist, dass die Nationen in den Hauptquartieren der NATO auf politischer, militärstrategischer und operativer Ebene permanent repräsentiert sind. Abstimmungen laufen direkt vor Ort, Ideen und Initiativen erfahren die Verbündeten sofort, ohne auf bilaterale politische oder militärische Treffen zu warten. Die Corona-Pandemie, die persönliche Treffen der Staats- und Regierungschefs sowie der Außen- und Verteidigungsminister für einen langen Zeitraum verhinderte, ist ein anschaulicher Beleg für diesen komparativen Vorteil der NATO. Der Maschinenraum der NATO funktionierte mit nur leichten Einschränkungen auch unter den widrigen Bedingungen einer Pandemie.

Aufgrund der zahlreichen Auslandseinsätze in den letzten drei Jahrzehnten sowie der Gleichrangigkeit von Kollektiver Verteidigung und Internationalem Krisenmanagement seit 2014 ist die Arbeitslast der nationalen Delegationen stark angestiegen. Ihre Leistungsfähigkeit ist entscheidend für die beschleunigte Entscheidungsfindung, wie sie sich die NATO auf ihre Fahnen geschrieben hat. Auch die Hauptstädte verlangen viel von ihren Mitarbeiten in den nationalen Delegationen. In vielen Mitgliedstaaten entscheiden die Parlamente über die Mandatierung

---

[363] Zum NDC siehe dessen Internetauftritt http://www.ndc.nato.int/about/organization.php?icode=7

von Auslandseinsätzen. Daher wächst der Informationsbedarf und gleichzeitig steigt die Notwendigkeit einer politischen Kontrolle durch die Ministerien. Andererseits sind die nationalen Vertretungen in der NATO auf Weisungen ihrer Hauptstädte angewiesen.

Im Idealfall stimmen sich die Außen- und Verteidigungsministerien bei der Erarbeitung von Weisungen für ihre nationalen Vertretungen in der NATO eng ab. Die Weisungen sollten mit Zielkorridoren arbeiten, um Mitarbeitern Verhandlungsfreiräume zu geben, die diese selbständig nutzen. Eine widerspruchsfreie zivil-militärische Weisungslage ist jedoch nicht immer gegeben. Die Positionen des Außen- und des Verteidigungsministeriums unterscheiden sich, und selbst Regierungszentralen, die über das Amt eines Nationalen Sicherheitsberaters verfügen, schaffen es nicht immer, eine einheitliche Weisungslage zu erarbeiten. Robert Gates, Verteidigungsminister unter den US-Präsidenten Georg W. Bush und Barack Obama, beschreibt die negativen Auswirkungen eines „*divided house*" auf die Strategiebildungsprozesse für Afghanistan im Jahr 2009.[364] Der ehemalige SACEUR General Wesley Clark stellt die Schwierigkeiten während der Luftkriegsoperationen gegen Serbien im Jahr 1999 dar, weil die beteiligten US-amerikanischen Ministerien keine einheitliche Position erarbeitet hatten und selbst das Pentagon intern gespalten war.[365] Bei den Gipfeltreffen der NATO in Brüssel und London Mitte bzw. Ende 2019 waren mehrfach Interventionen des

---

[364] Robert Gates, Duty, S. 335-386; Wolfgang Ischinger weist darauf hin, dass die „… Unfähigkeit zur klaren deutschen Festlegung … als 'German vote' in die europapolitische Fachsprache eingegangen ist". Siehe Wolfgang Ischinger, Welt in Gefahr, S. 268. Um „Entscheidungen aus einem Guss" zu bekommen, fordert er einen Nationalen Sicherheitsrat (S. 269-270). Inwieweit dies allerdings möglich ist, darf vor dem Hintergrund des US-Beispiels bezweifelt werden. Dass Staaten oder Nationen keine einheitlichen Akteure sind, ist ein wesentlicher Kritikpunkt an den politikwissenschaftlichen Theorien des Realismus. Siehe dazu Ingo Peters, Vom ,Scheinzwerg' zum ,Scheinriesen' – deutsche Außenpolitik in der Analyse, S. 368.

[365] Wesley Clark, Waging Modern War, S. xliif., xxvf.: "For me, then, I was torn between the guidance and perspective I gained from NATO, heavily influenced by the Department of State und the White House, and what I would hear in my U.S. military chain reporting to the Pentagon. From one side I was continually exhorted to 'do the best I could' to accomplish the task at hand; from the other I was often implicitly or explicitly constrained in seeking resources and authority to act. Many times, I had to set my own compass and follow it."

Nationalen Sicherheitsberaters John Bolton erforderlich, damit Präsident Trump den Gipfel-Vereinbarungen doch noch zustimmte.[366] Insgesamt kann festgehalten werden, dass es den Konsensbildungsprozess innerhalb der NATO erschwert, wenn die Nationen politisch selbst gespalten sind und nicht rechtzeitig eine klare Weisungslage erstellen.

Andererseits bieten diese Defizite in der Strategiefähigkeit von NATO-Mitgliedstaaten dem „Maschinenraum" der NATO Handlungsfreiheiten, die sie für die Kompromiss- bzw. Konsensfindung nutzen können. Zielkorridore, aber auch unklare oder widersprüchliche Weisungslagen können gerade auch die Mitarbeiter in den nationalen Delegationen nutzen, um das NATO-Gemeinwohl stärker in den Vordergrund zu rücken. Auch sie haben Möglichkeiten, ihr intellektuelles Gewicht und ihre Kreativität in die Erarbeitung von Kompromissen einzubringen. *Food for Thought*-Papiere helfen dabei genauso wie leistungsfähige Netzwerke mit den handelnden Personen im Internationalen Stab sowie im Internationalen Militärstab. Raum für Eigeninitiative und Kreativität bieten zudem die Rückmeldungen an die jeweiligen Ministerien in den Hauptstädten sowie die Abstimmung zwischen der zivilen und der militärischen Seite der nationalen Vertretungen im NATO-Hauptquartier.

Wie nationale Vertretungen erfolgreiche Initiativen in die Arbeitsprozesse der NATO einspeisen können, zeigt das Beispiel des Rahmennation-Konzeptes (*Framework Nation Concept;* FNC). Hierbei handelt es sich um ein Konzept, womit europäische Verbündete mit kleineren Streitkräften diese so mit einer größeren Rahmennation bündeln können, dass daraus Großverbände auf Divisions- und Korpsebene entstehen.[367] Deutschland hat diesen im Verteidigungsministerium und mit der nationalen Delegation im NATO-Hauptquartier erarbeiteten Vorschlag in die NATO eingebracht. Initiativen können und sollen also auch über die Hauptstädte und deren nationale Repräsentanz in der NATO laufen.

---

[366] John Bolton, The Room where it Happened, S. 130-152.
[367] Zum FNC siehe Rainer L. Glatz, Martin Zapfe, "Ambitious Framework Nation: Germany in NATO".

## Zusammenfassung

Die bisherige Erfolgsgeschichte der NATO beruht auf ihren vertraglichen Grundlagen von 1949, ihren daraus abgeleiteten Grundsätzen (Primat der Nationen, Primat des Politischen, Pflicht zum Konsens) sowie ihren Organisationsstrukturen und Arbeitsprozessen (politischer Überbau, enge Zusammenarbeit der zivilen und militärischen Seite sowie der politischen, militärstrategischen und operativen Ebenen, formelle und informelle Gesprächsformate). Dies sind alles notwendige, aber nicht hinreichende Faktoren. Entscheidend ist der Mensch. Es sind die Mitarbeiter aller Hierarchieebenen, die den Unterschied machen. *„Individuals do make a difference"*, schrieb der ehemalige SACEUR General Wesley Clark.[368] Sie sind es, die jenseits berechtigter nationaler Interessen der Verbündeten die Möglichkeiten für einen Konsens ausloten; sie sind es, die immer auch das Allgemeininteresse der NATO im Blick haben; sie sind es, die die bestehenden Strukturen und Prozesse einschließlich der informellen Gesprächsformate nutzen, um Kompromisse zu ermöglichen; sie sind es, die die im NATO-Vertrag verankerten Werte mit Leben füllen. Und in den schwierigen Zeiten zunehmender Re-Nationalisierung und daraus resultierender konfrontativer Politik unter Verbündeten sind sie diejenigen, die dazu ein Gegengewicht bilden können.

Dabei hilft ihnen die spezifische Organisationskultur der NATO. Das Arbeitsklima innerhalb des NATO-Hauptquartiers in Brüssel erinnert mehr an eine Forschungseinrichtung als an ein militärisches Hauptquartier. Das Prinzip von Befehl und Gehorsam wird hier weitestgehend ersetzt durch einen Umgang miteinander, der vielen Kriterien eines „herrschaftsfreien Dialogs"[369] genügt. Das Führungspersonal und dabei vor allem die Verhandlungsführer (*Chairman*) in den Ausschüssen und Arbeitsgruppen haben die Aufgabe, einen Dialog zu ermöglichen, der es allen Teilnehmern erleichtert, Annahmen und Interessen von

---

[368] Wesley Clark, Waging Modern War, S. xliii.

[369] Zum Konzept des herrschaftsfreien Dialogs siehe zur ersten Einführung Christian Weilmeier, Das bessere Argument – der herrschaftsfreie Dialog nach Jürgen Habermas. https://neue-debatte.com/2017/02/11/der-herrschaftsfreie-diskurs-habermas/. Im Original bei Jürgen Habermas, Theorie des Kommunikativen Handelns, 2 Bde., Frankfurt/M. 2011.

nationalen Positionen zu verstehen und auf dieser Grundlage einen Konsens zu erarbeiten. Denkfreiräume sind groß, nicht nur im IS und im IMS. Zudem können Mitarbeiter auf der politischen Ebene jederzeit mit ihren Kollegen bzw. Kameraden auf der militärstrategischen Ebene sprechen. Wir haben es hier also mit einem Kommunikationsmodel zu tun, das sehr stark an die attische Demokratie und den sokratischen Dialog erinnert. Mitarbeiter im NATO-Hauptquartier sollen sich untereinander in Gespräche verwickeln und dabei Informationen, Analysen und Bewertungen eruieren, die dabei helfen, ein gemeinsames NATO-Interesse zu begründen. Im Idealfall verläuft das Gespräch so, dass die Gesprächspartner einen Konsens über das Gute und Richtige und damit eine Lösung finden, die den Hauptstädten nicht eingefallen wäre. Die Verschriftlichung dieser Gespräche muss nicht nur die besprochenen Inhalte, sondern auch die Wertschätzung der ursprünglichen Positionen der Nationen widerspiegeln. Konsense und Kompromisse haben also eine zutiefst menschliche Komponente. Sie beruhen auf intellektueller Neugier, Respekt vor den Auffassungen anderer und Wahrheitsliebe. Dies hört sich pathetisch an, entspricht jedoch oftmals der Gesprächskultur in den Ausschüssen und Arbeitsgruppen, die durch den häufigen Hinweis, die NATO sei ein „streitbares Bündnis", überdeckt wird. Allerdings darf der realpolitische Einwand, dass Nationen, wenn sie es denn wollen, darauf keine Rücksicht nehmen, nicht verdrängt werden.

Die obersten Führungspersönlichkeiten in den NATO-Hauptquartieren verkörpern den Willen, nach dem übergreifenden Bündnisinteresse, *the good of all Allies,* zu streben. Allerdings unterliegen sie gewissen Zwängen oder Beschränkungen ihrer Handlungsmöglichkeiten. Idealtypisch dafür ist die Rolle des SACEUR. Er ist NATO-Oberbefehlshaber und gleichzeitig Kommandeur der US-amerikanischen Streitkräfte in Europa. Viele hochrangige Führungskräfte in der NATO befinden sich in einer ähnlichen Position. Sie nehmen eine Aufgabe in der NATO wahr, sind sogar als Mitarbeiter im IS von der NATO angestellt, haben aber dennoch eine Nationalität. Nicht selten versucht die Nation, direkten Einfluss auf „ihre" Mitarbeiter zu nehmen. Manche Mitgliedstaaten gängeln sie und schränken ihre Eigeninitiative, ihr kreatives Mitdenken oder die Veröffentlichung von Artikeln und Büchern ein. Als Hebel dient dabei der Hinweis, dass der jeweilige Soldat oder

Beamte im Anschluss an seine Tätigkeit bei der NATO wieder in nationale Dienste tritt. Das Damokles-Schwert, vorzeitig in ihre Heimatländer rückbeordert zu werden, schwebt ständig über ihnen. Dennoch finden Mitarbeiter immer wieder Freiräume, und manchmal dehnen sie diese aus, um einen Unterschied zu machen. In Zeiten wie diesen, in denen manche Nationen ihre entsandten Diplomaten und Soldaten unter Druck setzen, sind Rollenmodelle für die Orientierung am Allgemeinwohl der NATO wichtiger denn je. Auch Beispiele für Initiativen von unten, aus den Tiefen des „Maschinenraums", sollten sowohl von der NATO als auch den Nationen bewusst tradiert werden.

Deutlich wird hierbei, dass die NATO ein Narrativ benötigt, eine Meistererzählung, die das Besondere der transatlantischen Allianz betont und über die Feststellung, sie sei das erfolgreichste Militärbündnis aller Zeiten und immer aus internen Krisen gestärkt hervorgegangen, hinausgeht. In den Mittelpunkt sollte sie dabei ihre Gründung als ein „… politischer und wirtschaftlicher Staatenverbund (stellen), der auf eine Kooperation weit über den Bereich der eigentlichen Sicherheitspolitik hinaus angelegt war."[370] Konkret geht es also um die Bedeutung der Artikel 1 bis 5 im Washingtoner Vertrag von 1949 und wie sich diese auf die Organisationsstruktur und -kultur der NATO ausgewirkt haben. Ohne Frage sind die nationalen Interessen der Mitgliedstaaten die „Triebfedern" der Allianz, wie es in den „altmodischen" Bündnissen aus der Zeit vor 1945 der Fall war. Das Besondere der NATO ist die Idee, dass es ein über den nationalen Eigensinn hinausgehendes allgemeines oder übergreifendes Bündnisinteresse gibt, das die Menschen, die in der und für die NATO arbeiten, gemeinsam ermitteln können. Ein derartiges Narrativ wäre die Grundlage für die selbstkritische Analyse von nicht erfolgreichen militärischen Einsätzen wie den in Afghanistan. Sie hülfe zudem, ihre Resilienz gegenüber nationalistischen Trends in Mitgliedstaaten sowie hybriden Angriffen gegnerischer Akteure zu stärken.

---

[370] Norbert Wiggershaus, Zur Konzeption einer NATO-Geschichte, S. XI.

# Anforderungen an die Mitarbeiter in der NATO

Die NATO stand von Anfang an vor der Herausforderung, wie Verbündete mit unterschiedlichen nationalen Interessen und verschiedenen strategischen Kulturen *gemeinsam* Entscheidungen treffen, die sie ihren Bevölkerungen vermitteln können. Die zwölf Gründungsmitglieder entwickelten Prinzipien, um diese Herausforderung zu meistern. Dazu gehören ihr Selbstverständnis als politisches *und* militärisches Bündnis, ihre *demokratische* Wertebasis, der *Respekt* vor der Souveränität eines jeden Verbündeten sowie die *Pflicht zum Konsens*.

In den letzten 20 Jahren verstießen Verbündete immer wieder gegen diese Gründungsprinzipien: Die NATO war für sie nicht mehr die wichtigste Plattform für die Gestaltung ihrer Außen- und Sicherheitspolitik. Statt politische Konsultationen, Koordinierungen und Kooperationen mit dem Ziel eines Konsenses durch Kompromisse anzustreben, bevorzugten sie nationale Alleingänge oder Koalitionen der Willigen. Den Grundsatz „*NATO first*" verstanden sie höchstens noch in seiner militärischen Dimension. Darunter litt auch der respektvolle Umgang unter den Verbündeten. Manche Mitgliedstaaten entfernten sich sogar von den politischen Vorgaben des Washingtoner Vertrages. Sie entwickelten sich zu illiberalen Demokratien, die offen Sympathien für autoritäre Staaten zeigten – selbst wenn diese in offiziellen NATO-Dokumenten als Gegner oder Herausforderung bewertet wurden.

Werfen wir nun einen Blick auf die unaufhebbare Dialektik zwischen Mächten und Menschen in der NATO. Die Gewichte haben sich zuletzt in Richtung der Nationen verschoben. Umso mehr kommt es darauf an, die Mitarbeiter, die in der und für die Allianz arbeiten, für die damit verbundenen Ungewissheiten, Zweideutigkeiten und Konflikte „geistig zu rüsten". Menschen machen den Unterschied. Damit betreten wir das weite Feld der Bildung. Leider ist auch hier ein Trend feststellbar, der den NATO-*spirit* untergräbt: NATO-Mitgliedstaaten auf Re-Nationalisierungskurs neigen dazu, Ressourcen für die Bildung ihres Personals zu kürzen, Lehrpläne stärker auf nationale Belange hin auszurichten und kritische Denker kaltzustellen. Das Verständnis von Funktionsweise und Mehrwert der NATO leidet damit genauso wie das Vertrauen in die Überlegenheit ihrer Organisationskultur gegenüber staatlichen und nicht-staatlichen Gegnern. Angesichts bereits seit längerem bestehender bildungsfeindlicher Trends wie die Bürokratisierung und Technologisierung von Streitkräften sowie deren Führung mit Hilfe von betriebswirtschaftlichen Managementtheorien[371] sind verstärkte, auf die NATO ausgerichtete Bildungsbemühungen dringend erforderlich, aber alles andere als eine leichte Aufgabe.

Angesichts dieser komplexen Gemengelage stellen sich für Mitarbeiter in der NATO wie auch in den Ministerien der Mitgliedstaaten folgende Fragen:

- Welche Kompetenzen und Charaktereigenschaften sollten sie sich *selbst aneignen* und
- wie könnten sie dabei von der NATO und deren Mitgliedstaaten in ihren Bildungsbemühungen unterstützt werden,
- damit sie
  - o die aus widersprüchlichen Interessen erwachsenen Gegensätze der Nationen in einem Allgemeininteresse der NATO *aufheben* und
  - o so das „Zentrum der Kraftentfaltung" der Allianz und damit deren *politische* Einheit, Solidarität und Kohäsion *stärken* können?

Im Folgenden werden dazu folgende Bereiche thematisiert: (1) Die Auswahl des Personals, (2) deren Ausbildung und Bildung sowie (3) die NATO-Organisationsstruktur und -kultur. Zum Schluss werden in einem Exkurs (4) Folgerungen für die Bundeswehr gezogen.

---

[371] Zur Kritik daran siehe Hans-Peter Bartels, Rainer L Glatz, Welche Reform die Bundeswehr heute braucht – Ein Denkanstoß, SWP-Aktuell, Nr. 84, Berlin im Oktober 2020, S. 3-8: „Das seit etwa zwanzig Jahren geltende Paradigma, Streitkräfte prozessorientiert und betriebswirtschaftlich effizient führen zu sollen, ist kritisch zu überprüfen." (S. 8). Grundsätzlich dazu siehe Donald Abenheim, Carolyn Halladay, Soldiers, War, Knowledge and Citizenship: German-American Essays on Civil-Military Relations, S. 304-315.

## (1) Auswahl des Personals

Eine große Gefahr für die politische Einheit und Handlungsfähigkeit der NATO sind Staats- und Regierungschefs bzw. Minister, die Personal auf hochrangige NATO-Dienstposten mit dem Auftrag entsenden, nationale Interessen mit Ellenbogen durchzusetzen, Beschlüsse der NATO, die nationalen Interessen zuwiderlaufen, zu blockieren oder ganz einfach passiv zu sein und unliebsame Initiativen im Keim zu ersticken. Es bleibt weiteren Studien vorbehalten, inwieweit es eine solche Personalpolitik tatsächlich gegeben und wie sie die Kompromissmaschine NATO in ihrer Funktionsweise beeinträchtigt hat.[372] Der Trend zur Re-Nationalisierung in NATO-Mitgliedstaaten dürfte jedoch dazu beitragen, dass sowohl in den Hauptquartieren des Bündnisses als auch in den Ministerien die Anzahl der Mitarbeiter, die grundlegende demokratische Werte des Westens ablehnen und stattdessen nationalistischen Ideen anhängen, zunimmt – nicht zuletzt, weil autoritäre Regierungen Personen, die loyal sind und ihre nationalistische Politik verteidigen und verbreiten, mit Ämtern belohnen.[373]

Noch scheint der NATO-Maschinenraum überaus resilient gegenüber politischen Störgrößen zu sein. Er funktionierte selbst in Phasen, in denen vielen die Auflösung der NATO als eine realistische Option erschien. Eine Ursache dafür könnte in der ausgeprägten *Can-do-mentality* vor allem des militärischen Personals liegen.[374] Soldaten in den NATO-Hauptquartieren sowie in den Ministerien kompensierten deren politisches Defizit, was allerdings dazu beigetragen haben dürfte, dass sich die Handlungseinheit des Bündnisses mehr und mehr in den militärischen Bereich verlagerte.

---

[372] Hinweise auf eine derartige Personalpolitik der USA liefert Ryan C. Hendrickson, Diplomacy and War at NATO, S. 30.

[373] Ein empirischer Beleg ist dafür die Entlassung von an ausländischen Militärakademien ausgebildeten Offizieren beispielsweise in Polen oder in der Türkei. Die Historikerin Anne Applebaum analysiert, dass die Personalpolitik autoritärer Regierungen nicht auf Eignung, Leistung und Befähigung als Auswahlkriterien achtet, sondern auf politischer Gefügigkeit und Loyalität zur Partei. Dies sei nicht nur im Osten Europas der Fall. Siehe Anne Applebaum, Die Verlockung des Autoritären, S. 13, 29-36, 51, 60. Zu Großbritannien im Zuge des Brexit siehe S. 61-108. Zu den USA unter Donald Trump siehe die S. 144-172.

[374] Nicht wenige NATO-Beamte verfügen über einen militärischen Hintergrund.

Es kommt künftig darauf an, dass Verbündete Mitarbeiter mit und ohne Uniform in die NATO entsenden und in ihren Ministerien einsetzen, die willens und in der Lage sind, jenseits der nationalen Interessen *politisch* mitzudenken. Sie benötigten dafür nicht nur eine gehörige Portion strategische Kompetenz, um politische Ziele mit den verfügbaren Mitteln und Wegen auszubalancieren, sondern auch eine ausgeprägte Kritikfähigkeit, was Zivilcourage als „Mut vor Königsthronen" einschließt. Alle Mitarbeiter, auch die in Uniform, müssen sich auf das politische Feld wagen und vor allem dann den politischen Diskurs suchen, wenn Ziele nicht konkret genug formuliert oder überambitioniert sind.

Unverzichtbar sind zudem Persönlichkeitseigenschaften, die einem Bündnis gleichberechtigter demokratischer Staaten angemessen sind. Bescheidenheit, Respekt, Neugierde, Kreativität und Dialogbereitschaft sind ganz wesentliche Voraussetzungen, damit die „Pflicht zum Konsens" nicht von einer Dominanz der Stärkeren gegenüber den Schwächeren überlagert wird. Der partnerschaftliche Umgang mit Verbündeten, die aufgrund ihrer geringen Wirtschaftskraft und ihres kleinen Verteidigungshaushaltes realpolitisch nur eine geringe Rolle spielen, ist dafür der Lackmustest. In der „Kompromissmaschine NATO" mit ihrem „Marktplatz der Ideen" können Mitarbeiter aller Nationen durch ihr *intellektuelles* Gewicht überzeugen.

Für eine Diskurs und Innovation fördernde Organisationskultur spielen Frauen eine wichtige Rolle. Mit ihren oftmals anderen Denkansätzen bereichern sie den internen Dialog sowie die Zusammenarbeit in den Ausschüssen und Arbeitsgruppen. Bei ihrer Förderung kommt es nicht so sehr auf ihre Anzahl, sondern ihre Qualität an. Frauen sind kein *„add-on"*, sondern müssen von Beginn an in die Arbeitsprozesse eingebunden werden.[375]

Die Amtsinhaber auf der höchsten politischen und militärstrategischen Führungsebene sind unverzichtbar als Vorbilder für die Mitarbeiter im Maschinenraum. Sie beeinflussen maßgeblich die Organisationskultur in der NATO. Dass das Bündnis selbst in Phasen einer stark konfrontativen Politik unter den Mitgliedstaaten nicht auseinandergebrochen

---

[375] Interview des Autors mit Clare Hutchinson, Secretary General's Special Representative for Women, Peace and Security, im NATO-Hauptquartier im August 2020.

ist, liegt maßgeblich an ihnen. Die Staats- und Regierungschefs der Mitgliedstaaten müssen bei ihren Auswahlentscheidungen Eignung und Befähigung in den Vordergrund stellen. Ein im nationalen Umfeld erfolgreicher Politiker ist nicht automatisch ein guter NATO-Generalsekretär. Vor allem müssen sie dem insgeheimen Wunsch widerstehen, einen schwachen Generalsekretär zu berufen, der ihnen bei der nationalen Interessenvertretung wenig Schwierigkeiten bereitet.

Insgesamt kommt es für die NATO künftig darauf an, *soft power* und dabei vor allem ihre geistigen Kapazitäten zu verbessern, um die besten Strategien zu entwickeln – nicht zuletzt durch die Personalauswahl.


### (2) Ausbildung und Bildung

Für die erfolgreiche Arbeit in Ausschüssen und Arbeitsgruppen der NATO sowie den fachlich zuständigen Referaten der Ministerien benötigen Mitarbeiter ein enormes Fachwissen. Dies umfasst auch die Historie der zu bearbeitenden Vorgänge.

Wichtig sind zudem Kenntnisse über die Geschichte der NATO. Die Beschäftigung mit ihrer Gründungsphase, vor allem mit ihren Prinzipien und Denktraditionen, hilft ihnen, das Besondere der NATO, das sie vor allen anderen Bündnissen in der Menschheitsgeschichte auszeichnet, zu erkennen. Hilfreich wären auch Kenntnisse über die internen Krisen der NATO, vor allem darüber, weshalb sie entstanden sind, wie es den Verbündeten gelungen ist, gestärkt daraus hervorzugehen, und welche Rolle dabei die gemeinsamen Werte gespielt haben. Grundsätzlich gilt: Historische Bildung und ein gemeinsames Traditionsverständnis erleichtern die Konsensfindung.

Überhaupt hat historische Bildung eine unverzichtbare kritische Funktion für die zivilen und militärischen Mitarbeiter in der NATO sowie in den Ministerien. Deren Selbstverständnis ist maßgeblich durch nationale Ausbildungs- und Bildungsgänge beeinflusst, auf denen sie nicht selten mit unreflektierten Vorurteilen oder engstirnigen Bemerkungen konfrontiert wurden. Die beliebte Redewendung, das Akronym NATO stünde für *„No Action, Talking Only"*, versperrt die Einsicht in die besondere Bedeutung der Gesprächskultur im Bündnis. In Verbindung mit der unter Soldaten ausgeprägten *Can-do-mentality* ist der Schritt zur Ablehnung der Spielregeln in der NATO nicht mehr weit. Die harsche

Kritik an der Einsatz- und Kriegführung der NATO als *„warfare by committee"* mag auf der taktisch-operativen Ebene bisweilen berechtigt gewesen sein. Sie verkennt jedoch den hohen Stellenwert der konstruktiven Zusammenarbeit zwischen den Generalsekretären, den Vorsitzenden des Militärausschusses sowie den jeweiligen NATO-Oberbefehlshabern auf der politisch-militärstrategischen Ebene. Man kann sich des Eindrucks nicht erwehren, dass der diffamierende Slogan *„warfare by committee"* bewusst verbreitet wurde, um die Präferenz von Koalitionen der Willigen zu begründen. Der warnende Hinweis, dass in die NATO entsandte Mitarbeiter nicht vergessen sollten, wer ihr Gehalt zahlt, wessen Uniform sie tragen oder dass man Karriere nur in den eigenen Streitkräften macht, verringert die Bereitschaft, jenseits nationaler Weisungen politisch mitzudenken und jederzeit das Allgemeininteresse der NATO im Blick zu haben. Diese Bereitschaft gerät in den Ländern, deren Regierungen parteipolitische Loyalität ihrer Beamten fordern, zunehmend unter Druck.[376]

Unverzichtbar für die erfolgreiche Arbeit in und für die NATO sind fundierte Kenntnisse über die zivil-militärischen Beziehungen. In Demokratien sind diese so geregelt, dass die politische und damit die zivile Seite das Primat hat. Dies gilt so auch für das NATO-Hauptquartier. Der NATO-Generalsekretär ist Mitglied im Nordatlantikrat als dem oberstem politischen Entscheidungsgremium. Zur Umsetzung seiner politischen Aufträge steht ihm der Internationale Stab zur Verfügung. Der Militärausschuss mit seinem Arbeitsmuskel „Internationaler Militärstab" sitzt „in der zweiten Reihe". Spannungen resultieren daraus, dass die zivile Seite ihren Primat jederzeit beachtet wissen will, während die militärische Seite auf schnelle Entscheidungen drängt und ggf. auch mit eigenen Initiativen vorprescht, was den Handlungsfreiraum der politischen Seite einschränken kann. Der US-amerikanische Historiker

---

[376] Siehe Anne Applebaum, Die Verlockung des Autoritären, S. 118: „Mit der zunehmenden Polarisierung geraten Beamte und staatliche Angestellte zunehmend zwischen die politischen Fronten und stehen im Verdacht, von der Gegenseite vereinnahmt worden zu sein. (…) Es ist kein Zufall, dass in vielen Ländern Richter und Gerichte zur Zielscheibe von Kritik, Anfeindung und Wut werden. In einer polarisierten Welt gibt es keine Neutralität, denn es gibt keine überparteilichen und apolitischen Institutionen."

Eliot Cohen rekonstruierte am Beispiel von in Kriegszeiten erfolgreichen Staatsmännern, wie sie das Militär ins Kreuzverhör nahmen und detaillierte Fragen stellten, um nicht überzogenen militärischen Forderungen auf den Leim zu gehen.[377] Dagegen wünscht sich die militärische Seite schnelle politische Entscheidungen, die ihre militärischen Vorstellungen unterstützen. Daraus resultierende Spannungen mögen bisweilen zu Frustrationen und Konflikten führen. Das Primat der Politik ist allerdings ein Wesensmerkmal von Demokratien und daher auch von Bündnissen, die aus Demokratien bestehen. Mitarbeiter in und ohne Uniform sollten diese Spannungen anerkennen und produktiv nutzen.[378]

Hilfreich für ein reflektiertes Selbstverständnis der Mitarbeiter in der Allianz ist die Beschäftigung mit dem Begriff der Komplexität; denn die NATO stellt ein *hochkomplexes* politisch-militärisches Arbeitsumfeld dar.[379] Komplexität meint im Wesentlichen eine prinzipielle Ungewissheit nicht nur aufgrund einer hohen Zahl von Akteuren mit unterschiedlichen nationalen Interessen und strategischen Kulturen, sondern auch wegen fehlender oder unsicherer Informationen. Zufall und Glück spielen eine wichtige Rolle bei komplexen soziopolitischen Aktivitäten. Der preußische Kriegsphilosoph und General Carl von Clausewitz beschäftigte sich in seiner Analyse des Krieges u.a. mit der Frage, welche Anforderungen Komplexität an Führungskräfte stellt. Vom Feldherrn forderte er „einen feinen, durchdringenden Verstand..., um mit dem Takte seines Urteils die Wahrheit herauszufühlen"[380] sowie „Charakterstärke", um erst dann vom eingeschlagenen Weg abzuweichen, „... bis eine klare Überzeugung dazu zwingt"[381]. Heinrich Brauss, ehemaliger *Assistant Secretary General*, bestätigte in seinem bereits ange-

---

[377] Zum „*unequal dialogue*" zwischen Politik und Militär siehe Eliot A. Cohen, Supreme Command. Soldiers, Statesmen, and Leadership in Wartime, New York 2003, S. 208-224.

[378] Als Beispiel dafür gilt General Marshall als Chief of the Army Staff im Zweiten Weltkrieg. Siehe dazu Mark A. Stoler, George C. Marshall. Soldier-Statesman of the American Century, Detroit 1989.

[379] Wesley Clark, Waging Modern War, S. xxxix: "...a highly complex political-military environment".

[380] Carl von Clausewitz, Vom Kriege, Bonn 1991, S. 233.

[381] Carl von Clausewitz, Vom Kriege, S. 245.

führten Interview über das *Chairen* von Meetings, wie diese Eigenschaften den Verhandlungsführern bei ihrer Suche nach Konsens helfen.[382] Auch Clausewitz' Forderung nach einem grundsätzlichen Einverständnis des verantwortlichen Politikers und seines Feldherrn über den Krieg, den sie führen wollen, lässt sich auf die NATO und die Ministerien ihrer Mitgliedstaaten übertragen. Auch deren Generale und Admirale müssen sich in ihre politischen Auftraggeber, d.h. den Nordatlantikrat genauso wie in ihre jeweiligen Regierungen, hineinversetzen; sie müssen wissen, dass jeder militärische Ratschlag das Feld der Politik betritt, selbst wenn sie sich nach Kräften bemühen, diesen allein mit militärischen Notwendigkeiten zu begründen. Auf der anderen Seite dürfen sie nicht politisieren und schon gar nicht sollten sie das politisch Wünschenswerte vor die militärischen Notwendigkeiten stellen. Es sollte jedoch zu ihrem Selbstverständnis gehören, die politischen Wirkungen des von ihnen vorgeschlagenen militärischen Handelns zu berücksichtigen. Auf keinen Fall sollten sie von der politischen Seite erwarten, dass diese sich ausschließlich an militärischen Erfordernissen ausrichtet. Grundsätzlich müssen sie, wie Eliot Cohen betont, bereit sein, sich den kritischen Fragen der politischen und zivilen Seite zu stellen.

Fassen wir nun die Antworten auf die erste Frage „Welche Kompetenzen und Charaktereigenschaften sollten sich die Mitarbeiter in der NATO sowie in den zuständigen Referaten der nationalen Ministerien *aneignen?"* zusammen: Sie benötigen (1) ein umfassendes politisch-historisches Verständnis der NATO, ihrer Ziele, ihrer Wertebasis, ihrer Geschichte und Traditionen sowie ihrer Organisationskultur; (2) fundierte Kenntnisse über die Prozesse und Verfahren in den Hauptquartieren; (3) Respekt vor den Mitgliedstaaten und ihren nationalen Interessen, Bedrohungswahrnehmungen und strategischen Kulturen; (4) ausgeprägte soziale Kompetenzen im Umgang mit Diversität; (5) kommunikative Kompetenzen in der formellen und informellen Gesprächsführung; (6) ausgeprägtes Verantwortungsbewusstsein mit persönlichem Engagement und Kreativität bei der Erarbeitung von Kompromissen sowie eine gehörige Portion Mut und Zivilcourage.

---

[382] Heinrich Brauss, Sitzungen chairen: Die anspruchsvolle Kompetenz zwischen Leiten und Moderieren – ein Interview.

Schauen wir uns nun an, wie sowohl die Nationen als auch die NATO die Aus- und Weiterbildung ihrer Mitarbeiter unterstützen.

Die bisherige Analyse des Ausbildungs- und Bildungsbedarfs mündet in die Forderung, der Strategiefähigkeit größere Aufmerksamkeit zu widmen. Erste Schritte dazu haben die USA bereits vollzogen, indem sie ab 2013 die strategische Aus- und Weiterbildung ihres militärischen Führungspersonals intensivierten (*„rigorous education"*). Auch die europäischen Verbündeten scheinen ihre *„strategic vacation"* beendet zu haben. Selbst Deutschland, das über Jahrzehnte hinweg das strategische Denken an die NATO outgesourct hat, vermehrt die strategisch relevanten Bildungsinhalte in der General- und Admiralstabsausbildung und betreibt seit 2016 das *German Institute for Defence and Strategic Studies* (GIDS). Grundsätzlich sollten Institute wie das GIDS ihr Alleinstellungsmerkmal gegenüber anderen *think tanks* darin sehen, dass sie ihre Analysen und Empfehlungen auf das Einbringen nationaler Positionen in die Konsultations-, Koordinierungs- und Kooperationsprozesse der NATO (und ggf. der EU) ausrichten und dabei jederzeit deren Allgemeininteresse im Auge behalten. Auf diese Weise leisten nationale strategische Institute einen Beitrag auch für die Stärkung der politischen Handlungseinheit der NATO.

Wie kann die NATO selbst dabei unterstützen? Hilfreich wäre eine vergleichende Studie darüber, wie Verbündete ihre Strategiefähigkeit stärken. Strategiefähigkeit umfasst mehr als das Vorhandensein von *think tanks* oder Nationalen Sicherheitsberatern. Dieser Begriff umfasst auch die Qualität der sicherheitspolitischen Debatte in Parlamenten und Öffentlichkeit, die Existenz von Professuren und Studiengängen an Universitäten und Hochschulen oder das Spektrum sicherheitspolitischer und militärstrategischer Fachbücher und Zeitschriften. Ganz wichtig ist dabei die Untersuchung, inwieweit das für die Mitarbeit in der NATO erforderlich Selbstverständnis, Wertebewusstsein und Kompetenzspektrum in nationalen Doktrinen verankert ist und danach tatsächlich in den Ausbildungs- und Bildungseinrichtungen der Mitgliedstaaten gelehrt und gelernt wird.[383] Wie in anderen politischen und militärischen Handlungsfeldern, kann die NATO ihre Mitglieder bei der

---

[383] An dieser Stelle möchte ich persönliche Erfahrungen von meiner Ausbildung am US Army War College 2013/14 einbringen. In dieser sehr intensiven strategischen

Förderung von Strategiefähigkeit oder den dafür erforderlichen Bildungsreformen unterstützen.

Sodann verfügt die NATO über eigene Ausbildungs- und Bildungseinrichtungen. Dazu zählt das 1951 gegründete *NATO Defense College* in Rom. Im Mittelpunkt steht der *Senior Course*, ein knapp halbjähriger Lehrgang, welcher der Bildung des höheren militärischen und zivilen Führungspersonals für die politische und militärstrategische Ebene dient.[384] Auf diesem Lehrgang behandeln 50 bis 70 Teilnehmer aktuelle sicherheitspolitische Themen in multinational zusammengesetzten Seminaren. Darin sollen die Arbeitsprozesse in den Ausschüssen und Arbeitsgruppen des NATO-Hauptquartiers widergespiegelt werden. Dieser grundsätzlich löbliche Ansatz leidet allerdings unter mehreren Defiziten. 100 bis 140 Lehrgangsteilnehmer pro Jahr sind angesichts des enormen Personalumfangs im NATO-Hauptquartier, in der NATO-Kommandostruktur sowie in den NATO-Referaten der Ministerien ein vergleichsweiser geringer Output. Unverständlicherweise werden nicht alle Absolventen später bei der NATO oder in den ministeriellen Fachabteilungen eingesetzt. Zudem leidet die Weiterbildung am NDC unter einer extremen Verschulung, was sowohl dem freien Meinungsaustausch unter den Lehrgangsteilnehmern als auch dem Einüben in den Umgang mit unterschiedlichen nationalen Interessen, sicherheitspolitischen Bedrohungswahrnehmungen und strategischen Kulturen schadet. Zum *NATO-Spirit* gehört, unterschiedliche Meinungen aushalten und mit ihnen kritisch-konstruktiv umgehen zu können. Immer mehr kommt es dabei darauf an, den Wahrheitsgehalt der darin enthaltenen Tatsachen gemeinsam zu prüfen.

---

Weiterbildung spielte die NATO kaum eine Rolle. Weder die Geschichte der NATO noch ihre spezifische Organisationskultur wurden thematisiert.

[384] Zum *Senior Course* siehe https://www.ndc.nato.int/education/courses.php?i code=14. Die NATO verfügt über weitere Ausbildungseinrichtungen wie beispielsweise die NATO-Schule Oberammergau (*NATO School Oberammergau, NSO*) für die Ausbildung vor allem auf operativer Ebene oder Fachschulen wie die NATO-Schule für Kommunikations- und Informationssysteme (NATO Communications and Information Systems School; NCISS) zunächst in Latina/ITA und nunmehr in Oeiras/POR. Siehe deren Internetauftritte https://www.natoschool.nato.int sowie https://www.ncia.nato.int/what-we-do/nci-academy/about-the-nci-academy.html.

Das NDC verfügt über eine leistungsfähige Forschungsabteilung. Sie ist global mit Universitäten und *think tanks* vernetzt, setzt mit ihren Veröffentlichungen wichtige intellektuelle Impulse für die Arbeit in den NATO-Hauptquartieren und ist auch für die Weiterbildung des Personals überaus hilfreich. Eine engere Anbindung an die Seminare des NDC, vor allem an den *Senior Course*, könnte das „forschende Lernen" der lebensälteren und überaus erfahrenen Lehrgangsteilnehmer fördern und somit dessen Verschulung verringern. Mehrmonatige Forschungsaufenthalte von Mitarbeitern aus den NATO-Hauptquartieren und Ministerien könnten dazu beitragen, den Diskurs zwischen Akademikern und Praktikern zu verbessern. Mitarbeiter in und ohne Uniform erhielten zudem die Möglichkeit, ihre Forschungsergebnisse zu veröffentlichen. Diese Maßnahmen förderten nicht nur das kreative Denken, sondern auch den Mut, mit eigenen Ideen den Dialog auf dem „Marktplatz NATO" zu befruchten. Zudem würde damit noch stärker signalisiert, dass die NATO den Austausch mit der Wissenschaft und überhaupt mit der Zivilgesellschaft sucht.

Hilfreich für die Weiterbildung ihres Personals wären verstärkte Bemühungen der NATO um die Pflege eigener Traditionen. In deren Mittelpunkt sollte die Selbstvergewisserung über ihre Wertebasis wie beispielsweise die Pflicht zum Konsens stehen. Initiativen wie die von Oberst Dr. Klaus Wittmann im Vorfeld der Erarbeitung eines Strategischen Konzeptes könnten als nachahmenswerte Beispiele herausgestellt werden.

Insgesamt kommt es für die NATO darauf an, durch verstärkte Forschungs- und Bildungsanstrengungen ein geistiges Gegengewicht gegenüber Tendenzen der Polarisierung, die zunehmend auch Intellektuelle erfasst, und der Propaganda, mit der Menschen in allen NATO-Mitgliedstaaten radikalisiert werden, zu bilden. Wenn in Großbritannien, Italien, Griechenland, Ungarn und Polen die EU massiv in Verruf gebracht wird, dann wirkt sich dies auch auf die NATO und ihre Strategiefähigkeit aus.

Angesichts des hier skizzierten Bildungsbedarfs ist es verwunderlich, dass die Reformagenda „NATO 2030" es bei der Empfehlung belässt,

Stipendien für ein Studium an zivilen Universitäten anzubieten.[385] Auch ihr Vorschlag, dass die Nationen bzw. deren Mitarbeiter eine Art Eid (*„pledge"*) leisten[386], ergibt nur Sinn, wenn zeitgleich umfassende Bildungsmaßnahmen über die Geschichte der NATO, ihren politischen Zweck und ihre spezifische Organisationskultur durchgeführt werden.

(3) Organisationsstruktur und -kultur

Die NATO verfügt über komparative Vorteile gegenüber „altmodischen Bündnissen" aus der Zeit vor 1945 sowie Formaten der bi- oder multilateralen Zusammenarbeit wie beispielsweise den Regierungskonsultationen oder General-/Admiralstabsgesprächen:

Ihre Hauptquartiere auf der politischen, militärstrategischen und operativen Ebene sind permanent besetzt. Wie wichtig es ist, Orte zu haben, wo NATO-Diplomaten, -Beamte und -Soldaten sowie Repräsentanten der Mitgliedstaaten regelmäßig zusammentreffen, sich persönlich kennen und vertrauensvolle Arbeitsbeziehungen pflegen, zeigt sich zunächst einmal in Phasen von Wahlen und Regierungswechseln. Verunsicherungen und sogar angekündigte Richtungsänderungen in der Außen- und Sicherheitspolitik eines Mitgliedstaates können die Mitarbeiter in der NATO mildern bzw. abfedern. Sodann ermöglicht die permanente Anwesenheit von Entscheidungsträgern, die Verfahren der Konsultation, Koordinierung und Kooperation auch dann nutzen, wenn – wie während der Corona-Pandemie – die Treffen der Staats- und Regierungschefs bzw. der Außen- und Verteidigungsminister nicht oder nur eingeschränkt stattfinden. Noch deutlicher zeigen sich die

---

[385] NATO 2030, S. 15: „NATO should establish a centre of higher learning to cultivate future talent outside of NATO and launch a scholarship program, tentatively called the Harmel Fellowship Programme, under which each Ally would fund a scholarship programme for at least one individual per year from another NATO Ally to undertake postgraduate study at one of its leading universities." Frank Wasgindt fordert dagegen die Einrichtung von NATO Universitäten. Siehe Frank Wasgindt, Smart Power as a relevant Instrument for a future NATO Strategy. In: Uwe Hartmann (ed.), NATO's Adaptation. Challenges and Opportunities, Berlin 2017, S. 115-127.

[386] NATO 2030, S. 14: "Allies should pledge themselves to a code of good conduct to abide by the spirit as well as the letter of the North Atlantic Treaty."

Vorteile der NATO-Organisationsstruktur und -kultur in akuten Krisen. Angesichts der geringen Prognosefähigkeit[387] kommt es für die NATO darauf an, schnell <u>und</u> abgestimmt auf unvorhergesehene krisenhafte Entwicklungen zu reagieren. Gelingt ihr dies nicht, werden Mitgliedstaaten ihre nationalen Analysefähigkeiten und Entscheidungsprozesse stärken. Erste Hinweise auf diesen Re-Nationalisierungsfaktor geben die Debatten im Anschluss an die Evakuierung von Staatsbürgern und Ortskräften aus Afghanistan im August 2021.

Neben der Arbeit in den offiziellen Gremien bietet die NATO zahlreiche informelle Gesprächsformate. Solche Treffen bieten den Mitarbeitern eine Atmosphäre des freien, d.h. nicht durch nationale Weisungen gebundenen Informations- und Meinungsaustausches. Sie ermöglichen es ihnen, jenseits der Weisungen aus den Hauptstädten Lösungen für einen Kompromiss zu suchen oder, wenn keine oder eine widersprüchliche Weisungslage besteht, Denkfreiräume zu nutzen. Sie können sogar proaktiv darüber nachdenken, wo gemeinsame Interessen von Verbündeten liegen, die beispielsweise einen Auslandseinsatz ermöglichen könnten, auch wenn der Nordatlantikrat dazu noch keinen Auftrag erteilt hat. Zurecht rät die Reformagenda „NATO 2030", diese informellen Gesprächsformate zu intensivieren.

Besonders förderlich für die Zusammenarbeit sind interne Netzwerke, welche zivile und militärische Mitarbeiter in der NATO manchmal über Jahrzehnte hinweg aufgebaut haben. Diese Netzwerke tragen entscheidend dazu bei, dass die Kompromissmaschine NATO trotz zunehmender konfrontativer Politik unter verbündeten Staaten funktioniert. Netzwerker können Entwicklungen in einzelnen Mitgliedstaaten frühzeitig erkennen und ggf. darauf Einfluss nehmen bzw. Missverständnisse aufklären und falsche Annahmen korrigieren. Sie sind die Basis für das wechselseitige Vertrauen, ohne das Kompromisse und Konsense nicht möglich sind.[388]

---

[387] Zum „Verlust der Prognosefähigkeit" als einer der Gründe für die Schwierigkeiten des Westens, Frieden und Stabilität zu sichern, siehe Wolfgang Ischinger, Welt in Gefahr, S. 36-38.

[388] Ebenengerechte Netzwerke tragen auch zum Führungserfolg des NATO-Generalsekretärs bei. Dem NATO-Generalsekretär Javier Solana half sein während seiner Amtszeit als EU-Außenbeauftragter aufgebautes Netzwerk. Siehe Ryan C. Hendrickson, Diplomacy and War at NATO, S. 57, 90. Siehe auch Helmut R. Hammerich,

Damit sind wir bei einem Punkt angelangt, der für die Zukunft der NATO entscheidend ist: die kritische Selbstreflexion über Misserfolge von militärischen Interventionen wie in Libyen oder zuletzt in Afghanistan oder im Umgang mit Russland und China[389]. Im Kern geht es dabei um die kritische Analyse der Rolle der USA als Führungsnation in der NATO, der Ursachen für die strategische Passivität der europäischen Verbündeten sowie der Schlussfolgerungen aus der gescheiterten externen Demokratisierung mit Hilfe militärischer Mittel. Kritikfähigkeit gehört zum Wesen des demokratischen Westens und seiner offenen Gesellschaften. Die NATO muss sich Kritik von außen stellen, und sie muss Selbstkritik innerhalb ihrer eigenen Organisationsstruktur und -kultur fördern – nicht zuletzt deshalb, weil es in nicht wenigen Mitgliedstaaten Bestrebungen gibt, Pressefreiheit und Diskurse durch Regierungspropaganda und Identitätspolitik zu ersetzen.

Permanente Anwesenheit, formelle und informelle Gespräche, Netzwerke und wechselseitiges Vertrauen sind der Betriebsstoff, der die NATO-Kompromissmaschine am Laufen hält. Hierin liegt der komparative Vorteil, den das NATO-Hauptquartier gegenüber den Ministerien ihrer Mitgliedstaaten hat. Die NATO ist ein Marktplatz, auf dem Ideen und Problemlösungen ausgetauscht sowie Kompromisse und Konsense erarbeitet werden, auf welche die Nationen selbst nicht immer gekommen wären. Damit bietet die NATO auch in Zukunft die

---

Jeder für sich und Amerika gegen alle?, S. 171. Die NATO pflegt zudem externe Netzwerke. Diese bestehen nicht nur zu anderen Internationalen Organisationen wie beispielsweise der EU, sondern auch zu Nichtregierungsorganisationen, privatwirtschaftlichen Unternehmen sowie Städten und Gemeinden. Dazu trug insbesondere die Debatte über Resilienz bei.

[389] Wolfgang Ischinger, Welt in Gefahr, S. 130 fordert von der NATO und Russland, dass „… man zu einer Form des Gesprächs zurückfindet, bei der beide Seiten bereit sind, Fehler einzugestehen, dem Gegenüber Respekt und Wertschätzung zu bezeugen und gemeinsam einen Weg nach vorn zu suchen". Ein positives Beispiel für die Selbstkritik eines US-Generals an von ihm getroffenen Entscheidungen ist Generalleutnant a.D. Ben Hodges in seinem in der *New York Times* vom 24. August 2021 erschienenen Beitrag „How we as a nation – and I as a military officer – failed in Afghanistan": "Finally, I think we need to do some rigorous introspection in all of our government diplomatic and defense/security institutions. I've been doing it about my own actions, but the military needs to study where things went wrong and try not to make the same mistakes again. And if we don't learn, it will happen again."

Gewähr, einen Mehrwert gegenüber nationalen Alleingängen oder Koalitionen der Willigen zu bieten.

Es kommt darauf an, diese Vorteile zu erkennen und zu nutzen.

### (4) Exkurs: Folgerungen für die Bundeswehr

Innerhalb der Bundeswehr gehören Grundsätze zur Personalauswahl, zur Ausbildung und Bildung sowie zur Organisationskultur in das weite Feld der Inneren Führung. Was sollte bei der Weiterentwicklung von Selbstverständnis und Führungskultur der Bundeswehr berücksichtigt werden, um deutschen Soldaten und Beamten in NATO und Ministerien Orientierung für ihr Handeln und praxisnahe Impulse für die individuelle Selbstbildung zu geben?

Grundsätzlich gilt: Die Innere Führung ist absolut kompatibel mit der Organisationskultur und dem Selbstverständnis der NATO. Ihre ethischen Grundlagen spiegeln nicht nur das Grundgesetz Deutschlands, sondern auch die obersten Werte der NATO (Friedensorientierung, Demokratie, individuelle Freiheit und Herrschaft des Rechts) wider.[390] Die Grundsätze und Ziele der Inneren Führung sowie die daraus abgeleiteten Anforderungen an Vorgesetzte fordern und fördern das, was auch für die NATO wichtig ist: die ethische, rechtliche und politische Legitimation militärischen Handelns, das Primat der Politik, die Berücksichtigung des Wandels in Politik, Gesellschaft, Wirtschaft und Technologie, eine partnerschaftliche und respektvolle Gesprächsführung, permanente Weiterbildungsbereitschaft sowie Verantwortungsbewusstsein, was die Bereitschaft einschließt, politisch mitzudenken und Zivilcourage zu zeigen.[391] Man kann getrost die Schlussfolgerung ziehen, dass die Innere Führung für die Soldaten und Beamten der Bundeswehr, die in der NATO dienen, einen komparativen Vorteil darstellt. Die Eingewöhnung in und die Akzeptanz der spezifischen Organisationskultur der NATO, vor allem die Nutzung der Denk- und Handlungsfreiräume, dürfte Deutschen vergleichsweise leichtfallen.

---

[390] Siehe dazu den NATO-Vertrag von 1949. Die darin verankerten Werte werden in den Strategischen Konzepten sowie den Gipfelerklärungen immer wieder bekräftigt. Zu den ethischen Grundlagen der Inneren Führung siehe Kapitel 3.2 der Vorschrift.
[391] Siehe die Kapitel 3.6 und 4 der Vorschrift zur Inneren Führung.

Die Offenheit der Inneren Führung für Bündnisfähigkeit und multinationale Zusammenarbeit überrascht nicht. Denn ihre konzeptionelle Ausarbeitung erfolgte Anfang der 1950er Jahre parallel zu den Planungen für die Europäische Verteidigungsgemeinschaft (EVG). Deren von sechs Nationen gestellten Streitkräfte sollten von einem europäischen Verteidigungsminister geleitet und tief, d.h. bis auf Verbandsebene, integriert werden. Sie scheiterte 1954, was dazu führte, dass Deutschland in das transatlantische Bündnis aufgenommen und alle Großverbände der Bundeswehr den regional zuständigen NATO-Hauptquartieren assigniert wurden. Hier liegen die historischen Ursachen für drei Entwicklungslinien, welche die deutsche Politik seither charakterisieren: die Multilateralität ihrer Außen- und Sicherheitspolitik, die Delegation militärstrategischen Denkens an die NATO sowie ihre Vorreiterrolle bei der Multinationalisierung von Hauptquartieren und (Groß-)Verbänden.

Die gültige Vorschrift zur Inneren Führung spiegelt vor allem die Multinationalisierung der Bundeswehr wider. Ihre Grundsätze seien auch für die Arbeit in multinationalen Umfeldern gültig, heißt es in der Nr. 501: „Innere Führung ist verpflichtende Grundlage des eigenen Handelns im Grundbetrieb wie im Einsatz, in nationalen wie in multinationalen Strukturen. Alle Soldatinnen und Soldaten haben ihr Verhalten und Handeln an den Grundsätzen der Inneren Führung auszurichten." Gleichwohl enthält sie kaum Hinweise für die konkrete Anwendung dieser Grundsätze. In der Nr. 634 heißt es lediglich: „Der Dienst im multinationalen Umfeld erfordert, dass alle dort eingesetzten Angehörigen der Bundeswehr mit Organisationsprinzipien und Führungskulturen von Streitkräften anderer Nationen ... vertraut sind." Zuvor steht in der Nr. 620: „Der richtige Umgang mit Menschen, die einen anderen kulturellen Hintergrund haben, die interkulturelle Kompetenz, erhöht die Handlungs- und Verhaltenssicherheit der Soldatinnen und Soldaten ...". Konkreter werden diese Grundsätze nur, wenn es um die Auslandseinsätze der Bundeswehr geht. Was sie für den Dienst in der NATO bedeuten, vor allem auf der politischen und militärstrategischen Ebene, wo multinationale Zusammenarbeit nicht nur Kenntnisse über unterschiedliche kulturelle Hintergründe, sondern verschiedene nationale Interessen erfordert, die durch geschickte Gesprächs- und Verhandlungsführung in ein Allgemeininteresse aufgehoben werden sollten, darüber sagt die Vorschrift nichts.

Nahezu völlig ausgeblendet ist darin das militärstrategische Denken sowohl im internationalen als auch im nationalen Kontext. Die Vorschrift zur Inneren Führung bietet hierfür nur sehr allgemein gehaltene Orientierungshilfen in Form von aus dem Grundgesetz ableitbaren politischen Zielen. Es kommt nunmehr darauf an, weitaus stärker und konkreter die Strategiefähigkeit Deutschlands herauszuarbeiten und daraus Folgerungen für die Führungskultur und das Selbstverständnis in der Bundeswehr abzuleiten. Denn Ansehen und Einfluss in der NATO erhält ein Land nicht nur über seine finanziellen und materiellen Beiträge, sondern auch über sein intellektuelles Gewicht. Dies gilt besonders für Phasen, in denen die Entscheidungs- und Handlungsfähigkeit der NATO unter Druck steht. Hier besteht Nachholbedarf, der u.a. durch die Arbeit des neugegründeten *German Institute for Defence and Strategic Studies* (GIDS)[392] gedeckt werden sollte.

Zur Förderung der Strategiefähigkeit sollte die in der gültigen Vorschrift postulierte „politische Mitverantwortung" des Soldaten bzw. Beamten herausgestellt und für den Dienst in der NATO veranschaulicht werden. Anleihen können dabei von der Vorschrift des Heeres zur Truppenführung genommen werden. Deren leitendes Prinzip ist das „wirkungsorientierte Denken". Es fordert, „ganzheitlich … alle Wirkungen, letale und nicht letale, physische und psychologische Wirkungen *in allen Dimensionen* (hervorgehoben; U.H.) zu berücksichtigen."[393] Das politisch vorgegebene Ziel eines Militäreinsatzes bzw. der politische Zweck des soldatischen Dienstes sind damit höchste Referenzgrößen auch für selbständiges Handeln. Das „Führen mit Auftrag" als weiteres leitendes Prinzip ist also immer Führen mit *politisch* begründetem Auftrag. Ein derartiges Führungsverständnis hülfe insbesondere

---

[392] Siehe dazu den Internetauftritt https://gids-hamburg.de.

[393] Siehe dazu Inspekteur des Heeres, Truppenführung, Nr. 613. Siehe auch Erik Rattat, Der militärische Führer im komplexen Operationsumfeld. In: Uwe Hartmann, Claus von Rosen (Hrsg.), Jahrbuch Innere Führung 2015. Neue Denkwege angesichts der Gleichzeitigkeit unterschiedlicher Krisen, Konflikte und Kriege, Berlin 2015, S. 142-148.

der selbständigen und dabei kreativen Mitarbeit im NATO-Hauptquartier, wo wie in keiner anderen Organisation die politische, zivile und militärische Seite direkt aufeinandertreffen und um kompromissfähige Lösungen ringen.

Hilfreich wären zudem Klarstellungen, in welcher Verbindung die Kernelemente der NATO-Identität (Pflicht zum Konsens, Orientierung an dem Gesamtinteresse der NATO, Wertschätzung jedes Verbündeten) mit dem Verfassungspatriotismus stehen, wie er in dem Slogan „Wir.Dienen.Deutschland." zum Ausdruck kommt und wie er auch im neuen Traditionserlass gefordert wird.[394] Dieser gewollte demokratische Patriotismus steht dem Selbstverständnis der NATO und ihrer Führungskultur nicht entgegen. Ganz im Gegenteil: Er verknüpft das deutsche Interesse mit dem NATO-Gesamtinteresse, Frieden in Freiheit für Europa zu fördern. Verfassungspatriotismus und Gesamtinteresse der NATO sind zwei Seiten einer Medaille. Um dies zu unterstreichen, sollte die neue Vorschrift weitaus stärker die Westbindung Deutschlands und deren Bedeutung für Sicherheit und Wohlstand in Europa betonen. Dazu könnte sie an die Ausführungen zu europäischen Traditionswerten im Handbuch Innere Führung aus dem Jahr 1957 anknüpfen.[395]

Das Aufzeigen der gemeinsamen Wertebasis von NATO und Bundeswehr trägt dazu bei, jede Form von Extremismus zu delegitimieren. Fehlentwicklungen in der Bundeswehr schaden Deutschlands Ansehen und Gewicht innerhalb der Allianz.

Die Autoren der Vorschrift zur Inneren Führung beschäftigten sich intensiv mit der politischen, historischen und ethischen Bildung. Ihre

---

[394] Die Tradition in der Bundeswehr. Richtlinien zum Traditionsverständnis und zur Traditionspflege, 28. März 2018, Nr. 4.2; abgedruckt in Donald Abenheim, Uwe Hartmann (Hrsg.), Tradition in der Bundeswehr. Zum Erbe des deutschen Soldaten und zur Umsetzung des neuen Traditionserlasses, Berlin 2018, S. 289.

[395] Bundesministerium der Verteidigung, Fü S I (Hrsg.), Handbuch Innere Führung. Hilfen zur Klärung der Begriffe, Bonn 1957. Es ist 1972 in fünfter, unveränderter Auflage erschienen. Siehe dazu auch das Plädoyer für Deutschlands Westbindung von James Hawes, Die kürzeste Geschichte Deutschlands, Berlin 2019. Anne Applebaum weist auf das Phänomen des verordneten Patriotismus in illiberalen Demokratien oder autoritären Parteien hin (Die Verlockung des Autoritären, S. 123). Diese Form des Patriotismus ist für den NATO-*spirit* nicht hilfreich.

Aussagen dazu formulierten sie sehr allgemein. Konkreter wurden sie in Bezug auf die Auslandseinsätze der Bundeswehr. Eine neue Vorschrift sollte die Notwendigkeit einer umfassenden Bildung auch für die Arbeit in der NATO unterstreichen. Dies steigerte auch die Bereitschaft höherer Vorgesetzter, Bildungsmaßnahmen einen höheren Stellenwert einzuräumen.

Die in der Vorschrift zurecht ausführlich beschriebenen sozialen und kommunikativen Kompetenzen von Angehörigen der Bundeswehr sollten durch Hinweise auf die Arbeit innerhalb der NATO veranschaulicht werden. Auf diese Weise könnte auch das hartnäckige Vorurteil bekämpft werden, dass Innere Führung von der Realität des soldatischen Dienstes abweicht und zur Verweichlichung beiträgt. Zweifelsfrei ist der Dienst in der Kompromissmaschine NATO eine harte Arbeit, auch an sich selbst.

Die NATO hat kein ausgeprägtes Verständnis für Tradition. Sie verlässt sich darauf, dass ihre Mitgliedstaaten Traditionen pflegen, um Werte zu fördern, die ihrem Selbstverständnis entsprechen und für die Arbeit innerhalb der Bündnisstrukturen hilfreich sind. Wenn die Bundeswehr künftig ihre eigene Geschichte weitaus stärker für die Traditionspflege nutzen will, sollten Vorgesetzte aller Führungsebenen auch die Erfolgsgeschichte der NATO unterstreichen. Die aktiven sowie ehemaligen Angehörigen der Bundeswehr können stolz darauf sein, was sie für die NATO und für Deutschland in der NATO geleistet haben. Deren vorbildliches Engagement sollte auch in der Traditionspflege der Bundeswehr gewürdigt werden.

Sodann sollte die Praxis der Ausbildung über die NATO in den Bildungseinrichtungen der Bundeswehr kritisch überprüft werden. Wegen der seit Langem bestehenden Überfrachtung der Ausbildungsgänge zum Offizier bzw. General- und Admiralstabsoffizier sollten neue militärfachlich ausgerichtete Studiengänge an den Universitäten der Bundeswehr eingerichtet sowie mit den *War Colleges* der USA vergleichbare Bildungseinrichtungen gegründet werden.[396]

---

[396] Siehe Uwe Hartmann, Die Krise der Einsatzbereitschaft der Streitkräfte – Anregungen zu einer Bildungsreform. In: Jahrbuch Innere Führung 2019. Bundeswehr im Aufbruch. Hindernisse von den verteidigungspolitischen Vorstellungen der AfD bis

Zum Schluss kann gefolgert werden, dass eine breit angelegte Revitalisierung der Inneren Führung dazu beiträgt, dass Soldaten und Beamte der Bundeswehr einen Beitrag dazu leisten, die Funktionsfähigkeit der NATO in unsicheren Zeiten wie diesen zu erhalten.

zu den sicherheitspolitischen Meinungen in der Zivilbevölkerung, Berlin 2019, S. 178-188.

# Anhang:
# Der Nordatlantikvertrag
# Washington DC, 4. April 1949[397]

*Die Parteien dieses Vertrags bekräftigen erneut ihren Glauben an die Ziele und Grundsätze der Satzung der Vereinten Nationen und ihren Wunsch, mit allen Völkern und Regierungen in Frieden zu leben. Sie sind entschlossen, die Freiheit, das gemeinsame Erbe und die Zivilisation ihrer Völker, die auf den Grundsätzen der Demokratie, der Freiheit der Person und der Herrschaft des Rechts beruhen, zu gewährleisten. Sie sind bestrebt, die innere Festigkeit und das Wohlergehen im nordatlantischen Gebiet zu fördern. Sie sind entschlossen, ihre Bemühungen für die gemeinsame Verteidigung und für die Erhaltung des Friedens und der Sicherheit zu vereinigen. Sie vereinbaren daher diesen Nordatlantikvertrag:*

## Artikel 1

Die Parteien verpflichten sich, in Übereinstimmung mit der Satzung der Vereinten Nationen, jeden internationalen Streitfall, an dem sie beteiligt sind, auf friedlichem Wege so zu regeln, daß der internationale Friede, die Sicherheit und die Gerechtigkeit nicht gefährdet werden, und sich in ihren internationalen Beziehungen jeder Gewaltandrohung oder Gewaltanwendung zu enthalten, die mit den Zielen der Vereinten Nationen nicht vereinbar sind.

## Artikel 2

Die Parteien werden zur weiteren Entwicklung friedlicher und freundschaftlicher internationaler Beziehungen beitragen, indem sie ihre freien Einrichtungen festigen, ein besseres Verständnis für die Grundsätze herbeiführen, auf denen diese Einrichtungen beruhen, und indem sie die Voraussetzungen für die innere Festigkeit und das Wohlergehen fördern. Sie werden bestrebt sein, Gegensätze in ihrer internationalen Wirtschaftspolitik zu beseitigen und die wirtschaftliche Zusammenarbeit zwischen einzelnen oder allen Parteien zu fördern.

---

[397] Siehe dazu den NATO-Internetauftritt NATO - Official text: The North Atlantic Treaty, 04-Apr.-1949.

## Artikel 3

Um die Ziele dieses Vertrags besser zu verwirklichen, werden die Parteien einzeln und gemeinsam durch ständige und wirksame Selbsthilfe und gegenseitige Unterstützung die eigene und die gemeinsame Widerstandskraft gegen bewaffnete Angriffe erhalten und fortentwickeln.

## Artikel 4

Die Parteien werden einander konsultieren, wenn nach Auffassung einer von ihnen die Unversehrtheit des Gebiets, die politische Unabhängigkeit oder die Sicherheit einer der Parteien bedroht ist.

## Artikel 5

Die Parteien vereinbaren, daß ein bewaffneter Angriff gegen eine oder mehrere von ihnen in Europa oder Nordamerika als ein Angriff gegen sie alle angesehen werden wird; sie vereinbaren daher, daß im Falle eines solchen bewaffneten Angriffs jede von ihnen in Ausübung des in Artikel 51 der Satzung der Vereinten Nationen anerkannten Rechts der individuellen oder kollektiven Selbstverteidigung der Partei oder den Parteien, die angegriffen werden, Beistand leistet, indem jede von ihnen unverzüglich für sich und im Zusammenwirken mit den anderen Parteien die Maßnahmen, einschließlich der Anwendung von Waffengewalt, trifft, die sie für erforderlich erachtet, um die Sicherheit des nordatlantischen Gebiets wiederherzustellen und zu erhalten.

Vor jedem bewaffneten Angriff und allen daraufhin getroffenen Gegenmaßnahmen ist unverzüglich dem Sicherheitsrat Mitteilung zu machen. Die Maßnahmen sind einzustellen, sobald der Sicherheitsrat diejenigen Schritte unternommen hat, die notwendig sind, um den internationalen Frieden und die internationale Sicherheit wiederherzustellen und zu erhalten.

## Artikel 6 [1]

Im Sinne des Artikels 5 gilt als bewaffneter Angriff auf eine oder mehrere der Parteien jeder bewaffnete Angriff

- auf das Gebiet eines dieser Staaten in Europa oder Nordamerika, auf die algerischen Departements Frankreichs[2], auf das Gebiet der Türkei oder auf die der Gebietshoheit einer der Parteien unterliegenden Inseln im nordatlantischen Gebiet nördlich des Wendekreises des Krebses;

- auf die Streitkräfte, Schiffe oder Flugzeuge einer der Parteien, wenn sie sich in oder über diesen Gebieten oder irgendeinem anderen europäischen Gebiet, in dem eine der Parteien bei Inkrafttreten des Vertrags eine Besatzung unterhält oder wenn sie sich im Mittelmeer oder im nordatlantischen Gebiet nördlich des Wendekreises des Krebses befinden.

## Artikel 7

Dieser Vertrag berührt weder die Rechte und Pflichten, welche sich für die Parteien, die Mitglieder der Vereinten Nationen sind, aus deren Satzung ergeben, oder die in erster Linie bestehende Verantwortlichkeit des Sicherheitsrats für die Erhaltung des internationalen Friedens und der internationalen Sicherheit, noch kann er in solcher Weise ausgelegt werden.

## Artikel 8

Jede Partei erklärt, daß keine der internationalen Verpflichtungen, die gegenwärtig zwischen ihr und einer anderen Partei oder einem dritten Staat bestehen, den Bestimmungen dieses Vertrags widerspricht und verpflichtet sich, keine diesem Vertrag widersprechende internationale Verpflichtung einzugehen.

## Artikel 9

Die Parteien errichten hiermit einen Rat, in dem jede von ihnen vertreten ist, um Fragen zu prüfen, welche die Durchführung dieses Vertrags betreffen. Der Aufbau dieses Rats ist so zu gestalten, daß er jederzeit schnell zusammentreten kann. Der Rat errichtet, soweit erforderlich, nachgeordnete Stellen, insbesondere setzt er unverzüglich einen Verteidigungsausschuß ein, der Maßnahmen zur Durchführung der Artikel 3 und 5 zu empfehlen hat.

## Artikel 10

Die Parteien können durch einstimmigen Beschluß jeden anderen europäischen Staat, der in der Lage ist, die Grundsätze dieses Vertrags zu fördern und zur Sicherheit des nordatlantischen Gebiets beizutragen, zum Beitritt einladen. Jeder so eingeladene Staat kann durch Hinterlegung seiner Beitrittsurkunde bei der Regierung der Vereinigten Staaten von Amerika Mitglied dieses Vertrags werden. Die Regierung der Vereinigten Staaten von Amerika unterrichtet jede der Parteien von der Hinterlegung einer solchen Beitrittsurkunde.

## Artikel 11

Der Vertrag ist von den Parteien in Übereinstimmung mit ihren verfassungsmäßigen Verfahren zu ratifizieren und in seinen Bestimmungen durchzuführen. Die Ratifikationsurkunden werden so bald wie möglich bei der Regierung der Vereinigten Staaten von Amerika hinterlegt, die alle anderen Unterzeichnerstaaten von jeder Hinterlegung unterrichtet. Der Vertrag tritt zwischen den Staaten, die ihn ratifiziert haben, in Kraft, sobald die Ratifikationsurkunden der Mehrzahl der Unterzeichnerstaaten, einschließlich derjenigen Belgiens, Kanadas, Frankreichs, Luxemburgs, der Niederlande, des Vereinigten Königreichs und der Vereinigten Staaten, hinterlegt worden sind; für andere Staaten tritt er am Tage der Hinterlegung ihrer Ratifikationsurkunden in Kraft.[3]

## Artikel 12

Nach zehnjähriger Geltungsdauer des Vertrags oder zu jedem späteren Zeitpunkt werden die Parteien auf Verlangen einer von ihnen miteinander beraten, um den Vertrag unter Berücksichtigung der Umstände zu überprüfen, die dann den Frieden und die Sicherheit des nordatlantischen Gebiets berühren, zu denen auch die Entwicklung allgemeiner und regionaler Vereinbarungen gehört, die im Rahmen der Satzung der

Vereinten Nationen zur Aufrechterhaltung des internationalen Friedens und der internationalen Sicherheit dienen.

## Artikel 13

Nach zwanzigjähriger Geltungsdauer des Vertrags kann jede Partei aus dem Vertrag ausscheiden, und zwar ein Jahr, nachdem sie der Regierung der Vereinigten Staaten von Amerika die Kündigung mitgeteilt hat; diese unterrichtet die Regierungen der anderen Parteien von der Hinterlegung jeder Kündigungsmitteilung.

## Artikel 14

Der Vertrag, dessen englischer und französischer Wortlaut in gleicher Weise maßgebend ist, wird in den Archiven der Regierung der Vereinigten Staaten von Amerika hinterlegt. Diese Regierung übermittelt den Regierungen der anderen Unterzeichnerstaaten ordnungsgemäß beglaubigte Abschriften.

1. In der anläßlich des Beitritts Griechenlands und der Türkei durch Artikel 2 des Protokolls zum Nordatlantikvertrag geänderten Fassung.
2. Am 16. Januar 1963 stellte der Rat fest, daß die Bestimmungen des Nordatlantikvertrags betreffend die ehemaligen algerischen Departements Frankreichs mit Wirkung vom 3. Juli 1962 gegenstandslos geworden sind.
3. Der Nordatlantikvertrag trat nach Hinterlegung der Ratifikationsurkunden durch alle Unterzeichnerstaaten am 24. August 1949 in Kraft.

# Abkürzungsverzeichnis

| | |
|---|---|
| ACO | Allied Command Operations |
| ACT | Allied Command Transformation |
| AMF | Allied Mobile Force |
| ASG | Assistant Secretary General |
| AWACS | Airborne Warning And Control System |
| CFE | Conventional Armed Forces Treaty |
| CHOD | Chief of Defense |
| eFP | enhanced Forward Presence |
| eNRF | enhanced NATO Response Force |
| EVG | Europäische Verteidigungsgemeinschaft |
| FNC | Framework Nation Concept |
| GASP | Gemeinsame Außen- und Sicherheitspolitik |
| GIDS | German Institute for Defence and Strategic Studies |
| IMS | International Military Staff |
| IS | International Staff |
| ISAF | International Security Assistance Force |
| LoA | Level of Ambition |
| MC | Military Committee |
| NAC | North Atlantic Council |
| NATO | North Atlantic Treaty Organization |
| NCS | NATO Command Structure |
| NDC | NATO Defense College |
| NDPP | NATO Defense Planning Process |
| NMR | National Military Representative |
| NMS | NATO-Military Strategy |
| NRF | NATO Response Force |
| NRI | NATO Readiness Initiative |
| OUP | Operation Unified Protector |
| PESCO | Permanent Structured Cooperation |
| PfP | Partnership for Peace |
| RAP | Readiness Action Plan |
| RoE | Rules of Engagement |
| SACEUR | Supreme Allied Commander Europe |
| SG | Secretary General |
| SHAPE | Supreme Headquarters Allied Powers Europe |
| VJTF | Very High Readiness Joint Task Force |

# NATO-Hauptquartier

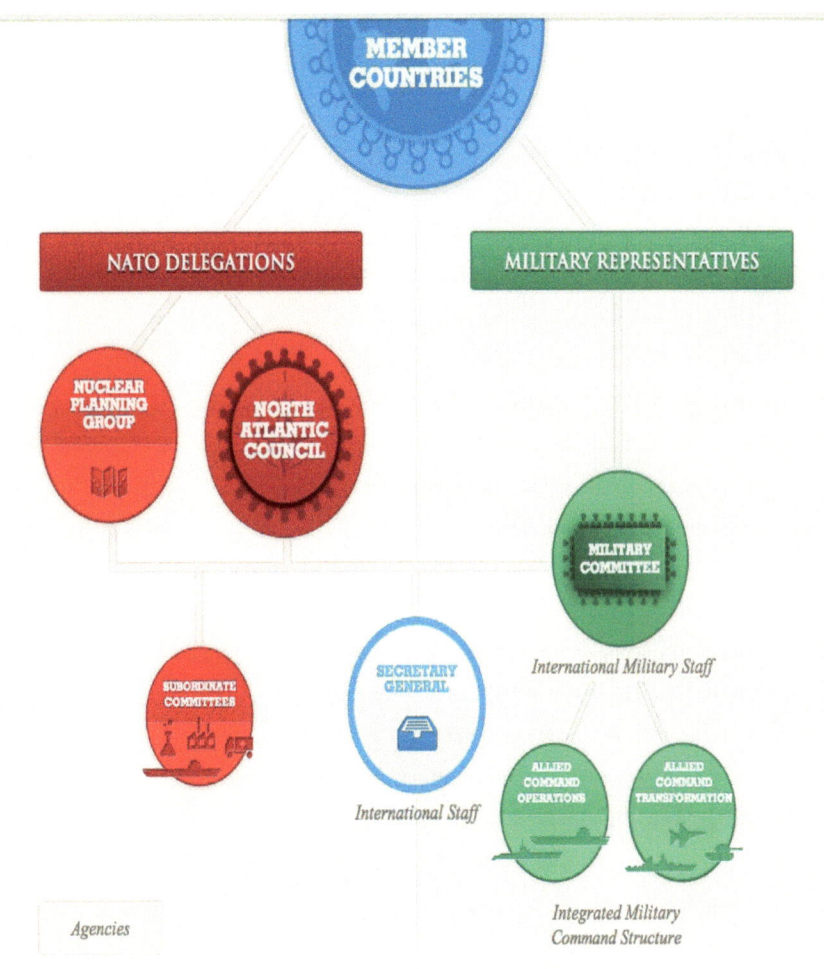

# NATO-Organisationsstruktur

**Zivile Struktur**
- NATO-Hauptquartier
- Ständige Vertreter und nationale Delegationen
- Internationale Mitarbeiter (IS)
  - **Privates Büro (PO)**
    - Sonderbeauftragte für Frauen, Frieden und Sicherheit
  - **Abteilung Politische Angelegenheiten und Sicherheitspolitik**
    - NATO-Verbindungsbüro (NLO) Ukraine
    - NATO-Verbindungsbüro (NLO) in Georgien
    - Büro des NATO-Verbindungsoffiziers (NLO) in Zentralasien
    - Zentrum für Rüstungskontrolle, Abrüstung und Nichtverbreitung von MVW (ACDC)
    - Dokumentationszentrum Partnerschaft für den Frieden
  - **Geschäftsbereich Operations**
    - Euro-Atlantisches Koordinierungszentrum für Katastrophenbehindigung (EADRCC)
    - NATO-Lagezentrum
    - NATO-Beratungs- und Verbindungsteam (NALT)
  - **Abteilung Für neue Sicherheitsherausforderungen**
    - Wissenschaft für Frieden und Sicherheit
    - Arbeitsprogramm zur Verteidigung gegen den Terrorismus (DAT POW)
  - **Abteilung Verteidigungspolitik und Planung**
    - Ausschuss für Verteidigungspolitik und -planung (DPPC)
    - Logistikausschuss (LC)
    - Ziviles Notfallplanungskomitee (CEPC)
    - Zivile Notfallplanung
  - **Abteilung Verteidigungsinvestitionen**
    - Die Konferenz der nationalen Rüstungsdirektoren (AC/259)
      - Gruppe der nationalen Kodifizierungsdirektoren (AC/135)
      - NATO Naval Armaments Group (NNAG) (AC/141)
      - NATO Air Force Armaments Group (NAFAG) (AC/224)
        - Die Joint Capability Group Intelligence, Surveillance and Reconnaissance (JCGISR)

- NATO Army Armaments Group (NAAG) (AC/225)
- Alliance Future Surveillance and Control Project Group (AFSC PG)
- Ballistische Raketenabwehr (BMD)
- CNAD Munitionssicherheitsgruppe (AC/326)
- Arbeitsgruppe Life Cycle Management (AC/327)
- NATO Industrial Advisory Group (NIAG)
- C-IED Aktivitäten
- Branchenbeziehungen
- NATO Naval Forces Sensor and Weapons Accuracy Check Sites (FORACS)
- Ausschuss für Luft- und Raketenabwehr (AMDC) (AC/336)
- Luftfahrtausschuss (AVC) (AC/92)
- Munitions Safety Information Analysis Center (MSIAC)

**Abteilung Public Diplomacy**
- NATO-Pressestelle
- NATO Multimedia Portal
- Co-Sponsoring-Zuschüsse
- NATO Informations- und Dokumentationszentrum, Kiew, Ukraine
- NATO-Informationsbüro in Moskau (auf Russisch)
- NATO-Kontaktstellen Botschaften in Partnerländern

**Geschäftsleitung**
- Archiv
- NATO-Praktikumsprogramm
- NATO Multimedia Bibliothek
- Rekrutierungsservice

**Joint Intelligence and Security Division (JIS)**
- **NATO-Sicherheitsbüro (NOS)**

**NATO-Ressourcenbüro (NOR)**
- Nato Headquarters Consultation, Command and Control Staff (NHQC3S)
- Büro des Finanzkontrolleurs (FinCon)
- Büro des Vorsitzenden des Senior Resource Board (SRB)
- Büro des Vorsitzenden der zivilen und militärischen Haushaltsausschüsse (CBC/MBC))
- International Board of Auditors for NATO (IBAN)

— NATO-Verwaltungsgericht

— NATO-Produktions- und Logistikorganisationen (NPLO)

**Militärische Struktur**

—**Das Militärkomitee**

—**Internationaler Militärstab**

   —Intelligenz (INT)

   —Betrieb und Pläne (O&P)

   —Richtlinien und Fähigkeiten (P&C)

   —Kooperative Sicherheit (CS)

   —Logistik und Ressourcen (L&R)

   —NATO-Hauptquartier C3-Stab (NHQC3S)

   —NATO-Lagezentrum (SITCEN)

—**Alliierte Kommandooperationen (ACO)**

   —Oberstes Hauptquartier Alliierter Mächte Europa (SHAPE) - Mons, BE -

   —Joint Force Command Brunssum - Brunssum, NL

   —Joint Force Command Neapel - Neapel, IT

       — Militärisches Verbindungsbüro der NATO Belgrad

       — NATO-Hauptquartier Sarajevo (NHQSa) - Sarajevo, BA

       — NATO-Hauptquartier Skopje (NHQSk) - Skopje, Nordmazedonien

   —Joint Force Command - Norfolk, Virginia, USA

   —Joint Support and Enabling Command (JSEC) - Ulm, Deutschland

   —Hauptquartier Allied Maritime Command (HQ MARCOM) - Northwood, GB -

      — Ständige maritime NATO-Gruppen

         — Ständige NATO Maritime Gruppe 1 (SNMG1)

         — Ständige NATO Maritime Group 2 (SNMG2)

         — Standing NATO Mine Countermeasures Group 1 (SNMCMG1)

         — Standing NATO Mine Countermeasures Group 2 (SNMCMG2)

      — MARCOM Untergeordnete Befehle

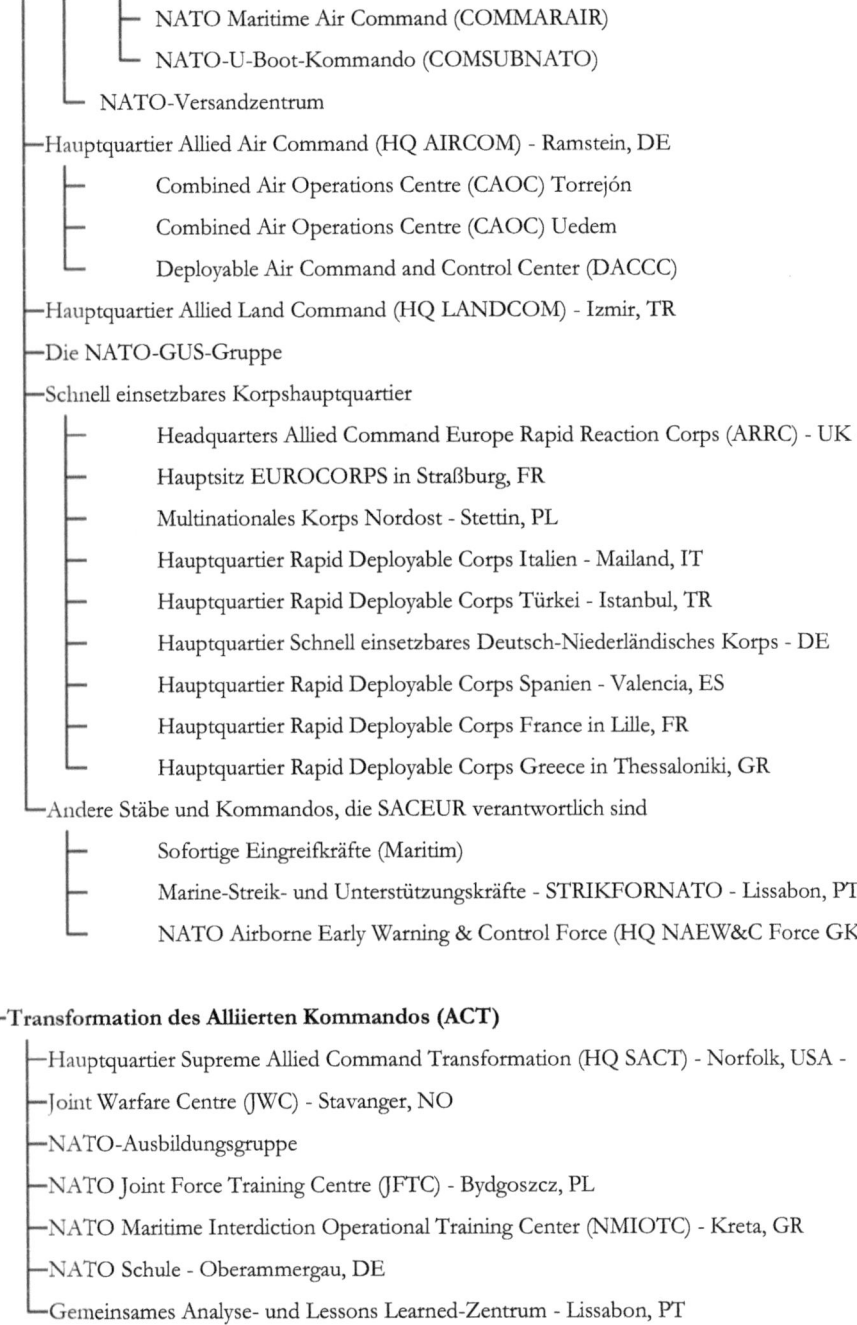

— NATO Maritime Air Command (COMMARAIR)

— NATO-U-Boot-Kommando (COMSUBNATO)

— NATO-Versandzentrum

—Hauptquartier Allied Air Command (HQ AIRCOM) - Ramstein, DE

— Combined Air Operations Centre (CAOC) Torrejón

— Combined Air Operations Centre (CAOC) Uedem

— Deployable Air Command and Control Center (DACCC)

—Hauptquartier Allied Land Command (HQ LANDCOM) - Izmir, TR

—Die NATO-GUS-Gruppe

—Schnell einsetzbares Korpshauptquartier

— Headquarters Allied Command Europe Rapid Reaction Corps (ARRC) - UK -

— Hauptsitz EUROCORPS in Straßburg, FR

— Multinationales Korps Nordost - Stettin, PL

— Hauptquartier Rapid Deployable Corps Italien - Mailand, IT

— Hauptquartier Rapid Deployable Corps Türkei - Istanbul, TR

— Hauptquartier Schnell einsetzbares Deutsch-Niederländisches Korps - DE

— Hauptquartier Rapid Deployable Corps Spanien - Valencia, ES

— Hauptquartier Rapid Deployable Corps France in Lille, FR

— Hauptquartier Rapid Deployable Corps Greece in Thessaloniki, GR

—Andere Stäbe und Kommandos, die SACEUR verantwortlich sind

— Sofortige Eingreifkräfte (Maritim)

— Marine-Streik- und Unterstützungskräfte - STRIKFORNATO - Lissabon, PT

— NATO Airborne Early Warning & Control Force (HQ NAEW&C Force GK)

**—Transformation des Alliierten Kommandos (ACT)**

—Hauptquartier Supreme Allied Command Transformation (HQ SACT) - Norfolk, USA -

—Joint Warfare Centre (JWC) - Stavanger, NO

—NATO-Ausbildungsgruppe

—NATO Joint Force Training Centre (JFTC) - Bydgoszcz, PL

—NATO Maritime Interdiction Operational Training Center (NMIOTC) - Kreta, GR

—NATO Schule - Oberammergau, DE

—Gemeinsames Analyse- und Lessons Learned-Zentrum - Lissabon, PT

└─ **Andere NATO-Kommando- und Stabsorganisationen**

   ├─ Regionalplanungsgruppe Kanada-USA (CUSRPG)

   └─ Kombinierter Gemeinsamer Planungsstab (CJPS) - Mons, BE

**Organisationen und Agenturen**

├─ **Unterstützen**

   └─ NATO-Unterstützungs- und Beschaffungsagentur (NSPA)

      ├─ Segment Logistics Operations

      ├─ Pipeline-Systemprogramm für Mitteleuropa

      └─ NATO-Luftbrücken-Managementprogramm

├─ **Kommunikation und Information**

   └─ NATO-Kommunikations- und Informationsagentur (NGI-Agentur)

      ├─ *NATO C3 Organisation*

      ├─ *NATO CIS Services Agency (NCSA)*

      └─ *NATO-Beratungs-, Führungs- und Kontrollagentur (NC3A)*

├─ **Wissenschaft und Technologie (S&T)**

   └─ NATO-Organisation für Wissenschaft und Technologie (STO)

      ├─ *Vorstand für Wissenschaft und Technologie*

      ├─ *Programmbüro für kollaborative S&T*

      └─ Zentrum für Maritime Forschung und Experimente (CMRE)

├─ NATO-Normungsbüro (NSO)

   └─ NATO Term - Die offizielle NATO-Terminologiedatenbank

├─ **Programmbüros**

   ├─ Alliance Ground Surveillance Management Agency (NAGSMA)

   ├─ Helicopter Design, Development, Production, Logistics Management Agency (NAHEMA)

   ├─ Medium Extended Air Defense System Management Agency (NAMEADSMA)

   ├─ Sea Sparrow Surface Missile System Office

   └─ Airborne Early Warning and Control Programme Management Agency (NAPMA)

├─ **Zivile Notfallplanung**

   ├─ Senior Civil Emergency Planning Committee (SCEPC)

218

- Zivile Notfallplanungsausschüsse und -ausschüsse
- Euro-Atlantisches Koordinierungszentrum für Katastrophenverhinderung (EADRCC)

**Flugverkehrsmanagement, Luftverteidigung**
- Luftfahrtausschuss
- Das NATO Air Defence Committee (NADC)
- Military Committee Air Defence Study Working Group (MC-ADSWG)
- NATO-Programmierzentrum (NPC)

**Frühwarnung aus der Luft**
- Die NATO AWACS Programme Management Organisation (NAPMO)

**Elektronische Kriegsführung**
- NATO Electronic Warfare Advisory Committee (NEWAC)

**Meteorologie**
- Militärkomitee Meteorologische Gruppe (MCMG)

**Militärische Ozeanographie**
- Die Gruppe Militärische Ozeanographie (MILOC)

**Aus- und Weiterbildung**
- NATO Defense College (NDC)
- Die NATO-Schule - Oberammergau, Deutschland
- NCI-Agentur | NCI Academy (nato.int)
- Die NATO-Ausbildungsgruppe (NTG)
- NATO Maritime Interdiction Operational Training Center - NMIOTC - Kreta, GR

**NATO-akkreditierte Exzellenzzentren**
- Zentrum für Analyse und Simulation zur Vorbereitung von Luftoperationen (CASPOA)
- Zivile militärische Zusammenarbeit (CIMIC)
- Cold Weather Operations (CWO)
- Kombinierte gemeinsame Operationen vom Meer (CJOS)
- Befehl & Kontrolle (C2)
- Kooperative Cyberabwehr
- Improvisierte Sprengkörper (CIED)
- Kompetenzzentrum für Spionageabwehr
- Kompetenzzentrum für Krisenmanagement und Katastrophenhilfe (CMDR COE)
- Verteidigung gegen Terrorismus (DAT)

- Kompetenzzentrum für Energiesicherheit
- Kampfmittelbeseitigung (EOD)
- Menschliche Intelligenz (HUMINT)
- Gemeinsames Kompetenzzentrum für Luftkraft (JAPCC)
- Gemeinsame chemische, biologische, radiologische u. nukleare Verteidigung (JCBRN)
- Kompetenzzentrum für maritime Sicherheit (MARSEC COE)
- Militärtechnik (MILENG)
- Militärmedizin (MILMED)
- Militärpolizei (MP)
- Modellierung und Simulation (M&S)
- Gebirgskrieg (MW)
- Naval Mine Warfare (NMW)
- Einsätze in engen und flachen Gewässern (CSW)
- Unterstützung der Sicherheitskräfte
- Kompetenzzentrum für Stabilitätspolizei
- Strategisches Kompetenzzentrum für Kommunikation (COE STRATCOM)

**Projektsteuerungsgremien/Projektbüros**

- Alliance Ground Surveillance Capability Provisional Project Office (AGS/PPO)
- Battlefield Information Collection and Exploitation System (BICES)
- NATO Continuous Acquisition and Life Cycle Support Office (CALS)
- NATO FORACS Büro
- Munitions Safety Information Analysis Center (MSIAC)[398]

---

[398] Siehe den NATO-Internetauftritt https://www.nato.int/cps/en/natohq/structure.htm.

# Literaturverzeichnis

Abenheim, Donald, Halladay, Carolyn, Soldiers, War, Knowledge and Citizenship: German-American Essays on Civil-Military Relations, Berlin 2017.

Abenheim, Donald, Bundeswehr und Alternative für Deutschland (AfD): Die „Soldatenpartei?" In: Jahrbuch Innere Führung 2019, herausgegeben von Uwe Hartmann und Claus von Rosen, Berlin 2019, S. 48-79.

Abenheim, Donald, Hartmann, Uwe (Hrsg.), Tradition in der Bundeswehr. Zum Erbe des deutschen Soldaten und zur Umsetzung des neuen Traditionserlasses, Berlin 2018.

Abenheim, Donald, Hartmann, Uwe, Einführung in die Tradition der Bundeswehr. Das soldatische Erbe in dem besten Deutschland, das es je gab, Berlin 2019.

Abenheim, Donald, Walther, Marc-Andre, „Burden-Sharing within NATO: Facts from Germany for the Current Debate". https://isnblog.ethz.ch/defense/burden-sharing-within-nato-facts-from-germany-for-the-current-debate.

Alexander, Robin, Macht Verfall. Merkels Ende und das Drama der deutschen Politik: Ein Report, München 2021.

Allison, Graham, Destined for War: Can America and China escape Thucydides' Trap", Boston/New York 2017.

Applebaum, Anne, Die Verlockung des Autoritären. Warum antidemokratische Herrschaft so populär geworden ist, München 2021.

Auerswald, David P., Saideman, Stephen M., NATO in Afghanistan. Fighting together, Fighting alone, New York 2014.

Auth, Günther, Theorien der internationalen Beziehungen kompakt. Die wichtigsten Theorien auf einen Blick, Berlin/München/Bosten 2015.

Azzi, Stephen, Foot, Richard, Canada and the War in Afghanistan. In: The Canadian Encyclopedia, last edited 5. Februar 2021. https://www.thecanadianencyclopedia.ca/en/article/international-campaign-against-terrorism-in-afghanistan.

Bacevich, Andrew J., The New American Militarism. How Americans are seduced by war, Oxford 2013.

Bartels, Hans-Peter, Glatz, Rainer L., Welche Reform die Bundeswehr heute braucht – Ein Denkanstoß, SWP-Aktuell, Nr. 84, Berlin im Oktober 2020.

Bartles, Charles K., Getting Gerasimov Right, Military Review, January/February 2016, S. 30-38. http://usacac.army.mil/CAC2/MilitaryReview/Archives/English/MilitaryReview_20160228_art009.pdf.

Baudissin, Wolf Graf von, Grundwert Frieden in Politik – Strategie – Führung von Streitkräften, herausgegeben von Claus von Rosen, Berlin 2014.

Beaufre, André, Totale Kriegskunst im Frieden. Einführung in die Strategie, Berlin 1964.

Bendikt, Annegret, Die Globale Strategie für die Außen- und Sicherheitspolitik der EU. SWP-Aktuell 44, Juli 2016, S. 4. https://www.swp-berlin.org/fileadmin/contents/products/aktuell/2016A44_bdk.pdf

Benitez, Jorge, U.S. NATO Policy in the Age of Trump: Controversy and Consistency. In: The Fletcher Forum of World Affairs, vol. 43:1 Winter 2019, S. 179-200. https://static1.squarespace.com/static/579fc2ad725e253a86230610/t/5c6184e0104c7bb62a1ed2eb/1549894881133/43_1+Benitez.pdf.

Biehl, Heiko, Fiebig, Rüdiger, Giegerich, Bastian, Jacobs, Jörg, Jonas, Alexandra, Strategische Kulturen in Europa. Die Bürger Europas und ihre Streitkräfte, Sozialwissenschaftliches Institut der Bundeswehr, Forschungsbericht 96, Strausberg im September 2011.

Biehl, Heiko, Giegerich, Bastian, Jonas, Alexandra (ed.), Strategic Cultures in Europe. Security and Defence Policies Across the Continent, Wiesbaden 2013.

Biehl, Heiko, Rothbart, Chariklia, Steinbrecher, Markus, Cold War Revisited? Die deutsche Bevölkerung und die Renaissance der Bündnisverteidigung. In: Jahrbuch Innere Führung 2017. Die Wiederkehr der Verteidigung in Europa und die Zukunft der Bundeswehr, Berlin 2017, S. 137-154.

Biess, Frank Eine andere Geschichte der Bundesrepublik, Hamburg 2019.

Bindenagel, James D., Ackermann, Philip A., Deutschland strategiefähiger machen. Ein Sachverständigenrat für strategische Vorausschau ist nötig. In: SIRIUS – Zeitschrift für Strategische Analysen, Vol. 2, No. 3, 2018, S. 253-260.

Bittner, Jochen, Zur Sache, Deutschland! Was die zerstrittene Republik wieder eint, Hamburg 2019.

Bolton, John, The Room where it happened, New York 2020.

Borkenhagen, Franz H., Hartmann, Uwe, Offiziersbibliothek II: Internationale Beziehungen und Sicherheitspolitik, Berlin 2021.

Brauss, Heinrich, Sitzungen >>chairen<<: Die anspruchsvolle Kompetenz zwischen Leiten und Moderieren – ein Interview. In: Martin Hartmann, Alexander Zoll, Rüdiger Frank: mini-handbuch Meetings leiten, Weinheim/Basel 2017, S. 144-157.

Brauss, Heinrich, Atomdebatte in der SPD: Rolf Mützenich hat Unrecht. In: FAZ vom 7.5.2020.
https://www.faz.net/aktuell/politik/inland/atom-debatte-in-der-spd-rolf-muetzenich-hat-unrecht-16757761.html.

Brauss, Heinrich, Mölling, Christian, Germany' Role in NATO' Nuclear Sharing. The Purchasing Decision for the Tornado's Successor Aircraft, DGAP Policy Brief, No. 04, February 2020.

Bredow, Wilfried von, Armee ohne Auftrag. Die Bundeswehr und die deutsche Sicherheitspolitik, Zürich 2020.

Brockmeier, Sarah, Germany and the Intervention in Libya. In: Survival 55 (2013), Nr. 6, S. 63-90.

Brzezinski, Zbigniew, Strategic Vision. America and the Crisis of Global Power, New York 2013.

Bunde, Tobias, Eisentraut, Sophie, The Enabling Power. Germany's European Imperative, Munich Security Conference, July 2020.

Bundesministerium der Verteidigung, Fü S I (Hrsg.), Handbuch Innere Führung. Hilfen zur Klärung der Begriffe, Bonn 1957.

Burns, R. Nicolas, Jones, James L., Restoring the Power and Purpose of the NATO Alliance. Deter Our Adversaries, Stabilze Our Partners, and Strengthen the North Atlantic Area through US Leadership in NATO, June 2016.
https://www.atlanticcouncil.org/wp-content/uploads/2016/06/Restoring_the_Power_and_Purpose_of_the_NATO_Alliance_web_0624.pdf.

Center for Strategic and International Studies (CSIS), U.S. Nuclear Warhead Modernization and "New" Nuclear Weapons, 10 December 2020.
https://www.csis.org/analysis/us-nuclear-warhead-modernization-and-new-nuclear-weapons.

Christensen, Hans, British Defense Review Ends Nuclear Reduction Era. In: Federation of American Scientists, 17. März 2021 https://fas.org/blogs/security/2021/03/british-defense-review-2021

Chivvis, Christopher S., Understanding Russian "Hybrid Warfare" and What can be done about it, Testimony presented before the House Armed Services Committee on March 22, RAND Corporation, 2017.
https://www.rand.org/content/dam/rand/pubs/testimonies/CT400/CT468/ RAND_CT468.pdf.

Chollet, Derek, Fishman, Ben, Who Lost Libya?: Obama's Intervention in Retrospect. In: Foreign Affairs, Vol. 94, May/Jun 2015, S. 154-159.

Clark, Wesley, Waging Modern War. Bosnia, Kosovo, and the Future of Combat, New York 2002.

Clark, Wesley, Luik, Jüri, Ramms, Egon, Shirreff, Richard, Closing the Baltic Gap, International Center for Defense and Security, Estonia, May 2016. https://icds.ee/wp-content/uploads/2015/ ICDS_Report-Closing_NATO_s_Baltic_Gap.pdf

Clausewitz, Carl von, Vom Kriege, Bonn 1991.

Cohen, Eliot A., Supreme Command. Soldiers, Statesmen, and Leadership in Wartime, New York 2003.

Colby, Elbridge A., Mitchell, Wess, The Age of Great-Power Competition. How the Trump Administration Refashioned American Strategy. In: Foreign Affairs, January/February 2020, S. 118-130.

Colchester, Max, Britain to Boost Nuclear Weapons Stockpile in Defense-Policy Shift. In: The Wall Street Journal, 16. März 2021. https://www.wsj.com/articles/britain-to-boost-nuclear-weapons-stockpile-in-defense-policy-shift-11615919479.

Congressional Research Service, Renewed Great Power Competition. Implications for Defense – Issues for Congress, updated 4 March 2021.

Conley, Heather A., The strategic argument for a political NATO, NDC Policy Brief No. 05, March 2021.

Covington, Stephen R., The Culture of Strategic Thought Behind Russia's Modern Approaches to Warfare, Harvard Kennedy School/Belfer Center for Science and International Affairs, Paper October 2016.
https://www.belfercenter.org/sites/default/files/legacy/files/Culture%20of%20Strategic %20Thought%203.pdf.

Cucolo, Anthony and Betros, Lance, Strengthening PME at the Senior Level: The Case of the U.S. Army War College. In: Joint Force Quarterly 74.
https://ndupress.ndu.edu/Media/News/Article/577528/strengthening-pme-at-the-senior-level-the-case-of-the-us-army-war-college/

Daalder, Ivo H., Goldgeier, James, Global NATO. In: Foreign Affairs, September/Oktober 2006 https://www.foreignaffairs.com/articles/2006-09-01/global-nato.

Daalder, Ivo, Stavridis, James, NATO's Victory in Libya. The Right Way to Run an Intervention. In: Foreign Affairs, Mar/April 2012, S. 2-7.

Dempsey, Judy, Das Phänomen Merkel. Deutschlands Macht und Möglichkeiten, Hamburg 2013.

Deutscher Bundestag (Wissenschaftliche Dienste), Entwicklung der russischen Sicherheitspolitik seit der Amtseinführung Wladimir Putins als Präsident der Russischen Föderation im Jahr 2000, Berlin 2016.
https://www.bundestag.de/resource/blob/414776/
0bab96642a9626ff21caa1fd344cd5b1/WD-2-078-14-pdf-data.pdf.

Dyson, Tom, Managing Convergence: German Military Doctrine and Capabilities in the 21st Century. In: Defence Studies, Juni 2011, S. 244-270.
http://epubs.surrey.ac.uk/27638/2/Managing%20Convergence%20-%20German%20Military%20Doctrine%20and%20Capabilities%20in%20the%2021st%20Century%20Final%20Versio.pdf

Ebner, Julia, Radikalisierungsmaschinen. Wie Extremisten die neuen Technologien nutzen und uns manipulieren, Berlin 2019.

Erlmeier, Ralph, Ideengeber der historischen NATO-Transformation. In: LOYAL 10/2016, S. 66.

European Council on Foreign Relations. Policy Brief: The Crisis of American Power. How Europeans see Biden's America, January 2021. https://ecfr.eu/wp-content/uploads/The-crisis-of-American-power-How-Europeans-see-Bidens-America.pdf.

Fagan, Moira, NATO seen in a positive light by many across 10 member states. 30. November 2020. https://www.pewresearch.org/fact-tank/2020/11/30/nato-seen-in-a-positive-light-by-many-across-10-member-states.

Fiedler, Helmut, Military Assistance – eine moderne Einsatzart zwischen Anspruch und Wirklichkeit, Berlin 2019.

Fischer, Joschka, Goodbye to the West. In: Project Syndicate. The World's Opinion Page, 5. Dezember 2016 https://www.project-syndicate.org/commentary/goodbye-to-american-global-leadership-by-joschka-fischer-2016-1.

Fischer, Joschka, Der Abstieg des Westens. Europa in der neuen Weltordnung des 21. Jahrhunderts, Köln 2018.

Forward Resilience: Protecting Society in an Interconnected World. Executive Summary and Menu of Recommendations. In: Forward Resilience: Protecting Society in an Interconnected World. Edited by Daniel S. Hamilton, Johns Hopkins School of Advanced International Studies, Washington 2016

Fröhlich, Stefan, Das Ende des Selbstentfesselung. Deutsche Außenpolitik in einer Welt ohne Führung, Wiesbaden 2019.

Gaddis, John Lewis, George F. Kennan. An American Life, New York 2012.

Gates, Robert, Speech on the Future of NATO am 10. Juni 2011. https://www.atlanticcouncil.org/blogs/natosource/text-of-speech-by-robert-gates-on-the-future-of-nato/.

Gates, Robert, Duty. Memoirs of a Secretary at War, New York 2014.

Giegerich, Bastian, Die NATO. Ein Lehrbuch, Wiesbaden 2012.

Giegerich, Bastian, Terhalle, Maximilian, The Responsibility to Protect. Rethinking Germany's Strategic Culture, London 2021.

Glatz, Rainer L., Zapfe, Martin, Ambitious Framework Nation: Germany in NATO, SWP Comments 35, September 2017 https://www.swp-berlin.org/fileadmin/contents/products/comments/2017C35_glt_zapfe.pdf.

Glatz, Rainer L. Major, Claudia, Richter, Wolfgang, Schneider, Jonas, Abschreckung und nukleare Teilhabe, SWP-Aktuell, Nr. 48, Berlin im Juni 2020.

Gojowski, Torsten und Koegler, Sebastian, Building Special Operations Relationships with Fragile Partners – Best Practices from Iraq, Syria, and Afghanistan, Berlin 2019.

Graf, Timo, Offene Flanke. Zur Bündnistreue der Deutschen. In: IF Zeitschrift für Innere Führung 3/21, S. 32-35.

Gray, Colin S., Modern Strategy, Oxford 1999.

Haftendorn, Helga, Sicherheit und Entspannung. Zur Außenpolitik der Bundesrepublik Deutschland 1955-1982, Baden-Baden 1983.

Haas, Richard, Present at the Disruption. How Trump Unmade U.S. Foreign Policy, September/Oktober 2020, S. 24-34.

Haas, Ryan, China is not Ten Feet tall. In: Foreign Affairs, 3. März 2021.

https://www.foreignaffairs.com/articles/china/2021-03-03/china-not-ten-feet-tall.

Habermas, Jürgen, Theorie des Kommunikativen Handelns, 2 Bde., Frankfurt/M. 2011.

Hacke, Christian, Falsches Hoffen auf die Zeit nach Trump. In: Cicero. Magazin für politische Kultur, 28. Juli 2018.

https://www.cicero.de/aussenpolitik/donald-trump-deutschland-usa-atommacht-nato-verteidigung-christian-hacke

Hamilton, Clive, Ohlberg, Mareike, Die lautlose Eroberung. Wie China westliche Demokratien unterwandert und die Welt neu ordnet, München 2020.

Hammerich, Helmut R., Jeder für sich und Amerika gegen alle? Die Lastenteilung der NATO am Beispiel des Temporary Council Committee 1949 bis 1954, München 2003.

Hanisch, Michael, What is Resilience? Ambiguities of a Key Term, Bundesakademie füer Sicherheitspolitik, Security Policy Working Paper, no. 19, Berlin 2016.

https://www.baks.bund.de/sites/baks010/files/working_paper_2016_19.pdf.

Harsch, Michael F., A Reluctant Warrior. The German Engagement in Afghanistan, Peace Research Institute Oslo, 2011.

https://www.cmi.no/publications/file/4471-a-reluctant-warrior.pdf.

Hartmann, Uwe, Hybrider Krieg als neue Bedrohung von Freiheit und Frieden, Berlin 2015.

Hartmann, Uwe, The Evolution of the Hybrid Threat, and Resilience as a Countermeasure, NDC Research Paper 139, September 2017.

https://www.ndc.nato.int/news/news.php?icode=1083.

Hartmann, Uwe, Die Krise der Einsatzbereitschaft der Streitkräfte – Anregungen zu einer Bildungsreform. In: Jahrbuch Innere Führung 2019. Bundeswehr im Aufbruch. Hindernisse von den verteidigungspolitischen Vorstellungen der AfD bis zu den sicherheitspolitischen Meinungen in der Zivilbevölkerung, Berlin 2019, S. 178-188.

Hartmann, Uwe, Mehr Demokratie wagen. In: Zur Sache Bundeswehr, Nr. 39 (2021), S. 36-37.

Hasenclever, Andreas, Liberalismus. In: Carlo Masala, Frank Sauer, Andreas Wilhelm (Hrsg.), Handbuch der Internationalen Politik, Wiesbaden 2010, S. 76-101.

Heer, Jeet, Like JFK, Biden has good Reason to be Wary of the Military. In: The Nation vom 26. Juli 2021 siehe https://www.thenation.com/article/society/jfk-biden-military-extremism.

Hendrickson, Ryan C., Diplomacy and War at NATO. The Secretary General and Military Action after the Cold War, Columbia und London 2006.

Heuser, Beatrice, The Evolution of Strategy. Thinking War from Antiquity to the Present, Cambridge 2010.

Historikerstreit. Die Dokumentation der Kontroverse um die Einzigartigkeit der nationalsozialistischen Judenvernichtung, München 1986.

Hodges, Ben, How we as a nation – and I as a military officer – failed in Afghanistan. In: New York Times vom 24. August 2021.

Holz, Nicolas, Zurück in die Zukunft. Empfehlungen zur Wiederentdeckung und Weiterentwicklung der Inneren Führung, Berlin 2021.


Ignatieff, Michael, Empire Lite: Nation-Building in Bosnia, Kosovo, and Afghanistan, London 2003.

Ischinger, Wolfgang, It takes more than two, Koerber Stiftung, 2017 The Berlin Pulse. German Foreign Policy in Perspective, S. 22-23.

Ischinger, Wolfgang, Welt in Gefahr. Deutschland und Europa in unsicheren Zeiten, Berlin ³2018.

Jäger, Thomas, Das Ende des amerikanischen Zeitalters. Deutschland und die neue Weltordnung, Zürich 2019.

Joas, Hans, Friedensprojekt Europa?, München 2020.

Joffe, Josef, Der gute Deutsche. Die Karriere einer moralischen Supermacht, München 2018.

Johnson, Seth, How NATO Adapts. Strategy and Organization in the Transatlantic Alliance since 1950, Baltimore 2017.

Jordan, Robert S., Norstad. Cold War NATO Supreme Commander, Airman, Strategist, Diplomat, London 2000.


Kagan, Robert, Die Demokratie und ihre Feinde, München 2008.

Kagan, Robert, The New German Question. What happens When Europe Comes Apart? In: Foreign Affairs, May/June 2019.

Kagan, Robert, A Superpower, Like it or not. Why Americans must accept their global Role. In: Foreign Affairs, March/April 2021, S. 28-38.

Kamp, Karl-Heinz, Von der Prävention zur Präemption. Die neue amerikanische Sicherheitsstrategie. In: Internationale Politik, 12. Dezember 2002, S. 19-24. https://internationalepolitik.de/de/von-der-praevention-zur-praeemption.

Keep, Marta, Osburg, Jan, Total Defense: How the Baltic States Are Integrating Citizenry Into Their National Security Strategies. In: Small Wars Journal, 24.9.2017.
https://smallwarsjournal.com/jrnl/art/total-defense-how-the-baltic-states-are-integrating-citizenry-into-their-national-security-

Keller, Jared, Despite Record Spending, the U.S. Military Would Be at 'Grave Risk' in a War with Russia or China. In: Pacific Standard vom 20.11.2018.
https://psmag.com/economics/war-experts-are-skeptical-the-american-military-could-defeat-russia-or-china.

Kempin, Ronka (Hrsg.), Frankreichs Außen- und Sicherheitspolitik unter Präsident Macron. Konsequenzen für die deutsch-französische Zusammenarbeit, SWP-Studie 2021/ S 04, Berlin, 31.3.2021.

Kirshner, Jonatham, Gone But Not Forgotten. Trump's Long Shadow and the End of American Credibility. In: Foreign Affairs, March/April 2021, S. 18-27.

Klein, Stefan, America first? Isolationism in U.S. Foreign Policy from the 19th to the 21st Century, Berlin 2017.

Kraus, Josef, Drexl, Richard, Nicht einmal bedingt abwehrbereit, München 2019.

Krause, Joachim, Die Doppelkrise, die keiner wahrhaben will – dass China und Russland gleichzeitig militärisch eskalieren, ist kein Zufall. In: Neue Züricher Zeitung vom 21.4.2021.
https://www.nzz.ch/meinung/ukraine-und-taiwan-die-doppel-krise-die-keiner-wahrhaben-will-ld.1612388?reduced=true

Krepinevich Jr., Andrew F., Protracted Great-Power War. A Preliminary Assessment. In: America Competes 2020, February 2020.
https://s3.amazonaws.com/files.cnas.org/documents/CNAS-Report_Defense-Great-Power-War-DoS-Proof-B.pdf?mtime=20200204133208.

Krüger, Dieter, Am Abgrund? Das Zeitalter der Bündnisse: Nordatlantische Allianz und Warschauer Pakt 1947 bis 1991, Fulda 2013.

Krüger, Dieter, Verständigung mit Frankreich. Das vergebliche Plädoyer des Oberst Dr. Hans Speidel. Paris 1940-1942, Berlin 2021.

Kundnani, Hans, The Paradox of German Power, Oxford University Press 2017 (dt. German Power. Das Paradox der deutschen Stärke).

Kunz, Barbara, The Real Roots of Germany's Defense Spending Problem. In: War on the Rocks, 24 July 2018. https://warontherocks.com/2018/07/the-real-roots-of-germanys-defense-spending-problem/.


Larsen, Jeffrey A., NATO, Russia, and the Warsaw Summit: The Return of Deterrence. In: *Vox Collegii*, Volume XIV, S. 6-9.

Lemke, Bernd, Die Allied Mobile Force 1961 bis 2002, Berlin/Boston 2015.

Lewis, Richard D., When Cultures collide. Leading across Cultures, Boston/London 2012.

Lindley-French, Julian, The North Atlantic Treaty Organization. The Enduring Alliance, London/New York 2015.

Lindley-French, Julian, NATO and New Ways of Warfare: Defeating Hybrid Threats, NDC Conference Report, No. 3, Rome May 2015.

Lindley-French, Julian, NATO: The Enduring Alliance 2016 – a report for the Warsaw Summit (2016), June 2016. http://atahq.org/wp-content/uploads/2016/06/FWPN-JLF-NEA-2016-FINAL-230616.pdf.

Lindley-French, Julian, MacFarlane, Neil, The North Atlantic Treaty Organization. The Enduring Alliance, New York/London 2007.

Loth, Wilfried, Sicherheit und nationale Interessen. In: Nationale Außen- und Bündnispolitik der NATO-Mitgliedstaaten, herausgegeben von Norbert Wiggershaus und Winfried Heinemann, München 2000, S. 311-323.

Lüders, Michael, Die den Sturm ernten. Wie der Westen Syrien ins Chaos stürzte, München [4]2017.

Lüders, Michael, Die scheinheilige Supermacht. Warum wir aus dem Schatten der USA heraustreten müssen, München 2021.


Marsh, Kevin, The Contemporary Presidency: The Administrator as Outsider: James Jones as National Security Advisor. In: Presidential Studies Quarterly, Vol. 42, No. 4 (December 2012), S. 827-842. https://www.jstor.org/stable/41684546.

Mackinder, Halford John, The geographical pivot of History (1904). In: The Geographical Journal, Vol. 170, No. 4, December 2004, S. 298-321.
https://www.iwp.edu/wp-content/uploads/2019/05/20131016_MackinderTheGeographicalJournal.pdf.

Mackinder, Halford John Der Schlüssel zur Weltherrschaft. Die Heartland-Theorie. Mit einem Lagebericht von Willy Wimmer, Frankfurt/M. 2019.

Maguire, Steve, The Positive Impact of NATO's Enhanced Forward Presence. In: The Strategy Bridge vom 3. September 2019. https://thestrategybridge.org/the-bridge/2019/9/3/ the-positive-impact-of-natos-enhanced-forward-presence#.

Mahan, Alfred Thayer, The Influence of Sea Power upon History, 1660-1783, Boston 1890.

Major, Claudia und Voss, Alicia von, European Defense in View of Brexit, *SWP Comments 10*, April 2017. https://www.swp-berlin.org/fileadmin/contents/products/comments/2017C10_mjr_vos.pdf.

Masala, Carlo, Weltunordnung. Die globalen Krisen und das Versagen des Westens, München ²2018.

Mathews, Jessica T., Present at the Re-creation? U.S. Foreign Policy must be Remade, not Restored. In: Foreign Affairs, March/April 2021, S. 10-17.

Mattelaer, Alexander, Preparing NATO for the Next Defence-Planning Cycle, The RUSI Journal, Vol 159, no. 3 (June/July 2014), S. 30-35.

Mattelaer, Alexander, Revisiting the Principles of NATO Burden-Sharing, Parameters, 46 (1), (2016), S. 25-33.

Mattox, Gale A., Going Forward. Lessons Learned. In: Coalition Challenges in Afghanistan. The Politics of Alliance, ed. by Gale A. Mattox and Stephen M. Grenier, Stanford University Press 2015, S. 288-304.

Maull, Hanns W., Deutschland als Zivilmacht. In: Siegmar Schmidt, Gunther Hellmann, Reinhard Wolf (Hrsg.): Handbuch zur deutschen Außenpolitik, Wiesbaden 2007.

McMaster, H.R., Battlegrounds. The Fight to Defend the Free World, New York 2020.

Mearsheimer, John F., The Tragedy of Great Power Politics, New York/London 2014.

Meier, Oliver, Germany and the Role of nuclear Weapons. Between Prohibition and Revival, *SWP Comments 2*, January 2016. https://www.swp-berlin.org/fileadmin/contents/products/comments/ 2016C02_mro.pdf.

Meier-Walser, Reinhard, Die NATO im Funktions- und Bedeutungswandel. Veränderungen und Perspektiven transatlantischer Sicherheitspolitik, Wiesbaden 2018.

Meyer-Minnemann, Lorenz, Resilience and Alliance Security: The Warsaw Commitment to Enhance Resilience. In: Forward Resilience: Protecting Society in an Interconnected World. Edited by Daniel S. Hamilton, Johns Hopkins School of Advanced International Studies, Washington 2016, S. 91-98.

Michaels, Jeffrey H., It's that time of the decade again: some considerations for NATO's eighth Strategic Concept. In: NDC Policy Brief, No. 02 – January 2020.

http://www.ndc.nato.int/news/news.php?icode=14122.

Michel, Leo, Challenges within and outside the alliance. An appraisal of the Warsaw Summit. In: Atlantische Commissie. https://www.atlcom.nl/upload/trans-atlantisch-nieuws/ Michel_AP_3 2016.

Mishra, Pankaj, Das Zeitalter des Zorns. Eine Geschichte der Gegenwart, Frankfurt/M. [2]2017.

Mueller, Karl P. (ed.), Precision and Purpose: Airpower in the Libyan Civil War, Santa Monica, RAND Corporation 2015.

https://www.rand.org/pubs/research_reports/ RR676. html.

Münch, Philipp, Strategielos in Afghanistan. Die Operationsführung der Bundeswehr im Rahmen der International Security Assistance Force, SWP-Studie 2011/S 30, November 2011.

Münchner Sicherheitskonferenz, Mind the Gap: Priorities for Transatlantic China Policy. Report of the Distinguised Reflection Group on Transtlantic China Policy, 14. Juli 2021.

https://securityconference.org/en/publications/report-of-the-transatlantic-reflection-group-on-china.

Münkler, Herfried, Die Deutschen und ihre Mythen, Berlin [4]2015.

Münkler, Herfried, Macht in der Mitte. Die neuen Aufgaben Deutschlands in Europa, Hamburg 2015.

Münkler, Herfried, Kriegssplitter. Die Evolution der Gewalt im 20. und 21. Jahrhundert, Berlin 2015.

Münkler, Herfried, Imperien. Die Logik der Weltherrschaft – vom Alten Rom bis zu den Vereinigten Staaten, Hamburg [5]2019.

Münkler, Herfried und Münkler, Marina, Abschied vom Abstieg. Eine Agenda für Deutschland, Berlin 2019.

Multinational Capability Development Campaign (MCDC) 2015-2016, Countering Hybrid Warfare (CHW). Baseline Assessment, 31 October 2016. https://www.nupi.no/en/About-NUPI/Projects-centers/Countering-Hybrid-Warfare-Multinational-Capability-Development-Campaign.

Nägler, Frank, Der gewollte Soldat und sein Wandel. Personelle Rüstung und Innere Führung in den Aufbaujahren der Bundeswehr 1956 bis 1964/65, München 2010.

Naumann, Klaus, Einsatz ohne Ziel? Die Politikbedürftigkeit des Militärischen, Hamburg 2008.

Naumann, Klaus, Eine „Armee der Deutschen" als Staat im Staate? Die AfD will Bundeswehr, parlamentarische Ordnung und Europa umkrempeln. In: Jahrbuch Innere Führung 2019, herausgegeben von Uwe Hartmann und Claus von Rosen, Berlin 2019, S. 35-47.

NATO Strategy Documents 1949-1969, edited by Gregory W. Pedlow, Mons o.J..

NATO 2030: United for a new Era. Analysis and Recommendations of the Reflection Group appointed by the NATO Secretary General, 25 November 2020.

Nieke, Sebastian, Streiten kann sich lohnen. Außen- und Sicherheitspolitik in der Öffentlichen Meinung, Bundesakademie für Sicherheitspolitik, Arbeitspapier Sicherheitspolitik, Nr. 30, Berlin 2018.

Nye Jr., Joseph S., The Future of Power, New York 2011.

Nye Jr.; Joseph S., Was könnte einen Krieg zwischen den USA und China verursachen. In: Project Syndicate. The World' Opinion Page, 2. März 2021 https://www.project-syndicate.org/commentary/what-could-cause-us-china-war-by-joseph-s-nye-2021-03/german

Obama, Barack, Ein verheißenes Land, München 2020.

O'Hanlon, Michael E., Beyond NATO. A New Security Architecture for Eastern Europe, Washington D.C. 2017.

Pabst, Stefanie, Wenn alles zusammenkommt. In: Die Welt, 15. Juni 2021, S. 2.

Parish, Jonathan, The NATO Defense Planning Process. Transcript for the Cardiff University conference on NATO After the Wales Summit (2014).

Peischel, Wolfgang (Hrsg.), Strategiekonferenz 2019, Berlin 2020.

Peters, Ingo, Vom ‚Scheinzwerg' zum ‚Scheinriesen' – deutsche Außenpolitik in der Analyse, Zeitschrift für Internationale Beziehungen, 4. Jg. (1997), H. 2, S. 361-388.

Rattat, Erik, Der militärische Führer im komplexen Operationsumfeld. In: Uwe Hartmann, Claus von Rosen (Hrsg.), Jahrbuch Innere Führung 2015. Neue Denkwege angesichts der Gleichzeitigkeit unterschiedlicher Krisen, Konflikte und Kriege, Berlin 2015, S. 142-148.

Rautenberg, Norbert, Wiggershaus, Hans-Jürgen, Die „Himmeroder Denkschrift" vom Oktober 1950, Karlsruhe 1977.

Ricks, Thomas E., Fiasco. The American Military Adventure in Iraq, New York 2006.

Ricks, Thomas E., The Generals. American Military Command from World War II to Today, New York 2012.

Risse, Thomas, 'Let's argue!': Communicative Action in World Politics. In: International Organization 54, 1, Winter 2000, S. 7-39.

Rödder, Andreas, Wer hat Angst vor Deutschland? Geschichte eines europäischen Problems, Frankreich [2]2018.

Rogg, Matthias, COVID-19: Die Pandemie und ihre Auswirkungen auf die Sicherheitspolitik, GIDSStatement 1/2020 (April 2020) https://gids-hamburg.de/wp-content/uploads/2020/04/GIDS-statement2020_1_ Rogg_COVID19.pdf.

Rousseau, Richard, Why Germany Abstained on UN Resolution 1973 on Libya. In: Foreign Policy Journal, 22 June 2011. https://www.foreignpolicyjournal.com/2011/06/22/why-germany-abstained-on-un-resolution-1973-on-libya/

Rüb, Friedbert W., Das Jahrhundert der Politik? Eine Geschichte des 20. Jahrhunderts im Spiegel seiner Politikbegriffe. In: Herfried Münkler, Jürgen Kaube, Wolfgang Schäuble u.a., Staatserzählungen. Die Deutschen und ihre politische Ordnung, Berlin 2018, S. 72-109.

Rüesch, Andreas, Trump und die Akte Russland – alle Vorwürfe im Überblick. In: Neue Züricher Zeitung vom 25.01.2021. https://www.nzz.ch/international/donald-trump-und-russland-vorwuerfe-ueberblick-ld.152113?reduced=true.

Rühle, Michael, Security Policy as Symbolism. German military and security policy still suffers from serious constraints, Berlin Policy Journal, 11 February 2016. https://berlinpolicyjournal.com/security-policy-as-symbolism/

Rühle, Michael, Deterring hybrid threats: the need for a more rational debate, NDC Policy Brief, No. 15 (July 2019).

Schöllgen, Gregor, Krieg. Hundert Jahre Weltgeschichte, München 2019.

Schöllgen, Gregor, Schröder, Gerhard, Letzte Chance. Warum wir jetzt eine neue Weltordnung brauchen, München 2021.

Schöne, Florian, Großbritannien: Gezielte Rüstungsinvestitionen für weniger Abhängigkeit. »Global Britain« könnte auf Kosten der Nato-Partner gehen. In: SWP-Aktuell 2020/A 101, 16.12.2020. https://www.swp-berlin.org/publikation/grossbritannien-gezielte-ruestungsinvestitionen-fuer-weniger-abhaengigkeit.

Schreiber, Dirk, Die Luftwaffe und ihre Doktrin. Einsatzkonzeptionen bis 1971. Band 7 der Reihe: Schriften zur Geschichte der Deutschen Luftwaffe, Berlin 2018.

Schuwirth, Rainer, Internationale Einsätze – Herausforderungen für die Zukunft. In: Europäische Sicherheit, Nr. 7/2005, S. 15-18.

Sebaldt, Martin, Nicht abwehrbereit. Die Kardinalprobleme der deutschen Streitkräfte, der Offenbarungseid des Weißbuchs und die Wege aus der Gefahr, Berlin 2017.

Sebaldt, Martin, Das Elend der Strategen: Warum die deutsche Militärpolitik versagt, Berlin 2020.

Shea, Jamie, Resilience: a core element of collective defense. In: NATO Review Magazine 2016. http://www.nato.int/docu/Review/2016/Also-in-2016/nato-defence-cyber-resilience/EN/index.htm.

Shlapak, David A., Johnson, Michael W., Reinforcing Deterrence on NATO's Eastern Flank, RAND Corporation, 2016. https://www.rand.org/pubs/research_reports/RR1253.html.

Simón, Luis, EU-NATO Cooperation in an Era of Great-Power Competition. In: The German Marshall Fund of the United States, Policy Brief 26. November 2019. https://www.gmfus.org/publications/eu-nato-cooperation-era-great-power-competition.

Snyder, Timothy, Bloodlands. Europe between Hitler and Stalin, New York 2012.

Solomon, Gerald B., The NATO Enlargement Debate, 1990-1997. Blessings of Liberty, Westport 1998.

Sommer, Theo, China first. Die Welt auf dem Weg in das chinesische Jahrhundert, München 2020.

Staigis, Armin, Strategiefähigkeit ausbauen und fördern – Den vernetzten Ansatz weiterentwickeln. In: Bundesakademie für Sicherheitspolitik, Arbeitspapier Sicherheitspolitik Nr. 3/2017. https://www.baks.bund.de /sites/baks010/files/arbeitspapier_sicherheitspolitik_2017_03.pdf.

Stavridis, James, The NATO Summit's Winners and Losers. In: Foreign Policy vom 11. Juli 2016. http://foreignpolicy.Com /2016/07/11/the-nato-summits-winners-and-losers/.

Stavridis, James, The Accidental Admiral. A Sailor Takes Command at NATO, Annapolis 2014.

Stockholm International Peace Research Institut (SIPRI), World military spending rises to almost $ 2 trillion in 2020. https://www.sipri.org/media/press-release/2021/world-military-spending-rises-almost-2-trillion-2020.

Stoler, Mark A., George C. Marshall. Soldier-Statesman of the American Century, Detroit 1989.

Stoltenberg, Jens, "NATO and the Security Implications of Climate Change" vom 29. September 2020. https://www.nato.int/cps/en/natohq/opinions_178355. htm

Strachan, Hew, The Direction of War. Contemporary Strategy in Historical Perspective, Cambridge 2013.

Strenger, Carlo, Abenteuer Freiheit. Ein Wegweiser für unsichere Zeiten, Berlin ⁴2017.

Terhalle, Maximilian, Berlin will Moskau gar nicht drängen. In: Frankfurter Allgemeine Zeitung vom 12.2.2021 https://www.faz.net/aktuell/politik/ausland/berlin-will-moskau-gar-nicht-draengen-17194874.html#voig.

Tertrais, Bruno, NATO is doing fine, but the Atlantic Alliance is in trouble, NDC Policy Brief, No. 8, Rome April 2019.

Ther, Philipp, Das andere Ende der Geschichte. Über die Große Transformation, Berlin ²2019.

Thies, Wallace J., Why NATO endures, Cambridge 2009.

Thukydides, Der Peloponnesische Krieg, herausgegeben und übersetzt von Helmuth Vretska und Werner Rinner, Leipzig 2000.

Uzulis, André, Wiederbelebung eines Hirntoten. In: .loyal. Das Magazin für Sicherheitspolitik, Nr. 3 (2021), S. 8-17.

Varwick, Johannes, NATO in (Un-)Ordnung. Wie transatlantische Sicherheit neu verhandelt wird, Schwalbach/Ts. 2017

Wallander, Celeste A., NATO's Enemies Within. How Democratic Decline Could Destroy the Alliance. In: Foreign Affairs, July/August 2018.

Walt, Stephen M., NATO Owes Putin a Big Thank-You. In: Foreign Affairs, 4. September 2014 http://foreignpolicy.com/2014/09/04/nato-owes-putin-a-big-thank-you/.

Wasgindt, Frank, Smart Power as a relevant Instrument for a future NATO Strategy. In: Uwe Hartmann (ed.), NATO's Adaptation. Challenges and Opportunities, Berlin 2017, S. 115-127.

Weber, Joachim (Hrsg.), Konfliktraum Arktis. Die Großmächte und der Hohe Norden, Berlin 2021.

Weilmeier, Christian, Das bessere Argument – der herrschaftsfreie Dialog nach Jürgen Habermas. https://neue-debatte.com/2017 /02/11/der-herrschaftsfreie-diskurs-habermas/

Weizsäcker, Richard von, Eine Rede und ihre Wirkung. Die Rede des Bundespräsidenten Richard von Weizsäcker vom 8. Mai 1985, Berlin 1986.

Werber, Niels, Geopolitik zur Einführung, Hamburg 2014.

Wiggershaus, Norbert, Zur Konzeption einer NATO-Geschichte. In: Nationale Außen- und Bündnispolitik der NATO-Mitgliedstaaten, herausgegeben von Norbert Wiggershaus und Winfried Heinemann, München 2000, S. IX-XVIII.

Wijk, Rob de, NATO on the Brink of the New Millenium. The Battle for Consensus, London 1997.

Winkler, Heinrich August, Zerbricht der Westen? Über die gegenwärtige Krise in Europa und Amerika, München [2]2017.

Winkler, Heinrich August, Wie wir wurden, was wir sind. Eine kurze Geschichte der Deutschen, München 2020.

Wißmann, Constantin, Bedingt einsatzbereit. Wie die Bundeswehr zur Schrottarmee wurde, München 2019.

Wittmann, Klaus, The Road to NATO's New Strategic Concept. In: Gustav Schmidt (ed.), A History of NATO. The First Fifty Years, London 1999, S. 219-237.

Wittmann, Klaus, Ein neues strategisches Konzept. In: Frankfurter Allgemeine Zeitung vom 7. Juli 2007.

Wittmann, Klaus, Towards a New Strategic Concept for NATO, NDC Forum Paper 10, Rome 2009.

Wittmann, Klaus, Die NATO braucht eine neue Strategie. In: Der Tagesspiegel vom 14.2.2020.

Woodward, Bob, Obama's Wars, New York 2010.

Wullers, Dominik, Pacific Germany. In: War on the Rocks, 28. Mai 2021. https://warontherocks.com/2021/05/pacific-germany/?fbclid=IwAR1ocAn21eblgaWo_gIOm40UhYMkGL-juqHxE1QH_64gXAUhovfQ49neTnZo

Wylie, Christopher, Mindf*ck. Cambridge Analytica and the Plot to Break America, New York 2019.

Yegin, Mehmet, Turkey between NATO and Russia: The Failed Balance. Turkey's S-400 Purchase and Implications for Turkish Relations with NATO, SWP Comment, No. 30, Berlin June 2019.

Yost, David S., NATO and International Organizations, NDC Research Division, Rome September 2007.
https://www.files.ethz.ch/isn/44099/fp_03.pdf.

Zaborowski, Marcin, Central European security: history and geography matter. In: NDC Policy Brief, No. 04, February 2021.

# Register

(NATO, USA und EU wurden wegen der hohen Anzahl der Nennungen nicht aufgenommen)

Schriften von Uwe Hartmann im
## Carola Hartmann Miles-Verlag

**Uwe Hartmann,** *Innere Führung. Erfolge und Defizite der Führungsphiloso-phie für die Bundeswehr,* Berlin 2007.

**Uwe Hartmann,** *War without Fighting? The Reintegration of Former Com-batants in Afghanistan seen through the Lens of Strategic Thought,* Berlin 2014.

**Uwe Hartmann (Hrsg.),** *Lernen von Afghanistan. Innovative Mittel und Wege für Auslandseinsätze,* Berlin 2015.

**Uwe Hartmann,** *Hybrider Krieg als neue Bedrohung von Freiheit und Frieden. Zur Relevanz der Inneren Führung in Politik, Gesellschaft und Streitkräften,* Ber-lin 2015.

**Uwe Hartmann (Hrsg.),** *NATO's Adaptation. Challenges and Opportu-nities,* Berlin 2017.

**Uwe Hartmann,** *Der gute Soldat. Politische Kultur und soldatisches Selbstver-ständnis heute,* Berlin 2018.

**Donald Abenheim, Uwe Hartmann (Hrsg.),** *Tradition in der Bundes-wehr. Zum Erbe des deutschen Soldaten und zur Umsetzung des neuen Traditi-onserlasses,* Berlin 2018.

**Donald Abenheim, Uwe Hartmann,** *Einführung in die Tradition der Bundeswehr. Das soldatische Erbe in dem besten Deutschland, das es je gab,* Berlin 2019.

**Uwe Hartmann,** *Offiziersbibiliothek I: Deutschland,* Berlin 2020.

**Franz H.U. Borkenhagen, Uwe Hartmann,** *Offiziersbibiliothek II: In-ternationale Beziehungen und Sicherheitspolitik,* Berlin 2021.

Seit 2009 ist Uwe Hartmann Mitherausgeber des Jahrbuchs Innere Führung. Zuletzt erschienen:

**Uwe Hartmann, Claus von Rosen (Hrsg.),** *Jahrbuch Innere Führung 2019. Bundeswehr im Aufbruch. Hindernisse von den verteidigungspolitischen Vorstellungen der AFD bis zu den sicherheitspolitischen Meinungen in der Zivil-gesellschaft,* Berlin 2019.

**Uwe Hartmann, Reinhold Janke, Claus von Rosen (Hrsg.),** *Jahr-buch Innere Führung 2020. Zur Weiterentwicklung der Inneren Führung: Themen und Inhalte,* Berlin 2020.

# Carola Hartmann Miles-Verlag

## Sicherheitspolitik

**Wolf Graf v. Baudissin,** *Grundwert: Frieden in Politik – Strategie – Führung von Streitkräften, herausgegeben von Claus von Rosen,* Berlin 2014.

**Uwe Hartmann (Hrsg.),** *NATO's Adaptation – Challenges and Opportunities,* Berlin 2017.

**Oliver Schmidt,** *Deutsche Außenpolitik und die Zukunft der nuklearen Teilhabe in der NATO,* Berlin 2017.

**Dirk Freudenberg,** *Theorie des Irregulären – Erscheinungen und Abgrenzungen von Partisanen, Guerillas und Terroristen im Modernen Kleinkrieg sowie Entwicklungstendenzen der Reaktion, (3 Bände),* Berlin 2017.

**Markus Reisner,** *Robotic Wars – Legitimatorische Grundlagen und Grenzen des Einsatzes von Military Unmanned Systems in modernen Konfliktszenarien,* Berlin 2018.

**Helmut Fiedler,** *Military Assistance – eine moderne Einsatzart zwischen Anspruch und Wirklichkeit,* Berlin 2019.

**Gerd Bolik,** *NATO-Planungen für die Verteidigung der Bundesrepublik Deutschland im Kalten Krieg,* Berlin 2021.

**Pascal Riemer,** *Von der russischen Kriegskunst. Eine Untersuchung der dialektischen Zusammenhänge von Staatsidee und Militärwesen am Beispiel der Sowjetunion und der Russischen Föderation,* Berlin 2021.

**Joachim Weber (Hrsg.),** *Konfliktraum Arktis. Die Großmächte und der Hohe Norden,* Berlin 2021.

## Wiener Strategie-Konferenz

**Wolfgang Peischel (Hrsg.),** *Wiener Strategie-Konferenz 2016 – Strategie neu denken,* Berlin 2017.

**Wolfgang Peischel (Hrsg.),** *Wiener Strategie-Konferenz 2017 – Strategie neu denken,* Berlin 2018.

**Wolfgang Peischel (Hrsg.),** *Wiener Strategie-Konferenz 2018 – Strategie neu denken,* Berlin 2019.

**Wolfgang Peischel (Hrsg.),** *Wiener Strategie-Konferenz 2019 – Strategie neu denken,* Berlin 2021.

## Militär und Gesellschaft

**Hans-Christian Beck, Christian Singer (Hrsg.),** *Entscheiden – Führen – Verantworten. Soldatsein im 21. Jahrhundert,* Berlin 2011.

**Marcel Bohnert, Lukas J. Reitstetter (Hrsg.),** *Armee im Aufbruch. Zur Gedankenwelt junger Offiziere in den Kampftruppen der Bundeswehr,* Berlin 2014.

**Phil C. Langer, Gerhard Kümmel (Hrsg.),** *„Wir sind Bundeswehr." Wie viel Vielfalt benötigen/vertragen die Streitkräfte?,* Berlin 2015.

**Eberhard Birk, Peter Andreas Popp (Hrsg.),** *Luftwaffenoffizier 21. Das Selbstverständnis des Luftwaffenoffiziers zu Beginn des 21. Jahrhunderts, (aus der Reihe Schriften zur Geschichte der Deutschen Luftwaffe, Band 5),* Berlin 2016.

**Alois Bach, Walter Sauer (Hrsg.),** *Schützen.Retten.Kämpfen. Dienen für Deutschland,* Berlin 2016.

**Marcel Bohnert, Björn Schreiber (Hrsg.),** *Die unsichtbaren Veteranen. Kriegsheimkehrer in der deutschen Gesellschaft,* Berlin 2016.

**Angelika Dörfler-Dierken (Hrsg.),** *Hinschauen! Geschlecht, Rechtspopulismus, Rituale: Systemische Probleme oder individuelles Fehlverhalten?,* Berlin 2019.

## Standpunkte und Orientierungen

**Florian Beerenkämper, Marcel Bohnert, Anja Buresch, Sandra Matuszewski,** *Der innerafghanische Friedens- und Aussöhnungsprozess,* Berlin 2016.

**Martin Sebaldt,** *Nicht abwehrbereit. Die Kardinalprobleme der deutschen Streitkräfte, der Offenbarungseid des Weißbuchs und die Wege aus der Gefahr,* Berlin 2017.

**Christian J. Grothaus,** *Der „hybride Krieg" vor dem Hintergrund der kollektiven Gedächtnisse Estlands, Lettlands und Litauens,* Berlin 2017.

**Uwe Hartmann,** *Der gute Soldat. Politische Kultur und soldatisches Selbstverständnis heute,* Berlin 2018.

**Helmut Jermer,** *Innere Führung kompakt. Eine Zusammenschau als Lehr- und Lernhilfe,* Berlin 2019.

**Martin Sebaldt,** *Das Elend der Strategen. Warum die deutsche Militärpolitik versagt,* Berlin 2020.

## Schriften zur Tradition

**Eberhard Birk, Winfried Heinemann, Sven Lange (Hrsg.),** *Tradition für die Bundeswehr. Neue Aspekte einer alten Debatte,* Berlin 2012.

**Donald Abenheim, Uwe Hartmann (Hrsg.),** *Tradition in der Bundeswehr. Zum Erbe des deutschen Soldaten und zur Umsetzung des neuen Traditionserlasses,* Berlin 2018.

**Joachim Welz,** *Vom Kontingentsheer zum Reichsheer: Militärkonventionen als Motor der Wehrverfassung,* Berlin 2018.

**Donald Abenheim, Uwe Hartmann,** *Einführung in die Tradition der Bundeswehr. Das soldatische Erbe in dem besten Deutschland, das es je gab,* Berlin 2019.

**Eberhard Birk, Heiner Möllers (Hrsg.),** *Die Luftwaffe und ihre Traditionen (aus der Reihe Schriften zur Geschichte der Deutschen Luftwaffe, Band 10),* Berlin 2019.

**Hans-Günter Behrendt (Hrsg.):** *Erinnerungsorte der Bundeswehr – Personen, Ereignisse und Institutionen der soldatischen Traditionspflege,* Berlin 2020.

**Dirk Drews, Stefan Gruhl (Hrsg.):** *Oberst Reinhard Hauschild 1921–2005. Traditionsstifter für die Bundeswehr? Gedenkschrift zum 100. Geburtstag,* Berlin 2021.

## Offiziersbibliothek

**Uwe Hartmann,** *Offiziersbibliothek I. Deutschland,* Berlin 2020.

**Franz H.U. Borkenhagen, Uwe Hartmann,** *Offiziersbibliothek II. Internationale Beziehungen und Sicherheitspolitik,* Berlin 2021.

www.miles-verlag.jimdo.com